2019 개정 누리과정을 반영한

유아 멀티미디어 교육

곽현주 · 박혜훈 공저

정민사

머리말

유아교사는 끊임없이 아이들과 소통합니다. 아이들을 껴안고 눈 맞추며 정서적으로 교감하기도 하고, 유아기에 필요한 정보들을 공유하거나 새로운 지식들을 전달하기도 합니다. 멀티미디어는 유아와 교사가 서로의 감정과 정보, 그리고 지식을 전달하고 공유하도록 돕는 여러 수단 중 하나가 될 수 있습니다. 그런데 유아교육현장에서 멀티미디어가 지나치게 남용될 경우 직접적이고 실제적인 경험을 통해 배우는 유아들의 권리를 침해할 수 있습니다.

이와는 반대로 교사가 멀티미디어 활용에 너무 소극적일 경우 유아들이 멀티미디어를 통해 얻을 수 있는 풍부하고 미래지향적이며 다감각적인 체험의 기회를 갖지 못하게 됩니다. 따라서 교사는 유아들과 놀이를 지원하거나 활동을 진행할 때 멀티미디어가 언제 어떻게 활용되는 것이 적절한지 판단할 수 있어야 합니다. 이에 교재 1장에서는 유아멀티미디어교육의 개념이해 및 활용시 갖추어야 할 태도에 관한 내용을 다룹니다.

또한 멀티미디어 제작을 위한 다양한 프로그램에 대한 이해도 필요합니다. 사실 디지털 네이티브 세대인 지금의 예비유아교사들은 기성세대보다 스마트 기기 활용에 훨씬 익숙하고 흡수력 또한 빠른 편입니다. 그러나 유아의 수준에 맞게 적절히 활용하거나 응용하여 사용하는 방법은 능숙하지 못합니다. 이에 본 교재는 유아교육현장에서 바로 활용할 수 있는 유아멀티미디어 활동 20가지를 엄선하여 2장에 수록하였습니다. 특히 교사주도의 교수매체 제작이 아닌 2019 개정 누리과정에서 강조하고 있는 '유아의 놀이'로부터 시작되는 배움이 멀티미디어 활동으로 확장되는 사례를 실어 요즘 유아교육에서의 강조점을 반영하고자 노력하였습니다.

본 교재는 멀티미디어를 주제로 집필하였으므로 2장의 활동과 3장의 예시에서 QR코드를 이용하여 소리와 애니메이션이 함께하는 영상으로 생동감 있게 감상하며 학습할 수 있도록 한 것이 가장 큰 장점일 것입니다. 또 3장에서는 단순히 멀티미디어 제작 프로그램의 기능을 학습하는 것이 아니라, 유아교육현장에서 유용하게 사용할 수 있는 기능을 중심으로 실습해볼 수 있도록 구성하였습니다. 실습 과정에서 교수자가 짚어주어야 하는 사항들 또한 교사 이미지  로 표시하여 강의의 수월성을 높이고자 하였습니다. 그리고 실습에 필요한 투명필름을 책 뒷면에 부착하여 학습자나 교수자가 따로 준비해야 하는 번거로움을 덜어드리고자 하였습니다.

본 교재는 예비유아교사를 대상으로 집필되었지만, 유아교육현장에서 바로 활용할 수 있는 활동들을 수록하고, 멀티미디어 교수매체 제작 프로그램 실습을 위한 과정을 자세히 안내하였기 때문에 멀티미디어 활용에 어려움을 겪고 있거나 멀티미디어를 적극적으로 활용해보고 싶은 현장의 유아교사도 유용하게 사용할 수 있을 것입니다.

2020년 코로나19로 인하여 모든 교수자와 학생들이 미처 준비할 시간도 없이 떠밀리듯 멀티미디어 기기 사용에 적응해가는 모습을 보았습니다. 본 교재가 학생들에게 유아멀티미디어교육에 대한 자신감을 심어주고, 효과적인 온라인교육 실행의 단초를 제공할 수 있기를 바라봅니다.

책이 완성되기까지 자신의 초상권을 아낌없이 내어준 지호와 지희, 지안과 지유, 그리고 참신한 유아멀티미디어교육 모의수업으로 활동의 실제를 제공해 준 배화여자대학교와 백석문화대학교 유아교육과 학생들, 마지막으로 출판을 도와주신 정민사 대표님과 선생님들께 깊은 감사의 인사를 전합니다.

2020. 8.

저자 곽현주, 박혜훈

목차

CHAPTER 1 유아멀티미디어교육의 이해

CHAPTER 2 유아멀티미디어교육의 실제

CHAPTER 3

유아멀티미디어 교수매체 제작의 실제

이 책을 보다 효과적으로 활용하기 위한 팁

학습자가 미리 준비할 사항

1. 모둠별 대표 및 모둠 이름(혹은 번호) 정하기
2. 단체톡방과 모둠별 톡방 만들기
3. 수업 시작 전 반드시 스마트폰 충전해 놓기
4. 학생별 USB 준비하기
5. 실습자료 공유 및 과제 업로드 위한 사이버 캠퍼스 이용방법 알기

교수자가 미리 체크할 사항

1. QR코드 인식할 수 있는 앱 설치 및 활용방법 알기
2. 스마트폰 미러링 방법 알기
3. 구글 설문지 사용방법 알기
4. 실습에 필요한 앱 미리 실행해 보기
5. 교재에서 사용할 수 있는 예제소스 모음은 오른쪽의 QR코드를 인식하여 다운로드한 후 필요할 때 학생들에게 제공하기

Chapter 1

개요

정보통신기술(ICT)과 스마트 기기의 급속한 발달에 따라 영아기부터 노년기까지의 모든 세대가 생활 속에서 쉽게 멀티미디어를 접하며, 의사소통에 적극적으로 활용하고 있다. 이와 함께 교육 패러다임이 변화하면서 유아교육을 포함한 모든 교육체제에서 멀티미디어 활용은 필수요건이 되었다.

1장에서는 유아멀티미디어교육의 개념과 필요성은 무엇인지 알아보고, 유아멀티미디어교육이 어떠한 교육적 의의를 지니고 있는지 함께 살펴보고자 한다.

학습목표

1. 유아멀티미디어교육의 개념에 대해 설명할 수 있다.
2. 유아멀티미디어교육에 대해 설명할 수 있다.
3. 유아멀티미디어교육이 어떤 교육적 의의를 갖고 있는지 설명할 수 있다.

유아멀티미디어교육의 이해

1. 유아멀티미디어교육의 유익성 vs 유해성

4차산업혁명과 함께 빠르게 발전하고 있는 멀티미디어가 우리의 일상생활에 자연스럽게 스며들어 다양한 영향을 미치고 있다. 이러한 시대적 흐름 속에서 유아들 또한 어린 시기부터 자연스럽게 스마트기기와 디지털미디어를 직 · 간접적으로 경험하며 성장하고 있다. 또한 멀티미디어를 교육현장에서 활용하여 수업을 진행하는 것은 매우 자연스러운 일이 되었다.

이와 함께 가정에서 멀티미디어에 충분히 노출되어 있는 유아들로 하여금 유아교육기관에서까지 멀티미디어를 활용하여 교육하는 것이 합당한가에 대한 논쟁이 진행되기도 하였다. 유아교육현장에서 멀티미디어를 활용하는 것은 유아들에게 유익할까? 아니면 유해할까? 그 이유는 무엇일까?

유아교육현장에서 멀티미디어교육을 직접 실행하게 될 예비유아교사로서 교사가 되기 전에 미리 유아멀티미디어교육의 유익성과 유해성에 대해 고찰해보고 자신의 관점을 성립하는 것은 중요하다. 왜냐하면 교사가 유아멀티미디어교육에 관해 어떠한 관점을 갖고 있는가에 따라 교육의 실제(멀티미디어를 활용한 교육을 할 것인가, 어느 정도 비중을 두고 교육할 것인가, 어떻게 교육할 것인가)가 결정되기 때문이다.

다음의 두 가지 입장 중 한 가지를 골라 ○ 표시를 하고 모둠별로 토론하여 보자.

모둠별로 토론해봐요

유아교육기관에서 컴퓨터, 스마트폰, 스마트패드, 스마트 TV 등을 활용하여 수업을 진행하는 것은 유아들에게 (**유익한**, **유해한**) 면이 더 많다. 왜냐하면

☞

☞

☞

☞

☞

구글 설문지를 이용하여 토론결과를 공유할 수 있어요

교수자를 위한 Tip

1. 오른쪽의 QR코드를 찍어 구글 설문지에 로그인합니다.
2. 스마트폰이나 데스크톱을 이용하여 아래 사진과 같이 설문지를 만듭니다.
3. 강의자료나 수업단체톡방에 설문지 링크를 올립니다.
4. 학생들이 작성하여 제출한 결과를 확인하고 공유합니다(스마트폰 미러링을 사용하여 공유할 수 있고, 자료를 정리하여 다음 시간에 교수자가 보여줄 수도 있습니다).

구글설문지 링크

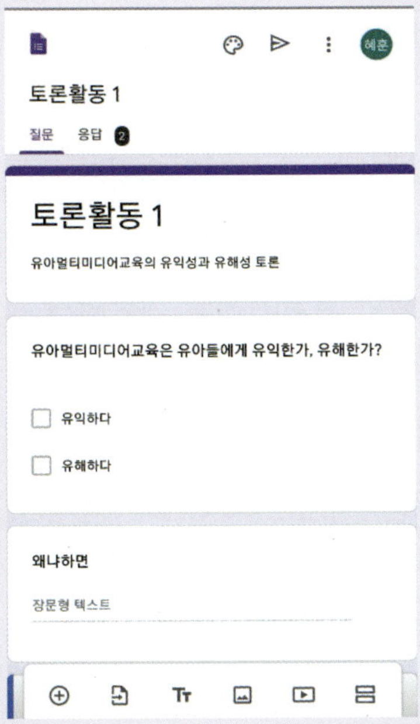

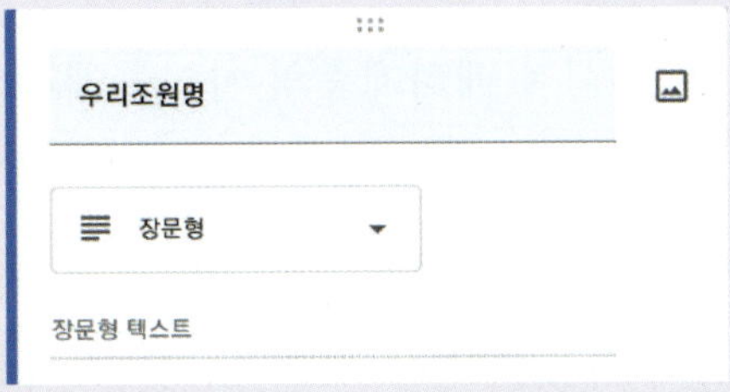

학습자를 위한 Tip

1. 유아멀티미디어교육의 유익성과 유해성에 관한 모둠별 토론 내용을 빈칸에 적습니다.
2. 모둠 대표가 수업단체톡방에 교수자가 올린 설문지 링크를 엽니다.
3. 설문지를 작성하여 제출합니다(이때 조원 이름을 반드시 적습니다).

그동안 많은 학자들이 유아멀티미디어교육의 유익성과 유해성에 관해 꾸준히 연구해 왔다(차화연, 2019, 유규종, 2014 재인용). 이와 관련된 각 주장을 간단히 정리하여 제시하면 다음과 같다.

먼저 유아멀티미디어 활용 교육이 유익하다는 입장에서는 유아기에 멀티미디어를 효과적으로 사용할 경우 교육적 효과가 높아진다고 주장하며 그 유익성을 밝혀왔다.

첫째, 멀티미디어를 활용하면 시간과 장소에 영향을 받지 않고 언제 어디서나 교육을 실행할 수 있다.
둘째, 멀티미디어를 활용하면 유아와 교사에게 무한한 양의 정보를 신속하게 제한 없이 제공하여 유아의 호기심을 즉각적으로 충족시키고 학습의 능률을 높일 수 있다.
셋째, 실세계를 구체적으로 표현하고 있는 멀티미디어를 활용함으로써 직접 경험할 수 없는 영역까지 경험할 수 있다.
넷째, 사물에 대한 흥미를 자극하여 자발적 학습동기를 불러일으킨다.
다섯째, 멀티미디어를 교육기관에서 활용함으로써 스마트 정보화 격차를 줄일 수 있어 사회적 배려계층의 아이들에게 공평한 학습기회를 제공한다.

한편 유아멀티미디어교육이 유아들에게 유해하다는 입장에서는 유아기에 멀티미디어를 과도하게 사용할 경우의 부작용을 지적하면서 그 유해성을 밝혀왔다.

첫째, 멀티미디어는 과도한 시각적, 청각적 자극을 제공하여 유아들로 하여금 무조건적, 무비판적 과몰입(중독)의 위험성을 초래한다.
둘째, 멀티미디어를 사용할 때 유아들은 정적으로 움직여 신체발달 저하를 일으킨다.
셋째, 멀티미디어를 유아교육에서 사용할 경우 직접적 상호작용을 통해 이루어지는 놀이보다는 가상공간 속에서의 상호작용이 이루어지면서 현실에서의 또래와의 상호작용 기회가 감소되어 사회·정서발달의 저하를 일으킨다.
넷째, 화려하고 자극적인 컴퓨터, 스마트폰 등을 지나치게 사용하여 뇌에 큰 자극이 지속적으로 가해져 결국에는 단순하고 평범한 일상생활에 흥미를 잃고 강렬하고 자극적인 것에만 반응하는 되는 '팝콘브레인' 증상을 초래할 수 있다.
다섯째, 직접적이고 감각적인 경험을 통해 교육이 이루어져야 할 유아기의 자유놀이 시간을 빼앗는다.

지금까지 유아멀티미디어교육의 유익성과 유해성에 대해 살펴보았다. 그렇다면 유아멀티미디어교육은 여러 면에서 유익하기 때문에 반드시 필요할까? 반대로 멀티미디어의 유해한 측면이 있기 때문에 멀티미디어교육을 해서는 안 되는 것일까? 앞서 언급한 바와 같이 유아멀티미디어교육의 유익성 및 유해성을 이해하고 예비유아교사가 자신의 입장을 성립하는 것은 중요하다. 그렇지만 이와는 별개로 유아발달에 미치는 유익성과 유해성에 따라 유아멀티미디어교육을 실행할 것인가, 실행하지 말 것인가의 여부를 논하기는 어렵다.

먼저 유아멀티미디어교육이 여러 면에서 유익하기 때문에 꼭 실행해야 한다고 주장하는 것은 무리가 있다. 왜냐하면 꼭 멀티미디어를 활용하지 않아도 유아의 발달에 긍정적인 영향을 주는 대안적인 교육적 접근들이 많기 때문이다(황해익, 강민정, 강신영, 조준오, 2015). 반대로 멀티미디어를 활용하여 교육을 실행하는 것이 유해하다는 주장으로 유아멀티미디어교육을 막을 수는 없다. 왜냐하면 우리는 이미 컴퓨터, 스마트폰, 태블릿 PC 등의 스마트 미디어와 우리의 삶을 떼어놓고 생각할 수 없는 시대를 살고 있기 때문이다.

2. 유아멀티미디어교육의 이해

멀티미디어에서 한 발 더 나아가 지능화된 서비스를 제공하는 스마트미디어 교육이 교육의 핵심으로 자리 잡으며 발전을 거듭해가고 있는 가운데 멀티미디어를 포함한 스마트 미디어를 어떻게 활용하는 것이 유아에게 긍정적인 교육적 영향을 미칠 것인가에 관한 활발한 연구가 진행되고 있다. 또, 실제 교육현장에서도 유아멀티미디어교육을 효과적으로 실행할 수 있는 구체적인 교수학습방법은 무엇인지, 빠르게 발전하고 변화하는 스마트기술을 어떻게 활용할 것인가를 끊임없이 고민하며 실험하고 있다. 그러나 교수학습방법에 관한 다양한 연구들과 교육현장의 고민들은 유아멀티미디어교육에 대한 정확한 개념이해와 필요성에 대한 구체적인 인식에 기초하지 않으면 제대로 실행될 수 없다. 따라서 본 교재에서는 멀티미디어교육을 '어떻게' 실행할 것인가와 관련된 내용들을 2, 3장에서 구체적으로 다루기로 하고, 이에 앞서 유아멀티미디어교육의 개념이 무엇인지, 유아멀티미디어교육이 왜 필요한지, 어떠한 교육적 의의를 지니고 있는지 짚어보고자 한다. 먼저 유아멀티미디어교육의 개념에 대해 자세히 살펴보기로 한다.

1) 유아멀티미디어교육의 개념

유아멀티미디어교육을 실행하기 위해서는 멀티미디어에 대한 교사의 충분한 이해가 선행되어야 한다. 따라서 유아멀티미디어교육에서 핵심이 되는 단어인 멀티미디어의 개념을 충분히 이해한 후에, 어떻게 유아교육에 적용할 수 있는지 살펴볼 필요가 있다.

(1) 멀티미디어의 개념

멀티미디어(multimedia)는 그림 1-1과 같이 멀티(multi)와 미디어(media)를 합친 합성어이다. 멀티미디어에서 **멀티(multi)**는 말 그대로 다수(여러 가지)를 의미하고, **미디어(media)**는 매체를 의미한다. '다수의 매체'로 해석되는 멀티미디어를 이해하기 위해서는 미디어(media)의 개념을 먼저 이해할 필요가 있다.

그림 1-1 멀티미디어의 개념

미디어는 인간 상호 간에 지식, 정보, 의사, 감정 등을 전달하는 수단 또는 도구로 사람과 사람 간의 의사소통적 거리를 축소하도록 돕는 기능을 갖고 있다(육현승, 2008). 미디어의 개념에 대해 알아보기 전에 다음의 그림 1-2를 보며 우리의 감정, 알고 있는 지식과 정보를 타인에게 어떻게 전달할 수 있을지 각자 떠올려 보기로 하자.

그림 1-2 우리의 지식, 정보, 감정을 타인에게 전달하는 방법

우리가 각자 떠올려 본 바와 같이 감정과 지식, 정보를 전달하기 위한 도구는 매우 다양하다. 감정과 지식, 정보를 전달하기 위한 도구인 '미디어'는 과학기술의 진보와 맞물려 발달해 왔다.

인간이 정보의 전달을 위해 가정 먼저 사용한 방법은 말로 전달하기, 즉 **구술언어**였는데 말로 전달하는 것은 바로 사라져버리는 특성이 있으므로, 이를 기록하고 보관, 전수하기 위해 **문자**가 발명되어 사용되었다. 이후 정보를 보다 방대하게 전달하기 위한 방법으로 인쇄술이 개발되고 신문, 잡지 등의 **매스미디어**가 제작되고 교통수단이 발달하면서 정보전달의 속도는 더욱 빨라지고 방대해졌다.

통신 기술의 꽃봉오리가 터지기 시작하던 19세기 후반과 20세기 초 전화, 라디오 등의 **전자미디어**가 활용되기 시작하면서 시공간을 초월한 정보의 전달이 가능해졌다. 이후 시청각의 통합으로 실재감(미디어가 제공하는 커뮤니케이션 상황이 면대면 환경에 얼마나 가까운지 나타내는 정도)이 높은 TV, 영화 등의 **영상미디어**가 정보전달의 주를 이루었다. 이 시기까지는 정보의 전달이 일방향적이어서 일반인들은 미디어가 전하는 정보를 수동적으로 읽거나 보는 역할만 하였던 데 반해, 인터넷의 등장과 함께 시대의 흐름을 주도한 **디지털 미디어**는 쌍방향 간 정보 교류를 가능하게 하였고, 네트워크를 이용하여 빠른 속도로 지구 곳곳에 정보가 다다르게 하였다(이인희, 2013).

이에 더하여 스마트폰, 태블릿 PC 등 휴대가 가능한 모바일 스마트 미디어가 탄생하면서 인터넷, 매스미디어, 모바일은 하나의 단말기로 통합되어 사용자들은 자신에게 필요한 콘텐츠를 선택하고 설치하여 맞춤형 미디어를 활용할 수 있게 되었다. 더 나아가 디지털 기술에 기반한 컴퓨터, 가전, 멀티미디어 등의 여러 콘텐츠가 서로의 영역을 넘나들며 융합되고 있다(이명진, 박현주, 2011). 결국 미디어는 서로 융합하며 사람과 사람 사이의 의사소통적 거리를 좀 더 축약하려는 방향으로 계속 발전할 것이라 예상할 수 있다(육현승, 2008).

과거로부터 발전해 온 다양한 미디어를 정리해보면 그림 1-3과 같이 말, 우편, 신문, 잡지, 전화, 라디오, 영화, TV, 인터넷, 스마트폰 등 '정보전달 매체로서의 미디어'와 매체를 구성하는 문자, 그림, 사진, 소리, 동영상, 애니메이션 등 '매체구성요소로서의 미디어'로 구분할 수 있다(송영기, 2017).

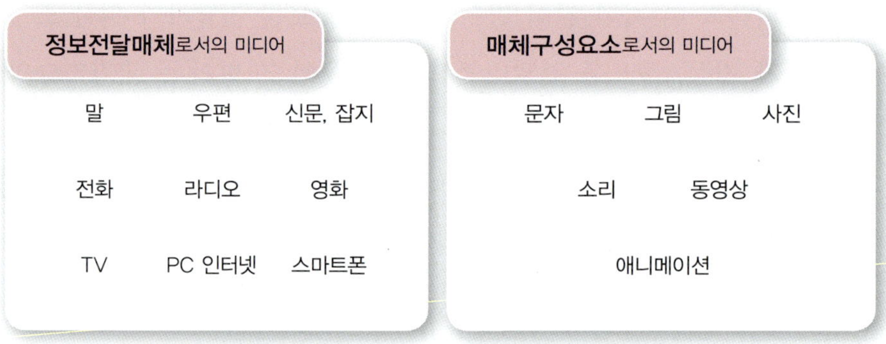

그림 1-3 **정보전달매체**로서의 미디어와 **매체구성요소**로서의 미디어

본 교재에서는 멀티미디어의 개념을 이해하기 위해 여러 매체의 정보전달에 필요한 요소들, 즉 문자, 사진, 그림, 소리, 동영상, 애니메이션 등을 미디어로 정의하기로 한다. 정보전달에 필요한 요소인 미디어들은 문자, 사진, 그림과 같은 비연속적인 매체와 소리, 동영상, 애니메이션과 같은 연속매체로 다시 세분화할 수 있다. 또한 실세계로부터 추출하였는지, 컴퓨터로부터 추출하였는지도 구분할 수 있다(송영기, 2017). 이를 표로 나타내면 다음 표 1-1과 같다.

표 1-1 미디어의 요소

미디어의 요소	연속성	파일형식	추출경로	파일 이미지
문자	비연속적	TXT PDF HWP	컴퓨터 합성	“안녕하세요.”
사진		GIF JPEG PNG BMP	실세계 추출	
그림			컴퓨터 추출	
소리	연속적	WMA WAV MP3	실세계 추출 (MIDI 음원 제외)	
동영상		AVI WMV MP4	실세계 추출	
애니메이션			컴퓨터 추출	

지금까지 미디어(media)의 개념에 대해 정리해보았다. 미디어(media)라는 용어 앞에 다수를 뜻하는 멀티(multi)를 붙여 멀티미디어(multimedia)의 개념을 정리해보면 다음과 같다.

멀티미디어는 정보전달에 필요한 요소로서의 문자, 사진, 그림, 소리, 동영상, 애니메이션 등의 미디어들을 디지털 방식의 컴퓨터에서 **통합**시켜 **동시**에 제공하는 **복합** 다매체로 정의할 수 있다. 그러나 여러 미디어들이 동시에 제공된다고 무조건 멀티미디어라 할 수 없다. 멀티미디어가 되기 위해 필요한 조건들을 자세히 살펴보기로 한다(황해익 외, 2015).

첫째, 멀티미디어는 다수의 미디어가 동시에 사용되어야 한다. 그러나 두 가지 이상의 매체를 사용한다고 해서 무조건 멀티미디어라 말할 수 없다. 시간에 따라 변화하는 연속매체를 포함한 두 가지 이상의 매체를 포함해야만 멀티미디어라고 정의할 수 있다. 예를 들어 유아들의 그림책에는 그림과 문자를 동시에 포함하지만 멀티미디어라 할 수 없다.

둘째, 멀티미디어가 재생되는 장치는 하나여야 한다. 여러 미디어를 각각 다른 장치에서 함께 재생하는 것은 단순한 동시 재생이라 할 수 있다. 멀티미디어의 개념이 정립되기 전에는 유아교육기관에서 자주 사용하는 실물화상기, OHP 등을 멀티미디어로 분류하기도 하였다. 그러나 이러한 기기들은 이미지만 표현될 뿐 소리 등을 추가하기 위해서는 카세트, 혹은 CD 플레이어와 같은 별도의 기기가 사용되어야 하기 때문에 현재는 멀티미디어에 포함시키지 않는다.

셋째, 일방향적인 정보전달이 아닌 사용자의 참여와 변형이 가능한 상호작용이 포함되어야 한다. 즉 사용자가 필요에 따라 정보를 선택하고 제어할 수 있어야 한다. 과거에 사용되었던 TV는 소리와 동영상 등의 연속매체와 문자, 사진 등의 비연속적 매체가 포함되어 있지만 정보를 일방적으로 전달해주는 기능만 하였기 때문에 멀티미디어라 부르지 않았다. 그러나 PC 및 인터넷의 발달과 함께 TV에 인터넷 접속기능을 결합하고, 앱을 설치하는 등의 쌍방향 서비스가 가능한 스마트 TV가 등장하면서 TV 또한 상호작용성을 확보하여 멀티미디어의 조건을 갖추게 되었다.

넷째, 멀티미디어의 데이터는 디지털 형태로 처리되어야 한다. 방대한 양의 정보를 여러 미디어로 동시에 처리하고 동일한 방식으로 생성, 저장, 전송하기 위해서는 자료들을 디지털화하여야 한다.

시대의 빠른 변화와 함께 과학기술이 급속히 발전하면서 멀티미디어 기기의 유형 또한 폭넓게 변화해왔다. 2002년 유치원에서의 멀티미디어 활용 실태에 관한 연구에서는 카세트, OHP, 실물화상기, CD-ROM 재생이 가능한 컴퓨터 등을 멀티미디어 기기로 제시하였다(김은정, 2002). 이후 2012년 멀티미디어를 활용한 유아건강교육 프로그램 개발에 관한 연구에서는 파워포인트, CD-ROM 타이틀, 인터넷 사이트, 동영상 재생 등이 가능한 컴퓨터와 캠코더, 디지털 카메라 등을 멀티미디어 기기로 제시한 바 있다(유은영, 2012). 최근에는 스마트폰, 스마트패드, 태블릿PC, 스마트 TV 등 디지털 기술에 기반한 수많은 콘텐츠들을 시간, 장소의 제약 없이 편리하게 사용할 수 있는 스마트기기들을 멀티미디어 기기에 포함시키고 있다(차화연, 2019).

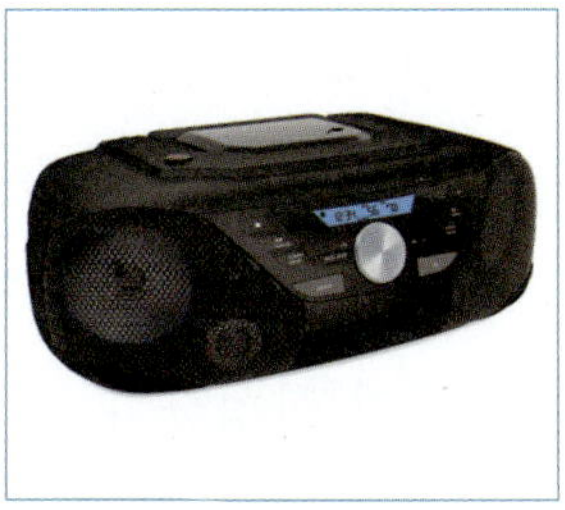

카세트·CD 플레이어

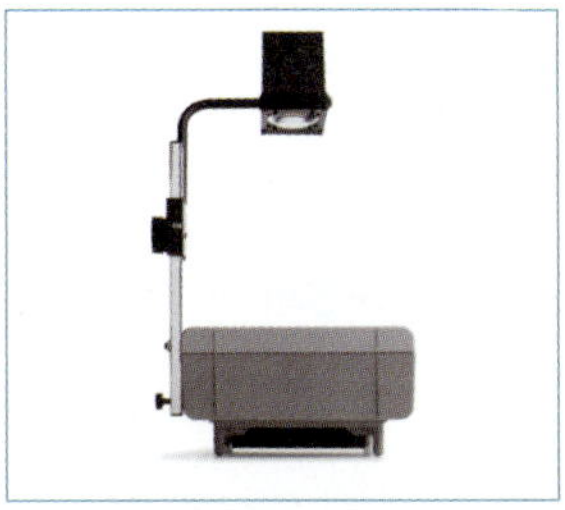

OHP 프로젝터

데스크톱 컴퓨터

스마트 TV

스마트폰

태블릿 PC

사진 1-1 여러 유형의 멀티미디어 기기

(2) 유아멀티미디어교육의 개념

유아멀티미디어교육은 유아교육기관에서 멀티미디어를 교육에 활용하는 것이라 할 수 있다. 이는 단순히 컴퓨터의 기능을 가르치거나 멀티미디어에 익숙해지도록 돕기 위해 이루어지는 단편적인 활동이 아닌, 유아의 놀이를 통한 배움을 극대화하고 최대한 지원하기 위해 멀티미디어가 통합적이고 총체적인 방식으로 활용되는 것을 말한다.

2019 개정 누리과정은 '놀이중심의 교육과정'으로 유아들의 놀이와 배움을 통한 확장이 활동으로 이어지는 것을 누리과정의 핵심으로 보고 있다(교육부, 2019). 이때 교사는 유아들의 놀이를 배움과 연결하는 과정에서 여러 놀이들이 유기적으로 상호작용하도록 돕기 위해 멀티미디어를 활용할 수 있다.

예를 들어 크르릉 공룡소리를 내며 이야기를 만들어가는 유아들의 놀이가 더욱 확장될 수 있도록 크로마키 기법을 이용하여 공룡시대 배경과 공룡놀이하는 유아들의 모습을 합성하여 실감나는 장면을 구현할 수 있다. 또한 **사진 1-2**와 같이 유아들이 바깥놀이에서 자연물로 만든 결과물을 사진으로 찍어 포토샵, 파워포인트 등의 편집프로그램을 이용하여 배경을 제거하고 파워포인트 안에서 애니메이션 효과와 음향을 함께 삽입하여 애니메이션 동화를 만들어 볼 수도 있다. 유아들이 블록으로 이야기를 만들며 놀이를 할 때 영상으로 찍어 효과음이나 그림 등을 함께 넣어 하나의 영상으로 제작해볼 수도 있고, 유아들이 레고로 만든 결과물을 스톱모션 기법으로 움직이게 만들어 영상을 제작해볼 수도 있다. 이외에도 **사진 1-3**과 같이 3D 프로젝트가 가능한 그림판 3D를 활용하여 미술영역에서 유아들이 여러가지 기법으로 만든 작품과 합성하여 3D 작품을 제작해볼 수도 있다.

이처럼 유아의 놀이에서 나타나는 주제와 사물 등을 활용하여 유아의 관심과 흥미가 흘러가는 방향에 맞추어 유아의 놀이를 배움으로 확장시킬 때 멀티미디어가 효과적인 수단이 될 수 있다.

자연물을 이용하여 놀이하는 유아

유아가 흙 위에 자연물로 만든 고슴도치

유아들이 자연물로 만든 이미지를 활용하여 제작한 애니메이션 동화

사진 1-2 멀티미디어를 활용한 바깥놀이의 확장

물감놀이를 하는 유아

그림판 3D에 그림을 그리는 모습

물감놀이 작품을 활용하여 그림판 3D에서 교사의 안내에 따라 유아가 그린 새

사진 1-3 멀티미디어를 활용한 미술놀이의 확장

종합적으로 볼 때 **유아멀티미디어교육**이란 **유아들에게 다감각적인 체험을 제공하는 멀티미디어를 활용하여 유아들이 자기주도적으로 놀이를 확장해 나가도록 지원하고 환경을 마련해 주는 것**이라 정의할 수 있다.

2) 유아멀티미디어교육의 필요성

유아멀티미디어교육을 어떻게 실행할 것인지 생각하기에 앞서 왜 유아교육에서 멀티미디어를 활용해야 하는지, 유아들이 왜 멀티미디어 교육을 받아야 하는지 고찰해 보아야 한다. 유아멀티미디어교육의 필요성을 세 가지로 나누어 살펴보면 다음과 같다.

첫째, 정보통신기술(ICT)과 스마트기기의 급속한 발달에 따라 교육 패러다임이 변화하고 있기 때문이다.

2000년대 중반 이후 소셜 네트워크 서비스(SNS)와 모바일 인터넷 등 정보통신기술이 교육현장에 활용되어 왔다. 2010년 정부의 '스마트 교육정책' 발표 이후 디지털교과서의 보급과 소프트웨어 교육이 실시되었다. 이후 교육부는 4차산업혁명 시기에 선제적 대응 준비를 위해 6차에 걸친 '교육정보화 기본계획'을 수립하고, 사람중심의 미래지능형 교육환경 구현을 위한 4대 분야 정책과제를 함께 제시하였다. 정책과제는 ① 미래형 스마트 교육환경 조성, ② 지속가능한 교육정보화 혁신, ③ ICT를 통한 맞춤형 교육서비스 실현, ④ 공유형 교육정보 디지털 인프라 구축의 네 가지로 구성되어 있다(교육부, 2020).

이 과정에서 2020년 코로나19라는 감염병이 창궐하면서 비대면 온라인교육이 유·초·중·고 및 대학까지 이어지고, 교사와 학습자 모두 융통적 네트워크와 상호작용이 가능한 스마트 미디어 교육에 떠밀리듯 빠르게 적응해가야 하는 상황이 되었다. 이러한 분위기 속에서 교육분야에 ICT 기술을 융합하고 효과적 교육실행을 위한 신기술(인공지능, 증강·가상현실, 사물인터넷)을 도입한 에듀테크(Edutech)가 본격적으로 도입되고 있다(오재호, 2020).

교사가 가르치고 전달하는 형태의 '교육'은 이제 학습자 스스로 탐색하고 문제를 해결하고 수업조건을 구성하는 '학습'으로 바뀌어 가고 있다. 이 과정에서 멀티미디어는 교육현장의 변화를 실현시켜 주는 도구로써 사용되고 있으며, 그 활용도는 점점 더 커지고 있다. 따라서 교사는 학습을 돕는 협력자로서 학습콘텐츠를 선별하거나 멀티미디어를 활용하여 교육자료를 직접 제작 · 제공할 수 있는 능력을 길러야 한다.

특히 유아는 스마트폰, 태블릿 PC 등 모바일 기기의 휴대 및 교육적 활용이 가능한 초 · 중 · 고 학습자와 달리 개인 휴대 및 활용이 일반적이지 않으므로 교사의 선택에 따라 미디어를 접하고 흡수하게 되는 경향이 있다. 따라서 교사는 교육 패러다임의 변화에 발맞춰 유아가 주도적으로 학습할 수 있는 멀티미디어 자료를 구성하고 학습에 활용할 수 있어야 한다.

용어설명

소셜 네트워크 서비스(Social Network Service)

웹상에서 친구 · 선후배 · 동료 등 지인(知人)과의 인맥 관계를 강화시키고 또 새로운 인맥을 쌓으며 폭넓은 인적 네트워크(인간관계)를 형성할 수 있도록 해주는 서비스를 '소셜 네트워크 서비스(Social Network Service)'라고 한다. 간단히 'SNS'라 부르기도 한다. 인터넷에서 개인의 정보를 공유할 수 있게 하고, 의사소통을 도와주는 1인 미디어, 1인 커뮤니티라 할 수 있다(출처: 네이버 지식백과).

모바일 인터넷

모바일 인터넷(mobile Internet)은 스마트폰이나 노트북과 같은 모바일 장비를 이용해 이동 중에도 인터넷을 매개로 커뮤니케이션, 교제, 정보 검색, 거래, 오락 등을 할 수 있는 발전된 인터넷 서비스를 지칭한다. 최근 들어 인터넷의 한 서비스인 월드와이드웹과 원래의 인터넷을 구별하지 않고 월드와이드웹을 인터넷의 대명사처럼 쓰고 있듯이, 모바일 웹(mobile Web)이 실질적인 모바일 인터넷이라 할 수 있다(출처: 네이버 지식백과).

에듀테크

교육(Education)과 기술(Technology)의 합성어로 전통적인 교육에 가상현실(VR), 증강현실(AR), 사물인터넷(IOT), 인공지능(AI) 등 정보통신기술(ICT)을 결합시켜 학습자에게 보다 사실적이고, 참여적인 맞춤화된 학습을 제공해주는 교육서비스 기술을 말한다(여진, 2019).

증강현실과 가상현실

가상현실(VR)은 컴퓨터가 생성한 가상적 이미지들로 이루어져 있는 반면, 증강현실은 실제 환경에 컴퓨터 그래픽을 적절하게 결합하여 가상 사물이 실제환경에 존재하는 것처럼 보이게 함으로써 학습자가 보다 나은 몰입감 현실감을 느끼도록 도와주는 콘텐츠 형식을 말한다. 증강현실은 현실과 가상의 세계를 연결하여 시각적 효과를 높이고 2D 자료만으로 설명하기 어려운 시공간의 개념이 포함되어 있어 학습자의 공간적 활동 범위를 넓혀주고 실제보다 더 깊이 있는 학습이 이루어지도록 돕는다(여진, 2019).

둘째, 교육의 대상인 유아들이 스마트 미디어의 발달과 인공지능(AI)기술의 탄생 속에서 나고 자란 알파세대이기 때문이다.

흔히 '디지털 네이티브'라 말하며 컴퓨터와 인터넷 등의 디지털 기기를 자유자재로 활용하는 1995~2010년까지 출생연도를 공유하는 세대를 Z세대로 정의한다(대학내일20대연구소, 2019). 우리가 유아교육현장에서 만나게 될 세대는 Z세대의 다음 세대로 알파세대라고 칭한다(김용섭, 2020). **알파세대**는 온전히 21세기에 태어난 첫 세대로 2011년 이후 태어나 인공지능(AI), 로봇 등의 기술적 진보를 누리며 자라나는 세대를 말한다(네이버, 시사상식사전).

오늘날의 유아들은 디지털 미디어로 둘러싸인 환경 속에서 태어났으며, 가정과 교육기관에서 지속적으로 멀티미디어 콘텐츠를 경험하며 성장해 왔다. 즉, 태어난 그 순간부터 손쉽게 스마트폰과 태블릿에 노출되고, 손과 눈의 협응이 이루어지기 전부터 스마트기기를 놀이하듯 경험해왔다. 소근육의 발달과 함께 스마트기기를 섬세하게 다룰 수 있게 되면서 자신이 원하는 앱(app)을 실행하여 놀이하거나 카메라를 활용하여 사진과 동영상을 남기기도 한다. 또한 AI 스피커와 자연스럽게 대화하면서 인공지능을 삶의 자연스러운 부분으로 여긴다.

알파세대인 유아들은 텍스트나 정지된 이미지로 된 정보보다는 음성과 움직이는 영상 등이 통합된 멀티미디어 기반의 채널로 정보를 받아들이는 데 익숙하다. 장난감의 사용방법을 부모로부터 안내받는 것이 아니라 유튜브와 같은 소셜미디어의 크리에이터 콘텐츠로부터 습득하여 놀이하며, 키즈 유튜버가 되는 것에 대해서도 부담감이 없다. 영어나 한글 등의 학습 또한 일방향적 학습이 아닌 인공지능(AI)을 활용한 맞춤형 쌍방향 학습을 하고 있다.

한편 아날로그적 놀이와 디지털 기반 놀이가 별개의 것으로 인식되었던 과거와 달리 현재는 VR(증강현실), AR(가상현실), 디지털 기술의 발달에 힘입어 디지털과 아날로그의 경계가 점점 모호해지고 있다. 예를 들어 종이 그림책과 애니메이션이 확연히 구분되어 있었던 과거와 달리 현재의 그림책들 중에는 종이책이면서도 그림책 장면을 스마트폰 화면을 통해 보면 동화책 속의 주인공이 움직이거나 소리를 내고, 주변의 공간으로 이동하여 움직이는 증강현실을 경험해볼 수 있는 경우도 있다.

또 다른 예로 한때 말랑말랑하고 탱탱한 감촉으로 유아부터 성인기까지 폭넓게 사랑받았지만 유해성 논란으로 문제가 되었던 슬라임을 보다 안전하게 놀이할 수 있는 슬라임 앱(app)이 만들어져 유아들 사이에서 유행하였다. 이 앱에서 유아들은 스마트폰 화면에 보이는 가상의 슬라임을 섞고, 여러 재료들로 꾸미면서 직접 만지는 것 같은 음향효과와 시각적 효과를 함께 즐길 수 있다. 이처럼 알파세대의 유아들은 자연스럽게 넘나드는 아날로그와 디지털 세계를 자연스럽게 받아들이며 성장하고 있다.

AI를 이용하여 놀이하는 유아

VR로 그림책을 감상하는 유아

스마트패드로 슬라임 놀이하는 유아

사진 1-4 알파세대 유아들이 스마트 미디어를 즐기는 모습

이처럼 발전을 거듭하는 정보통신기술과 디지털 기술, 인공지능을 온전히 누리며 살아가는 유아들은 기성세대가 기술이라고 인식하여 학습을 통해 받아들였던 것들을 놀이로 경험하여 쉽게 몸으로 익히고 받아들이고 있다. 이러한 유아들은 학습, 정보습득 등 무엇이든 음성과 영상 기반의 멀티미디어로 커뮤니케이션하는 시대를 주도하고 있는 가운데 유아들의 놀이와 학습이 동시에 이루어지는 유아교육기관에서도 알파세대에 속하는 유아들의 학습자적 특성을 이해하고 이에 발맞추어 멀티미디어를 활용하여 교육을 시행할 필요가 있다.

용어설명

우리가 가르치게 될 알파세대는요

- 2010~2024년 사이 출생한 인구층을 말해요.
- 인공지능 시대가 도래한 시기에 태어났어요.
- 21세기에 나고 자란 첫 세대예요.
- 휴대기기를 통해 놀이와 학습을 모두 해결해요.
- 테크놀로지 중심의 소비와 라이프스타일을 누릴 세대예요.
- 에이트포켓, 골든키즈, VIB(Very Important Baby) 등으로 불리며 소비의 중심에 있어요.

출처: 김용섭(2020)

셋째, 멀티미디어가 유아교사들의 교육업무를 보다 효율적으로 처리할 수 있도록 돕기 때문이다.

유아교사의 교육업무는 크게 유아를 위한 교육과정 계획 · 실행 업무와 교육행정 업무로 나눌 수 있다(황해익 외, 2015). 교육과정 계획 · 실행업무를 위해 교사는 유아들의 놀이와 관심을 확장시킬 수 있도록 자료를 선별하고 제작 · 구성해야 한다. 교실에서 컴퓨터, TV 등의 사용이 용이하지 않았던 과거에는 유아들과의 수업진행 시 필요한 자료를 직접 그리거나 만들고, 알맞은 이미지를 찾아 출력 · 코팅하여 사용하는 경우가 대부분이었다. 그러나 교실에 컴퓨터가 연결된 TV 모니터 사용이 가능해지면서 수업에서 사진, 이미지, 영상 등을 유아들과 자유롭게 공유할 수 있게 되었다. 예를 들어 '나비의 한 살이'에 대해 알아보는 과정에서 필요한 사진을 출력하여 코팅하고 융판에 붙여 유아들과 알아보거나 직접 교구로 제작하여 활용하던 것이 최선이었던 시기를 지나, 멀티미디어 사용이 손쉬워지면서 나비의 성장과정을 담은 영상을 검색하여 보다 효과적으로 학습할 수 있게 되었다. 이처럼 유아교육현장에서 멀티미디어가 활용되면서 교육과정 계획 · 실행시 자료를 어떻게 제작하고 실행할 것인지 교사가 선택할 수 있는 범위가 넓어지고, 필요한 교육자료를 준비하는 시간을 절약할 수 있게 되었다.

교육행정 업무는 학부모 관리, 행사, 원아 파일 관리, 기관홍보를 위한 홈페이지 관리, 그 밖의 공문처리 등을 포함한다. 학부모 관리는 1년에 2회 시행하는 형식적 면담,

수시 상담, 가정통신문 등을 통해 이루어지게 된다. 면담 시 멀티미디어를 활용하면 유아에 관한 보다 체계적인 자료와 유아들의 활동 모습, 결과물을 학부모와 공유할 수 있어 효율적이다. 가정통신문 또한 종이에 출력하여 유아들 편에 전달하는 방법과 더불어 e-알리미와 같은 스마트 가정통신문을 활용할 수 있다. 행사(생일잔치, 학부모 참여수업, 산타파티 등) 진행 시에도 파워포인트나 동영상 등의 멀티미디어 자료를 제작하여 보다 많은 인원의 학부모와 유아들을 대상으로 보다 원활한 행사 진행을 이끌어 갈 수 있다.

3) 유아멀티미디어교육의 교육적 의의

유아교육현장에서 멀티미디어를 적절히 활용하면 유아들의 놀이가 배움으로 확장될 수 있고, 생생한 정보와 지식을 유아들에게 보다 효과적으로 전달할 수 있다. 또한 교사 입장에서 멀티미디어를 활용하면 시간과 상황, 경제적 측면에 관한 효율적으로 유아들의 놀이경험을 기록하고 이를 바탕으로 배움을 지원할 수 있다.

특히 2019 개정 누리과정에서 현장의 자율성이 강조된 만큼 멀티미디어는 교실의 하루 일과와 놀이상황에 따라 융통성 있게 수업자료를 제작 · 수정해나갈 수 있는 도구로 활용될 수 있다. 유아교육현장에서 멀티미디어를 활용하는 것이 어떠한 교육적 의의를 갖는지 구체적으로 살펴보면 다음과 같다(유은영, 2012, 황해익 외, 2015).

첫째, 소리와 이미지, 텍스트, 동영상 등의 결합으로 다감각적 경험이 가능한 멀티미디어는 논리적 사고보다는 감각에 의존하여 구체적이고 지각적으로 사고하는 유아들의 흥미를 유발하고 효과적으로 정보를 흡수하도록 돕는다. 유아에게는 교사의 설명만으로는 이해하기 어려운 주제가 있다. 같은 주제라 할지라도 출력한 그림 혹은 사진, 텍스트로 이루어지는 경우보다 **사진 1-5**와 같이 멀티미디어의 요소들이 결합한 수업자료로 제공될 경우 교사의 설명만으로는 어려운 주제에 대해 유아들의 사실적 개념 이해에 도움을 줄 수 있다. 또한 **사진 1-6**과 같이 대집단의 유아들이 공유하기 힘들 정도로 작거나 섬세한 조작이 필요한 수업자료, 유아들의 개별 작품 등을 다룰 경우도 멀티미디어를 활용하여 쉽게 공유할 수 있다.

사진 1-5
수업시 활용한 매미영상

출처: EBS 지식채널 e

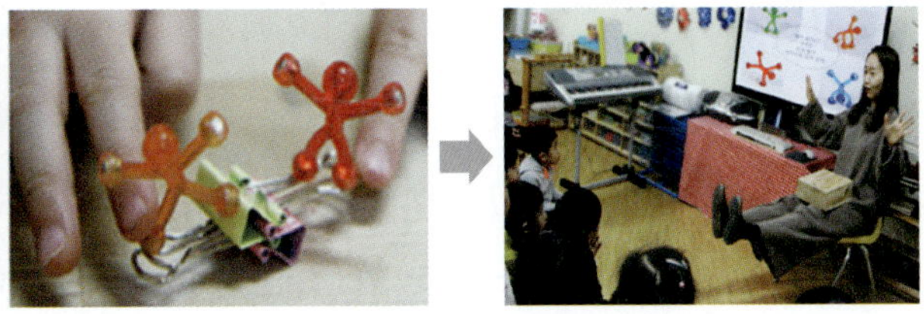

사진 1-6
대집단의 유아들이 작은 피규어 자석을
TV화면으로 감상하는 예

둘째, 멀티미디어는 유아들과 함께 알아보고자 하는 정보에 대한 풍부한 맥락과 환경을 제공할 수 있어 학습목표에 따라 어떻게 구성할 것인지 선택할 수 있는 범위가 넓다. 즉, 멀티미디어를 활용하여 교실에서 이루어지는 단순한 주제부터 복잡한 주제, 실제 세계와 관련된 주제부터 상상의 세계와 관련된 주제까지 쉽게 다룰 수 있고, 이를 다양한 방법과 콘텐츠로 구성하여 수업을 진행할 수 있다.

특히 유아들이 직접 체험해보기 어려운 주제(예: 밥의 소화 과정, 우주, 심해에 사는 동물, 세계 여러 나라의 다양한 문화 등)의 경우 단순한 사진과 설명보다는 시뮬레이션이 가능한 멀티미디어를 활용하여 사실에 기초한 학습을 할 수 있도록 돕는다. 또한 유아의 건강과 안전을 위해 필수적으로 요구되는 화재안전, 교통안전, 약물안전, 유괴 대처 방법 등 일상생활 습관지도나 안전교육 관련 주제에서 시작하여 직접 관찰하기 어려운 자연의 변화(예: 식물이 자라 꽃을 피우는 과정)에 관한 주제, 유아들이 원하는 상상의 세계와 관련된 주제에 이르기까지 모두 멀티미디어를 활용하면 주제와 관련된 풍부한 콘텐츠를 제공할 수 있어 유아들로 하여금 교육내용을 보다 쉽게 이해할 수 있도록 돕고, 흥미를 유발할 수 있다.

셋째, 멀티미디어는 수정 및 변형이 쉽고 간편하여 유아의 흥미와 관심이 새로운 방향으로 확장될 때 놀이를 지원하기 위하여 빠르고 효율적으로 수정할 수 있도록 돕는다. 교사가 여러 재료로 손수 만든 교수매체를 활용할 때의 장점도 있지만, 유아의 관심이 다른 방향으로 전환되거나 놀이가 확장될 때 교수매체를 즉각 수정하는 데에는 한계가 있다. 이럴 때에 멀티미디어를 활용한 교육자료는 유아들의 관심이나 제안 방향에 따라 쉽게 수정할 수 있다.

넷째, 멀티미디어는 하이퍼링크를 이용하여 상호작용을 통한 개별적 학습 순서와 내용을 유아가 주도적으로 선택하고 운영해 나가도록 돕는다. 주제와 관련된 궁금증이 생길 때 교사는 유아들이 알기 원하는 정보를 함께 찾아보거나 흥미가 고조될 경우 반복적으로 수업자료를 탐색하고, 필요한 부분만 더욱 자세히 들여다볼 수 있다. 또한 경험의 재방문을 위해 인터넷을 활용한 퀴즈로 유아의 성취도를 확인해볼 수 있고, 함께 댓글을 남기거나 주제에 관한 유아들의 의견을 수렴하기 위한 설문조사를 멀티미디어로 수행해볼 수 있다.

이처럼 유아의 발달과 교육과정의 동향에 맞게 멀티미디어를 활용할 경우 교육적 효과를 거둘 수 있다. 그러나 멀티미디어의 활용이 교사의 편의에 의해 남용되거나 멀티미디어 활용 기준 없이 사용될 경우 유아들이 직접체험을 통해 다양한 기능과 지식을 습득할 수 있는 기회를 빼앗길 수 있다.

또한 정보의 홍수 속에서 교사가 정확한 확인 작업 없이 부정확한 정보를 유아에게 전달할 경우 교육의 질을 심각하게 떨어뜨릴 수 있다. 그리고 매체의 특성상 멀티미디어는 강한 흡수력을 갖고 있으므로 과몰입의 위험을 항상 염두에 두어야 한다. 이처럼 예비유아교사는 유아멀티미디어교육의 교육적 의의를 이해함과 동시에, 양질의 교육을 실천할 수 있는 구체적인 방법들을 끊임없이 고민하고 실천해야 한다.

연습문제

1. 유아멀티미디어교육의 유익성 5가지와 유해성 5가지를 생각나는 대로 적어보세요.

유아멀티미디어교육은 유익하다. 왜냐하면

☞

☞

☞

☞

☞

유아멀티미디어교육은 유해하다. 왜냐하면

☞

☞

☞

☞

☞

2. 멀티미디어란 정보전달에 필요한 요소인 ______, ______, ______, ______, ______, ______ 등의 미디어들을 디지털 방식의 컴퓨터에서 통합시켜 동시에 제공하는 복합 다매체를 말한다.

3. 멀티미디어가 되기 위한 조건 4가지를 생각나는 대로 적어보세요.

☞

☞

☞

☞

4. 유아멀티미디어교육의 개념을 적어보세요(꼭 들어가야 할 단어를 중심으로 생각해보세요).

5. 유아 멀티미디어 교육은 3가지 측면에서 필요하다.

첫째, 정보통신기술과 스마트 기기의 급속한 발달에 따라 ______________이 변화하고 있기 때문이다.

둘째, 교육의 대상인 유아들이 스마트 미디어의 발달과 인공지능 기술의 탄생 속에서 나고 자란 ______________이기 때문이다.

셋째, 멀티미디어가 유아 교사들의 ______________를 보다 효율적으로 처리할 수 있도록 돕기 때문이다.

6. 유아멀티미디어교육이 갖는 교육적 의의 4가지를 생각나는 대로 적어보세요.

☞

☞

☞

☞

Chapter 2

개요

교사들은 유치원 · 어린이집의 하루일과를 계획 · 진행하는 과정에서 멀티미디어를 적절히 활용할 수 있어야 한다. 특히 유아의 놀이상황을 면밀히 관찰하고 놀이지원방법을 결정하여, 배움을 확장하는 과정에서 멀티미디어를 효과적으로 사용할 수 있는 구체적이고 실제적인 방법에 대해 이해할 필요가 있다.

2장에서는 유아교육현장에서 유아멀티미디어교육이 어떻게 실행되는지 간단히 살펴보고, 유아의 놀이를 지원하는 과정에서 멀티미디어 활용의 적합성 여부를 고려할 수 있는 기준에 대해서도 알아보고자 한다. 또한 교사가 유아의 놀이상황을 관찰한 후 놀이지원 방법을 결정하고 실행해나갈 때 멀티미디어를 활용한 20가지 활동을 제시하여 예비유아교사의 이해를 돕고자 한다.

학습목표

1. 유아의 놀이를 지원하는 과정에서 멀티미디어 사용의 적합성 여부를 판단할 수 있다.
2. 2019 개정 누리과정에 따른 유아들의 놀이를 확장하기 위해 유아멀티미디어 활동을 지원할 수 있다.
3. 다양한 유형의 유아멀티미디어 자료를 제작할 수 있다.

유아멀티미디어교육의 실제

1. 유아교육현장에서의 멀티미디어 활용

유아교육기관에서 멀티미디어를 활용하는 경우는 크게 두 가지로 나눌 수 있다. 교육과정을 계획하고 실행하기 위한 교육자료 제작과 학부모 · 행사 관리와 공문 등의 교육행정업무 처리 시 멀티미디어를 사용한다.

유아교육기관에서 교육과정을 계획하고 실행하는 등 교육의 용도로 멀티미디어를 활용하는 경우 교사들은 유아들과의 효과적인 상호작용을 위해, 흥미로운 활동을 진행하기 위해 웹사이트에서 제공하는 이미지, 동영상, 사운드 자료 등을 다운로드하여 파워포인트, 그림판, 포토샵, 스마트폰 앱 등의 도구로 교육자료를 직접 제작할 수 있다. 교육의 용도로 멀티미디어를 활용하는 경우는 교사와 유아 중 누가 주도하느냐에 따라 '교사가 활동을 위해 미리 결과물을 제작하는 경우', '수업 중 교사와 유아가 함께 완성해가는 경우', '유아가 주도하여 놀이로 즐기는 경우'로 나누어볼 수 있다.

다음 **사진 2-1**과 같이 우주, 식물의 성장 과정 등 유아가 직접 경험하기 힘들거나 영상으로 보여주는 것이 효과적이라고 판단될 경우 교사는 수업과 관련된 영상을 다운로드하여 유아들에게 필요한 부분만 편집하거나 스톱모션, 파워포인트 등으로 유아들 수준에 맞게 제작하여 생동감 있고 실제적인 정보를 전달할 수 있다.

유아들이 그린 그림이나 유아들의 사진, 영상 등을 활용하여 교사와 유아가 함께 편집하고 완성해 가는 활동을 진행할 수도 있다. 아래 **사진 2-2**처럼 유아들이 검은 배경 앞에서 율동을 하거나 신체표현을 하면 교사가 영상으로 촬영하여 홀로그램으로 완성하고 유아들과 함께 스마트폰이나 태블릿 PC를 이용하여 감상해볼 수 있다. 혹은 유아들이 기존의 동화를 각색하고 그에 알맞은 그림을 그려 이를 파워포인트에 PNG파일로 넣어 기존동화를 재구성하고 교사와 협의하여 애니메이션 효과를 넣어 완성할 수 있다. 크로마키 기법을 활용하여 가상세계에 있다고 상상하고 직접 표정이나 포즈를 취해보며 스마트폰으로 자신들이 그린 배경과 합성하는 경우도 교사와 유아가 함께 완성해나가는 경우라 할 수 있다.

마지막으로 **사진 2-3**과 같이 유아 스스로 조작할 수 있는 교육용 앱을 활용하여 증강현실 놀이를 하거나 태블릿 PC를 이용하여 만들기, 그리기 놀이를 하는 등 유아들 스스로 멀티미디어를 조작하여 다양한 경험을 하는 경우를 유아주도의 활동이라 할 수 있다.

사진 2-1
교사주도 제작

사진 2-2
교사·유아 함께 완성

사진 2-3
유아주도 놀이

한편 수업 이외에 교사는 기관의 행정업무처리와 공문처리 할 때에 멀티미디어를 활용하여 효과적으로 업무를 수행한다. **그림 2-1**과 같이 기관 홍보를 위한 홈페이지 관리, **그림 2-2**의 가정통신문, 파워포인트를 활용한 학부모 참여수업 등 기관의 행사나 가정연계를 원활히 운영하기 위해 단순한 문서보다는 기관의 모습이나 원아들의 영상이 담긴 멀티미디어 자료를 제작하여 활용하고 있다. 상담 또한 유아들의 놀이와 일상생활, 활동이 담긴 아날로그적인 결과물과 사진, 영상을 함께 제공하여 보다 효과적으로 진행할 수 있다. 특히 코로나19와 같은 감염병으로 인하여 온라인교육이 요구되는 시기에 멀티미디어를 활용한 유아교육과 학부모와의 교류는 불가피하므로 예비유아교사 시기부터 멀티미디어 활용 능력을 기를 필요가 있다.

그림 2-1 유아교육기관의 홈페이지

작은 친구들을 몰래 숨겨 봐요. 작은 친구들아, 어디 있니?

지난 5월 24일(수), 25일(목)에는 『유아를 위한 인터랙티브미술교육 프로그램』과 관련하여 "작은 친구들을 몰래 숨겨 봐요", "작은 친구들아, 어디 있니?" 활동을 하였습니다. '다나카 타츠야'의 작품 사진을 보고 주변에서 흔히 볼 수 있는 물건들과 작은 미니어처 인형을 활용하여 재미있는 이야기를 만들 수 있다는 사실을 알게 되었답니다. 이후 직접 작가가 되어 작품을 만들어 전시하고 관객이 되어 숨어 있는 작은 작품들을 찾아보는 활동을 하였습니다.

※ 유아들이 만들고 찾은 작품들을 사랑하는 가족들에게도 보여주고 싶어 하였어요. 그래서 작가 역할을 맡은 유아들의 작품 사진과 관객 역할을 맡은 유아들의 활동사진을 동영상으로 제작한 후 작품의 인터넷 주소가 담긴 QR코드를 유아들과 함께 만들어보았습니다. 여러 가지의 상품에 인쇄된 QR코드를 살펴보면서 활용 사례를 살펴보고 직접 QR코드 제목을 정하고 스타일을 디자인해보기도 하였습니다. 아래의 방법을 참고하셔서 유아들의 동영상을 보고 유치원에서 친구들과 함께 참여하고 있는 활동에 대해 격려해주시기 바랍니다.

믿음반의 QR코드

① 핸드폰으로 인터넷 네이버 메인페이지로 이동한 후 빨간 동그라미 부분의 마이크 모양을 터치합니다.

② 빨간 동그라미 부분의 '코드'를 터치합니다.

③ 전 단계에서 '코드'를 터치하면 화면이 카메라 모드로 바뀝니다. 상단의 QR코드를 인식합니다.

④ 동영상을 터치한 후 감상합니다.

그림 2-2 QR코드를 삽입한 가정통신문

출처: 배화여자대학교 부속 배화유치원

교사들은 유아들과의 하루 일과를 계획하고 실행하는 모든 과정에서 멀티미디어를 활용하는 것이 적합한지 지속적으로 확인할 필요가 있다. 감각적이고 직접적인 체험이 가능한 놀이주제와 내용은 멀티미디어보다는 실물을 활용하거나 직접 체험이 가능하도록 도와야 한다. 반대로 실물교육이 어려운 경우나 생동감 있는 영상을 통한 교육이 필요한 경우는 멀티미디어를 활용하는 것이 효과적일 수 있다. 유아의 놀이를 지원하고 확장하는 활동을 계획하고 실행할 때 멀티미디어 활용의 적합성 여부를 체크해 볼 수 있는 몇 가지 기준을 아래 제시하였다.

첫째, 유아들이 오감각으로 탐색하기 힘든 재료 혹은 주제인가?
둘째, 교사가 직접 교실로 가져올 수 없는 재료 혹은 주제인가?
셋째, 유아와 교사가 안전하게 탐색하기 어려운 재료 혹은 주제인가?
넷째, 움직임의 표현이 수업의 중요한 요소인가?
다섯째, 정보를 빠르고 신속하게 전달해야 하는가?
여섯째, 놀이 및 활동의 결과물이 방대하여 저장이 어렵거나 보관이 까다로운가?
일곱째, 대집단의 유아들이 자료를 함께 탐색, 감상, 조작하기 어려울 정도로 작거나 섬세한가?

교사들은 이러한 기준에 따라 멀티미디어를 유아의 놀이 확장에 활용할 것인지 결정하고, 멀티미디어를 활용하는 것이 더 적합하다고 판단될 경우 유아의 수준에 맞는 교육활동을 계획하고 진행할 수 있다.

유아교사는 교수매체를 직접 고안하고, 유아와 직접적인 상호작용을 하며 교실 환경을 구성하는 존재로, 교사의 멀티미디어에 대한 태도와 관점, 그리고 관련 지식 등이 교실에서의 멀티미디어 교육에 직접적으로 영향을 미칠 수 있다. 특히 유아는 성인의 선택에 따라 미디어를 접하게 되는 경향이 있으므로, 주변의 성인인 교사가 멀티미디어를 활용하여 어떻게 수업을 진행하고 상호작용하느냐에 따라 영향력이 다르게 나타나고 교육내용의 질이 달라질 수 있다(이민주, 이영신, 유정은, 2015). 따라서 예비유아교사들은 교육현장에 투입되기 전 자신이 준비한 활동이 멀티미디어 활용에 적합한지에 대한 판단능력을 함양할 필요가 있다.

아래 제시된 상황에서 교사가 멀티미디어를 활용하여 수업을 계획하고 실행하는 것이 적합한지 토론해 보자.

모둠별로 토론해봐요

비가 오는 날, 유아들이 하원 버스를 기다리며 우산으로 칼싸움을 하고 있다. 어떤 유아는 우산을 접었다 폈다 하면서 물을 튀기고 있다. 교사는 '우산 사용 시 유의해야 할 점'에 대해 유아들과 이야기 나눌 필요가 있다고 느끼고 이를 주제로 다음 날 수업자료를 준비하려고 한다. 이때 교사가 멀티미디어를 활용하여 수업을 준비하는 것은 적절할까? 적절하지 않을까? 적절성 여부와 그 이유에 대해 토론하고, 그 내용을 기록해 보기로 한다.

멀티미디어를 활용하여 수업하는 것이 적절하다.	멀티미디어를 활용하여 수업하는 것이 부적절하다.
• 이유: • 수업방법:	• 이유: • 수업방법:

2. 놀이로부터 시작되는 멀티미디어 활동 실제

이 장에서는 교사가 유아들의 놀이를 관찰하고 배움으로 확장하기 위해 놀이를 지원하는 과정에서 멀티미디어를 활용한 구체적인 예시를 통해 유아멀티미디어교육에 대한 예비유아교사의 이해를 돕고자 한다.

교사는 상황에 따라 다양하게 일어나는 유아들의 놀이를 면밀히 관찰하고 어떻게 지원하는 것이 교육적으로 적절할 것인지 판단하고 안내하여 유아의 놀이를 배움으로 연결하여 확장할 수 있어야 한다. 교사가 유아의 놀이를 지원하는 방법은 크게 5가지로 나누어볼 수 있다. 이를 간단히 그림으로 나타내면 다음 그림 2-3과 같다.

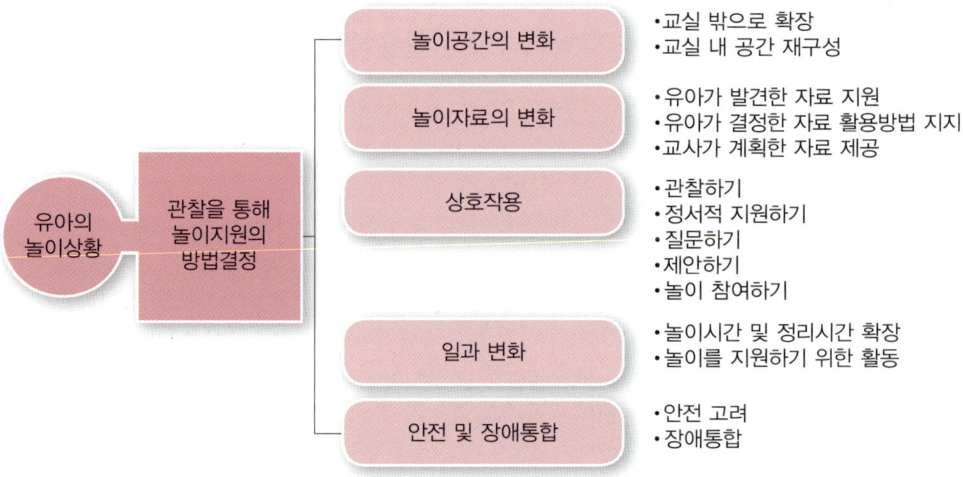

그림 2-3 유아의 놀이관찰을 통한 교사의 놀이지원

본 교재에서는 교사가 유아의 놀이상황을 관찰한 후 놀이지원 방법을 결정하고 실행해나갈 때 어떻게 멀티미디어를 활용하는가에 초점을 맞춘 다양한 유형의 멀티미디어 활동을 제시하고자 한다. 특히 놀이 지원을 위한 멀티미디어 자료는 단순한 사진이나 이미지보다는 시간에 따라 변화하는 연속매체인 프레젠테이션이나 영상자료가 주를 이루므로 독자의 이해를 돕기 위해 자료를 영상으로 감상하고 참고할 수 있도록 QR코드로 함께 제시하였다. 놀이를 지원하기 위한 활동(일과 변화를 통한 교사의 놀이지원)을 실행한 경우에는 계획안도 함께 실었다.

01 색깔놀이

놀이 상황

두 유아가 소스 통에 담긴 노랑 물감을 캔버스 위에 쭉 짜고 그 위에 파랑 물감을 겹쳐서 짠다. 또 그 위에 빨강 물감 파랑 물감을 짜서 올린 후 플라스틱 숟가락을 가져와 뱅글뱅글 돌리며 물감을 섞는다. 환호성을 지르며 "얘네 다 섞어버리자!"라고 말하며 물감을 계속 섞는다. 색깔이 점점 어두운 보라색으로 변하는 모습을 지켜보며 "우와! 우리가 새로운 색깔을 만들었어!"라고 말한다.

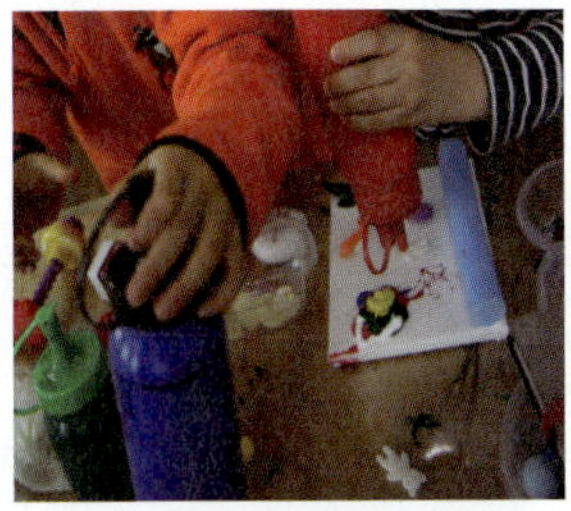

놀이지원방법의 선택

놀이공간의 변화		놀이자료의 변화	V	상호작용	V	일과의 변화		안전 및 장애통합	

놀이지원을 통한 배움의 확장

지원 내용	지원을 위한 멀티미디어 자료	QR코드
놀이자료의 변화 • 색의 혼합을 동요 애니메이션으로 감상하도록 교사가 포토샵 및 파워포인트로 제작하여 자료를 제공함	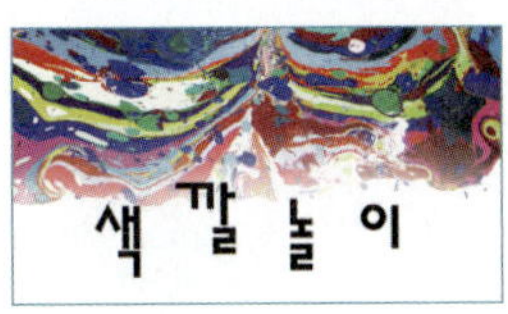    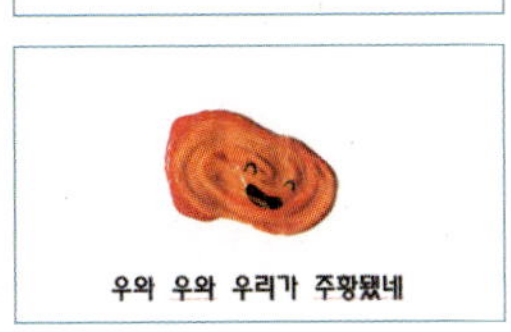	QR 2-1

놀이지원을 통한 배움의 확장		
지원 내용	지원을 위한 멀티미디어 자료	QR코드
놀이자료의 변화 • 유아들이 물감섞기 놀이한 것을 사진으로 촬영함 • 유아들이 혼합한 색이름을 넣어 가사판 파워포인트 자료로 제작하여 슬라이드쇼로 보도록 제공함	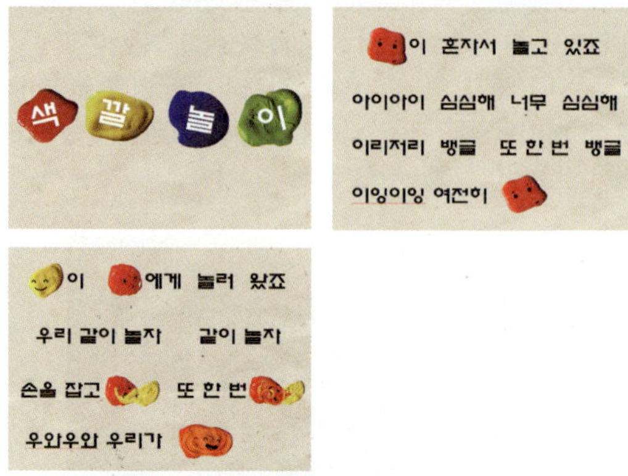	QR 2-2
상호작용 • "다른 색을 사용한다면 어떤 색으로 섞일까?" 질문하여 유아들이 다른 색깔도 섞어볼 수 있도록 상호작용함		
놀이자료의 변화 • 유아들이 혼합한 색을 사진으로 찍어 파워포인트 가사판에 삽입함 • 다른 색으로 노랫말을 바꾸어 노래 부르고 녹음하여 파워포인트에 음성을 삽입함 • 완성된 파워포인트 자료를 슬라이드 쇼로 보도록 제공함		

02 자연물 파워포인트 동화 만들어봐요

놀이 상황

산책을 가서 여러 자연물을 모아 놀이하던 유아가 모래 위에 나뭇잎, 나뭇가지, 돌 등을 이리저리 놓고 나서 "이건 요정이야."라고 말한다. 옆에서 흙을 만지며 놀이하던 다른 유아가 친구의 나뭇잎 요정을 들여다보고 조용히 자연물을 모아 와서 이리저리 놓고는 "이것 봐. 고슴도치 만들었다~"라고 말한다. 고슴도치를 만든 유아가 "요정아. 나랑 친구 할래? 친구가 되면 내 가시가 하나도 안 따가운데."라며 상상놀이를 한다.

산책을 마칠 즈음 요정을 만든 유아가 "선생님. 우리 가고 나면 이거 없어지는데 어떻게 해요? 가져가고 싶은데."라며 속상한 표정을 짓는다.

놀이지원방법의 선택

놀이공간의 변화		놀이자료의 변화	V	상호작용	V	일과의 변화	V	안전 및 장애통합	

놀이지원을 통한 배움의 확장

지원 내용	지원을 위한 멀티미디어 자료	QR코드
상호작용 • 산책 시 유아들이 흙 위에 자연물로 만드는 모습을 관찰하며 사진 촬영함	  	

<table>
<tr><th colspan="3">놀이지원을 통한 배움의 확장</th></tr>
<tr><th>지원 내용</th><th>지원을 위한 멀티미디어 자료</th><th>QR코드</th></tr>
<tr><td>놀이자료의 변화
• 유아들이 놀이했던 내용을 바탕으로 애니메이션 동화를 만들 수 있도록 파워포인트 자료를 제공함(애니메이션 효과 넣기 위해 포토샵을 이용하여 사진에서 배경과 이미지 분리하여 파워포인트에 불러옴)</td><td>

</td><td></td></tr>
<tr><td>일과의 변화
• 유아들과 함께 애니메이션 효과를 넣어 자연물 파워포인트 동화 만드는 활동을 지원함
계획안 참고</td><td>

</td><td>QR 2–3</td></tr>
</table>

활동계획안

활동명	자연물 파워포인트 동화 만들어봐요
활동자료	파워포인트 동화 이미지 컷, 영상 QR코드

활동방법

1. 자연물 작품을 찍은 사진을 보며 산책 활동의 경험을 회상해본다.
- 너희들이 산책하면서 자연물로 무엇을 만들어봤었니?
- 너희들이 만든 자연물 작품을 사진으로 찍었는데, 무엇을 만든 건지 볼래?

2. 자연물 작품사진을 삽입한 파워포인트 동화 이미지컷을 보며 어떤 이야기를 지을 수 있을지 생각해본다.
- 너희들이 만든 자연물 작품사진을 파워포인트 자료에 넣어봤는데, 이야기가 있다면 더욱 근사할 것 같아.
- 이 장면을 보니 어떤 일이 벌어진 것 같니?
- 나뭇잎이 말을 할 수 있다면 뭐라고 말할까? 고슴도치는 이때 뭐라고 할까?

3. 교사가 받아적은 이야기를 들어본다.
- 너희들이 말한 것을 컴퓨터 자판으로 쳤는데, 다시 들려줄 테니 들어봐.

4. 파워포인트 동화 이미지 컷의 어느 부분에 해설과 대사를 넣을지 위치를 정한다.
- ~~이야기는 화면의 어느 부분에 넣어줄까?
- 나뭇잎(고슴도치)의 대사는 어느 부분에 배치할까?

5. 애니메이션 효과를 어떻게 넣을지 의논한다.
- 파워포인트 동화를 좀 더 재미있게 보려면 어떻게 만들까?
- 누가 움직였으면 좋겠니? 어느 부분이? 어떤 순서로?
- 글자는 어떻게 움직이게 만들까? 어떤 순서로?

6. 완성된 파워포인트 동화를 감상한다.

경험의 의미	1. 자연물 작품사진을 활용하여 파워포인트 동화를 만들 수 있다. 2. 애니메이션 효과를 넣는 데 관심을 가진다.

03 내가 그린 구름 그림

놀이 상황

미세먼지가 없는 날 바깥놀이터에서 놀던 유아가 파란 하늘을 보며 "선생님! 하늘이 너무 예뻐요! 사진 찍어도 돼요?"라고 묻는다. 교사는 유아에게 카메라를 주고 하늘 사진을 찍을 수 있도록 사용방법을 알려준다. 또 다른 유아가 "나도 찍어볼래요."라고 해서 카메라를 주니 파란 하늘의 흰 구름을 찾아 찰칵찰칵 찍는다. 교실로 들어와 사진을 보고 싶다고 하는 유아들을 위해 모니터 화면으로 하늘과 구름 사진을 감상한다. 또 다른 유아가 와서 구름 사진을 가리키며 "어! 고래잖아!!"라고 말한다.

놀이지원방법의 선택

놀이공간의 변화		놀이자료의 변화	V	상호작용		일과의 변화	V	안전 및 장애통합	

놀이지원을 통한 배움의 확장

지원 내용	지원을 위한 멀티미디어 자료	QR코드
놀이자료의 변화 • 하늘의 여러 가지 색에 대한 유아의 인식을 돕기 위해 하늘을 일부만 보고 알아맞히는 자료를 제공함(파워포인트에서 도형병합 및 애니메이션 효과 이용함)		QR 2-4

놀이지원을 통한 배움의 확장		
지원 내용	지원을 위한 멀티미디어 자료	QR코드
일과의 변화 • 구름을 보며 상상하는 유아들을 위해 구름 이용 그림 그리기 활동으로 지원함 계획안 참고	 	
놀이자료의 변화 • 유아들이 그린 그림을 스캔하여 구름과 별도로 저장함	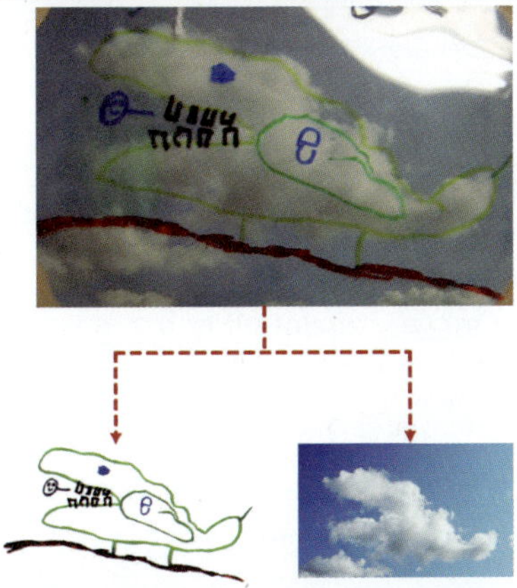	
놀이자료의 변화 • 유아들이 그린 구름 이용 그림 스캔본을 파워포인트 상에서 애니메이션 효과 처리하여 구름과 겹쳐지는 자신들의 작품을 감상하도록 자료 제공함	 작가: 박** 	QR 2-5

놀이지원을 통한 배움의 확장		
지원 내용	지원을 위한 멀티미디어 자료	QR코드
	작가: 박** 	

활동계획안

활동명	내가 그린 구름 그림
활동자료	구름 사진 출력한 종이, 사인펜

활동방법

1. 구름 사진을 보며 연상되는 생각을 이야기한다.

- 이 구름 사진을 보며 딱 떠오르는 생각이 있니? 또? 종이를 다른 방향으로도 돌려볼까? 이번엔 어떤 생각도 떠오르니?
- 다른 구름 사진도 볼까? 이 구름을 이용해서 그릴 수 있는 건 무엇일까?

2. 여러 가지 구름 사진 중 한 장을 선택하여 구름을 이용한 그림을 그린다.

- 구름을 잘 보고 그걸 이용해서 무엇을 그릴 수 있을지 생각해보자. 다 생각한 사람은 사인펜으로 그려보자.

3. 파워포인트 애니메이션 자료로 만들어진 자신들의 구름 그림을 감상한다.

- ○○는 이 구름을 이용해서 그림을 그렸구나.
- 이 구름 위에 ○○가 무엇을 그린 것 같니?
- ○○가 무엇을 그렸는지 친구들에게 직접 이야기해주렴.

경험의 의미	1. 구름 사진을 보며 연상된 생각을 말과 그림으로 이야기한다. 2. 애니메이션 자료로 제작된 구름 그림을 감상한다.

04 밥이 되어 몸속을 탐험해봐요!

놀이 상황

유아들이 교실에서 키우는 달팽이가 당근을 먹으면 주황 똥을 싸고, 상추를 먹으면 초록색 똥을 눈다는 것을 알게 되었다. 달팽이를 들여다보며 한 유아가 ○○야. 난 하얀 색 밥을 먹는데 왜 내 똥은 똥색이지?"하면서 키득키득 웃는다. 또 다른 유아도 "나도 바나나랑 참외랑 노란 거 먹었는데 똥은 똥색이야"라고 말하며 서로 장난스러운 눈빛으로 바라본다.

놀이지원방법의 선택

놀이공간의 변화		놀이자료의 변화	V	상호작용		일과의 변화	V	안전 및 장애통합	

놀이지원을 통한 배움의 확장

지원 내용	지원을 위한 멀티미디어 자료	QR코드
일과의 변화 • 밥이 몸속에서 똥이 되는 과정을 동영상 사이트에서 찾아 영상으로 보며 몸속을 살펴보는 활동으로 지원함 계획안 참고 **놀이자료의 변화** • 소화 과정을 쉽게 이해할 수 있도록 교사가 직접 파워포인트 자료를 제작하여 제공함 • 소화 과정 파워포인트를 보며 직접 신체를 이용하여 밥이 몸속에서 똥이 되는 과정을 표현하도록 지원함	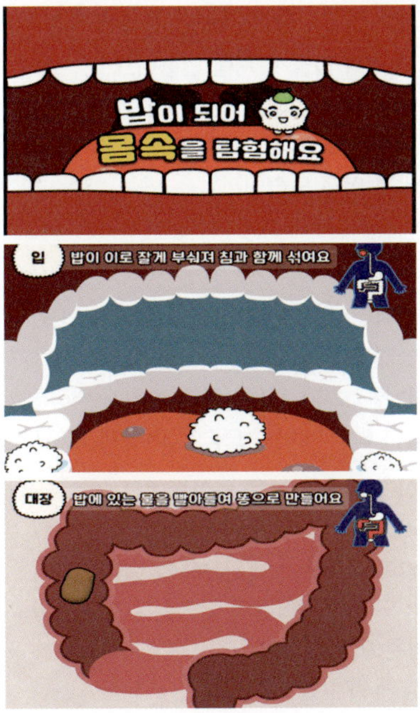	

활동계획안

활동명	밥이 되어 몸속을 탐험해봐요
활동자료	소화 과정 영상자료(사이트 주소), 소화 과정 파워포인트, '밥이 되어 몸속을 탐험해요' 영역표, 훌라후프, 마스킹테이프, 비닐(초록, 노랑), 블루투스 스피커, 바구니, 음원(Shining star, Love Day, Bubble Love)
활동방법	

1. 영상을 보며 소화 과정에 대해 회상한다.
- 사랑반, 지난 시간에 음식이 소화되는 과정에 대해 알아본 것이 생각나니?
- 영상을 보면서 음식이 어떻게 소화되는지 다시 기억을 해보자.

2. 음식이 소화되는 과정의 움직임과 특성을 탐색하고, 표현 방법에 대해 이야기 나눈다.
- 오늘은 영상에서 본 것처럼 우리가 직접 밥이 되어 몸속을 탐험해보는 건 어때?
- 이 자료들을 보면서 밥이 소화되는 모습을 어떻게 몸으로 표현할지 생각해보자.

[장면 1] 밥이 이로 잘게 부서져 침과 함께 섞여요.
- 먼저 밥을 입에 넣으면 꼭꼭 씹어서 작게 만들지.
- 훌라후프를 입이라고 생각해볼까?
- 밥이 훌라후프 입에 들어가는 모습은 어떻게 표현해볼까?
- 이로 씹을 때 점점 크기가 줄어드는 밥은 어떻게 표현할 수 있을까? 앉은 자리에서 몸으로 표현해보자.

[장면 2] 밥이 식도를 타고 내려가요.
- 이제 꼭꼭 씹어서 작아진 음식들은 식도를 타고 내려가지.
- 밥이 식도를 타고 빠르게 내려가는 모습은 어떻게 표현해볼까?

[장면 3] 위를 늘리고 줄이며 밥을 죽처럼 만들어요.
- 밥이 위에 들어가면 어떤 일이 일어날 것 같니?
- 너희들 말대로 또 위가 줄어들었다가 다시 늘어났다가 많이 움직이면서 밥을 작게 만들어.
- 위가 줄어들었을 때 밥은 어떤 모습일까?
- 위가 늘어날 때는?
- 또 위가 비틀어질 때 밥의 모습은 어떨 것 같니?

[장면 4] 쓸개즙과 이자액이 밥과 함께 섞여 소화를 도와요.
- 위를 통과한 밥들은 쓸개즙과 이자액이 나오는 십이지장을 지나가게 돼.
- 이자액과 쓸개즙은(비닐을 보며) 선생님이 너희에게 뿌려줄게.
- 그럼 이자액과 쓸개즙이 밥과 섞이는 모습은 어떻게 표현해볼까?

[장면 5] 소장의 융털이 밥의 영양분을 빨아들여요.
- 밥이 꼬불꼬불한 소장을 지나면서 어떻게 되었어?
- 소장에 있는 융털이 밥에 들어있는 영양분들을 빨아들이지.
- ㅇㅇ가 소장의 융털이 되어서 너희들의 영양분을 빨아들일 거야.
- 영양분을 빼앗기면 밥은 어떻게 될까?
- 힘이 없는 모습은 어떻게 표현할까?

[장면 6] 밥에 있는 물을 빨아들여 똥으로 만들어요.

– 소장에서 영양분을 다 뺏긴 밥은 대장으로 가서 물을 다 뺏기고 똥이 돼.
– 대장에서 밥이 조금씩 단단해지는 모습은 어떻게 표현해볼까?
– ㅁㅁ가 대장이 되어 물을 빨아들일 테니까 너희들은 지금처럼 생각하고 있는 똥을 자유롭게 표현해줘.

[장면 7] 항문 밖으로 똥이 나와요.

– 마지막으로 대장의 똥들은 항문을 통해 밖으로 쏘옥 나오게 돼.
– 이번에도 입처럼 이 훌라후프가 항문이 될 거야.
– 앞에 나와서 항문 밖으로 나오는 똥을 몸으로 표현해줄 사람 있니?
– 여기 바닥에 무엇이 붙어 있니?
– 너희들이 밥이 되어 몸속의 기관들을 탐험할 때 길을 마스킹테이프로 그려놓았어.
– 이걸 따라서 밥이 되어 몸속을 탐험해보자.

3. 음식의 소화 과정을 신체로 표현한다.

– 다 같이 이야기를 잘 들으며 몸으로 표현해보자.

> 밥이 입으로 쏙 들어갔어요. 이가 밥을 꼭꼭 씹어서 밥알들이 다 흩어지고 작아졌어요.
> 꿀꺽 삼키니 밥이 식도를 타고 쓩 내려갔어요.
> 작아진 밥들이 위에 도착했어요. 위가 줄어들고, 늘어나고, 밥들을 비틀었어요.
> 밥들은 십이지장으로 왔어요. 쓸개즙과 이자액이 나오면서 밥들과 섞이기 시작했어요.
> 이제 밥은 꾸불꾸불한 소장을 지나가는데 소장에 있는 융털이 밥에 있는 영양분들을 쏙쏙 빨아들이네요.
> 이렇게 영양분이 없어진 밥들은 대장으로 가서 물까지 빼앗기고 말았어요. 그래서 똥이 되었지요.
> 똥은 이제 항문으로 나올 준비를 하고 있어요. 출발!

4. 활동을 한 후 생각과 느낌에 대해 이야기를 나누고 평가한다.

– 오늘 우리가 어떤 활동을 했니?
– 직접 밥이 되어 소화되는 과정을 표현해보니 어땠어?
– 어떤 과정을 표현하는 것이 가장 기억에 남았니?
– 다음엔 어떤 음식이 소화되는 모습을 표현해볼까?

경험의 의미	1. 신체를 이용하여 음식이 소화되는 과정을 다양하게 표현한다. 2. 우리 몸의 소화기관과 음식이 소화되는 과정을 이해한다. 3. 자신과 다른 친구들의 표현을 존중할 수 있다.

05 레고가 움직여요

놀이 상황
2명의 유아가 쌓기놀이영역에서 놀이하고 있다. 한 유아가 “여기는 우주였대. 슈우우웅~~”하여 레고로 만든 우주선을 움직인다. 또 다른 유아가 “우리가 행성에 도착했대. 거기는 물고기가 걸어 다니고 있었지.”라며 이야기를 이어나간다.

⬇

놀이지원방법의 선택									
놀이공간의 변화		놀이자료의 변화	V	상호작용	V	일과의 변화		안전 및 장애통합	

⬇

놀이지원을 통한 배움의 확장		
지원 내용	지원을 위한 멀티미디어 자료	QR코드
놀이자료의 변화 • 직접 레고를 움직이며 놀이하는 유아들에게 스톱모션 스튜디오 앱을 소개함 **상호작용** • 스톱모션 스튜디오 앱을 활용하여 레고가 움직이는 영상을 직접 만들어볼 수 있는 방법에 대해 알아보며 상호작용함		스톱모션스튜디오 설명 영상
상호작용 • 원하는 배경과 놀이장면을 합성할 수 있는 크로마키 기법도 있다는 것을 제안함	 ⬇ 크로마키 합성 	

놀이지원을 통한 배움의 확장		
지원 내용	지원을 위한 멀티미디어 자료	QR코드
상호작용 • 유아들이 직접 짧은 스토리를 만들어 스톱 모션을 제작하도록 상호작용함 **놀이자료의 변화** • 스마트 기기를 제공하며 이를 활용하여 놀이하는 방법을 소개함		QR 2-6

더 알아보아요

크로마키(chroma-key)

두 개의 영상을 합성하는 기술을 말합니다. 보통 일기예보 방송에서 쓰이는데, 기상캐스터가 큰 지도 앞이나 계절을 나타내주는 풍경 앞에 서 있는 것 같지만 실제로는 파란색 배경이나 초록색 배경의 스튜디오 안에 서 있는 것입니다(출처: 위키백과).

06 곰돌이 옷을 입혀보자

놀이 상황

한 유아가 '곰돌이 팬티'라는 동화책을 한 장 한 장 넘기며 읽은 후에 "왜 곰돌이는 팬티만 입냐?"라고 말한다. 옆에 있던 유아가 웃자 "팬티만 입고 다니면 창피한데"라며 미간을 찌푸리며 곤란한 표정으로 웃는다.

놀이지원방법의 선택

놀이공간의 변화		놀이자료의 변화	V	상호작용		일과의 변화	V	안전 및 장애통합	

놀이지원을 통한 배움의 확장

지원 내용	지원을 위한 멀티미디어 자료	QR코드
놀이자료의 변화 • 유아들이 곰돌이 옷을 입혀줄 수 있도록 포토샵으로 활동지를 제작하여 제공함		
일과의 변화 • 자신의 옷을 만들어달라는 곰돌이의 부탁이 담긴 파워포인트 동화자료를 제작하여 미술 활동으로 지원함 계획안 참고		
놀이자료의 변화 • 유아들이 곰돌이의 옷을 디자인하여 그리도록 그리기 재료와 스티커를 제공함	 	

<table>
<tr><th colspan="3">놀이지원을 통한 배움의 확장</th></tr>
<tr><td>놀이자료의 변화
• 유아들의 그림을 스캔하고 파워포인트 자료로 제작하여 곰돌이 옷 패션쇼를 감상해보도록 제공함</td><td>
</td><td>QR 2-7</td></tr>
</table>

활동계획안

활동명	곰돌이 옷을 입혀보자
활동자료	'곰돌이 팬티'(투페라 투페라 지음, 김미대 옮김, 북극곰), 동화 파워포인트, 옷 입히기 활동자료, 사인펜, 색연필, 스티커

활동방법

1. 파워포인트 동화 '곰돌이 팬티'를 듣는다.

- ○○와 □□가 이 책을 보며 키득키득 웃더라.
- 같이 파워포인트 동화를 보면서 어느 부분이 그렇게 재미있었는지 볼까?
- 이 책의 주인공은 누구일까?
- 곰돌이가 무엇을 입고 있지?

2. 파워포인트 동화를 본 후, 동화 내용에 이야기 나눈다.

- 곰돌이는 왜 울상을 짓고 있었니?
- 동화에 곰돌이 말고 어떤 동물들이 나왔니?
- 줄무늬 팬티는 누구의 팬티니?
- 돼지(토끼)는 어떤 팬티를 입고 있었니? 곰돌이의 팬티가 어디 있었지?
- 우리가 이 책의 주인공인 곰돌이의 옷을 입혀주는 거 어떨까?

3. 재료를 탐색하며 활동방법을 알아본다.

- 사인펜과 색연필로 곰돌이 옷을 어떻게 꾸며주고 싶니?
- 곰돌이는 어떤 색깔이 어울릴 것 같아? 어떤 무늬의 옷을 꾸며주고 싶니?

4. 곰돌이 활동지에 사인펜과 색연필로 곰돌이의 옷을 꾸며본다.

5. 곰돌이 옷 패션쇼 영상자료로 서로의 작품을 감상한다.

- ○○가 만든 옷에는 어떤 모양이 있어? 색은?

경험의 의미	1. 여러 가지 모양과 색으로 곰돌이 옷을 꾸밀 수 있다. 2. 곰돌이 옷 패션쇼 영상자료 감상을 즐긴다.

07 돈에 대해 알아봐요

놀이 상황

소꿉놀이 도구를 이용하여 시장놀이를 하던 유아 중 한 명이 "야, 우리 돈 만들자!"라고 제안한다. 3명의 유아들이 모여 도화지를 직사각형으로 잘라 '천 원', '만 원', '오백 원'이라고 쓴다. 한 유아가 "아니야. 오백 원은 동전이잖아. 동그란 모양으로 잘라야 돼."라고 한다.

다른 유아는 한 면에 '천 원'이라고 쓰고 뒤집어서 숫자1을 쓴 다음 0을 5개 붙여 쓴다. 잠시 생각하듯이 자기가 만든 돈을 들여다보다가 교사에게 "선생님, 이거 맞아요?"라고 묻는다.

놀이지원방법의 선택

놀이공간의 변화		놀이자료의 변화	V	상호작용		일과의 변화	V	안전 및 장애통합	

놀이지원을 통한 배움의 확장

지원 내용	지원을 위한 멀티미디어 자료	QR코드
일과의 변화 • 돈의 단위, 모양, 숫자 등에 대해 정확히 모르고, 돈에 대해 궁금해하는 유아들을 위해 돈에 대한 기본 지식을 공유해야 할 필요가 있다고 생각하여 활동으로 지원함 계획안 참고 **놀이자료의 변화** • 실제 돈을 준비하고 모든 유아들이 TV 화면으로 자세히 관찰할 수 있도록 파워포인트 자료를 함께 준비함	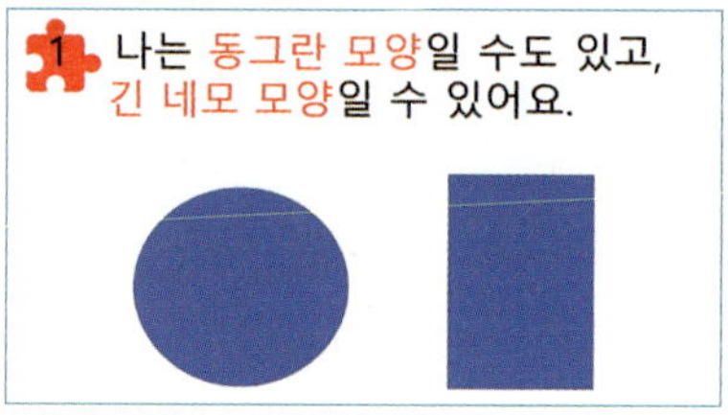   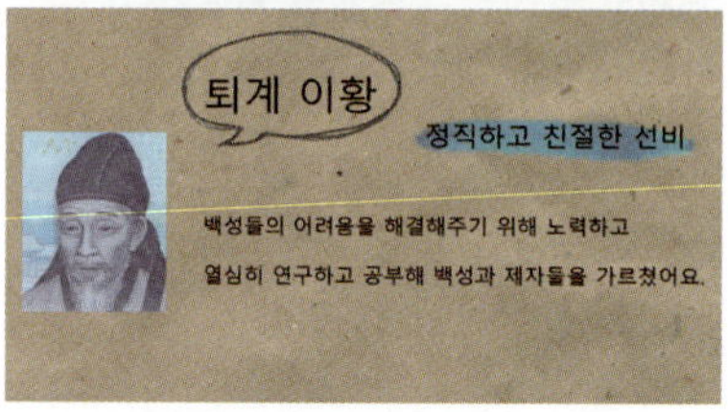	QR 2-8

활동계획안

활동명	돈에 대해 알아봐요.
활동자료	파워포인트 자료, 실제 돈(동전 네 가지, 지폐 네 가지)

활동방법

1. 돈에 대한 수수께끼를 알아맞힌다.
- 나는 동그란 모양일 수도 있고, 네모난 모양일 수도 있어요.
- 나는 우리 엄마 아빠 지갑에서 볼 수 있어요.
- 나는 물건을 살 때 사용해요.
- 나는 무엇일까요?

2. 돈에 대한 경험을 이야기한다.
- 어떤 종류의 돈을 본 적 있니?
- 돈은 어떤 모양(색깔, 크기 등)일까?
- 돈에는 무엇이 그려져 있을까?

3. 실제 돈을 관찰한다.
- 앞면(뒷면)에는 어떤 그림이 보이니?
- 손으로 만졌을 때 어떤 느낌이 드니?

4. 파워포인트 자료로 돈의 종류와 특징에 대해 알아본다.
- (동전, 지폐)은/는 몇 가지가 있을까?
- 크기가 가장 커다란(작은) 동전은 무엇일까?
- 가장 많은(조금) 것을 살 수 있는 (동전, 지폐)은/는 무엇인 것 같니?
- 천 원(오천 원, 만 원, 오만 원)에서는 어떤 색이 보이니?
- 십 원(오십 원, 백 원, 오백 원) 속에 어떤 숫자가 보이니?
- 천 원(오천 원, 만 원, 오만 원) 속에 어떤 숫자가 보이니?
- 5(1, 0)는 몇 개 있을까?
- (천 원, 오천 원, 만 원, 오만 원)에는 어떤 그림이 그려져 있니?

5. 돈의 크기대로 순서 지어본다.
- 가장 큰 동전부터 가장 작은 동전까지 순서대로 놓아볼까?
- 가장 비싼 동전(지폐)부터 가장 싼 동전(지폐)까지 순서대로 놓아보자.

6. 활동 후 느낀 점을 이야기한다.
- 활동을 통해 새롭게 알게 된 것이 있니?

경험의 의미	1. 지폐와 동전에 쓰인 숫자와 글자 읽기에 관심을 가진다. 2. 돈의 종류와 특징에 대해 알 수 있다. 3. 돈의 크기에 대해 알 수 있다.

08 개구리 성장과정을 알아봐요

놀이 상황

한 유아가 교실에 데려온 올챙이 5마리를 키우고 있다. 두 유아가 올챙이 수조 앞에 모여 개구리와 올챙이 노래를 흥얼흥얼 부르며 올챙이를 보고 있다. “개울가에 올챙이 한 마리 꼬불꼬불 움직이다 앞다리가 쭉, 뒷다리가 쭉, 꼬불꼬불 올챙이 됐네.”라며 틀린 노랫말로 부른다.

놀이지원방법의 선택

놀이공간의 변화		놀이자료의 변화	V	상호작용		일과의 변화	V	안전 및 장애통합	

놀이지원을 통한 배움의 확장

지원 내용	지원을 위한 멀티미디어 자료	QR코드
일과의 변화 • 올챙이에 관심이 생긴 유아들을 위해 ‘올챙이와 개구리’ 노래 부르기 활동으로 지원함 계획안 참고 **놀이자료의 변화** • 개구리의 성장 과정 관련 퀴즈 파워포인트 자료를 제작함	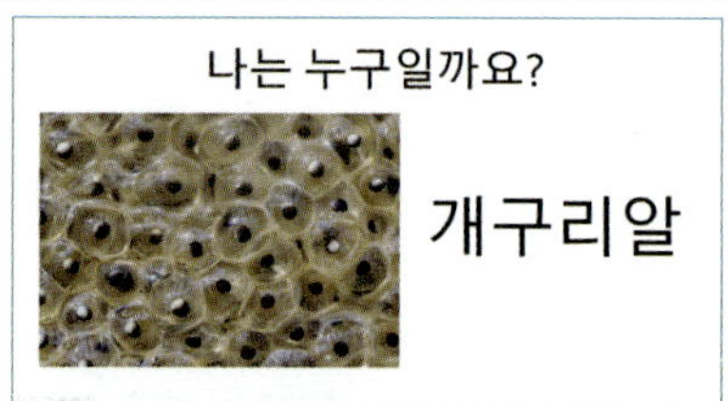  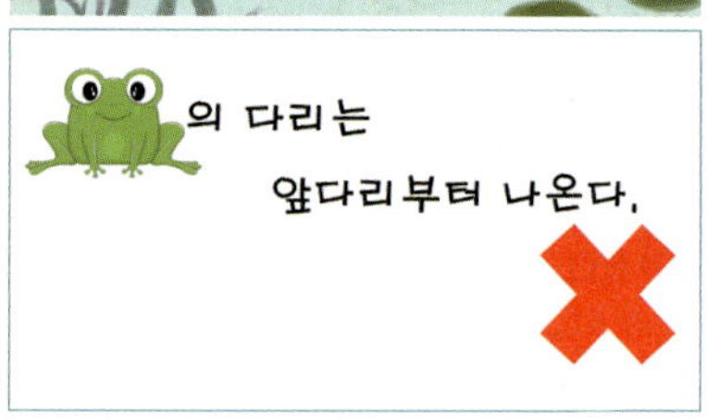	QR 2-9
놀이자료의 변화 • 음원을 삽입하여 ‘올챙이와 개구리’ 노래를 불러볼 수 있는 파워포인트 가사판 자료를 제작하여 제공함	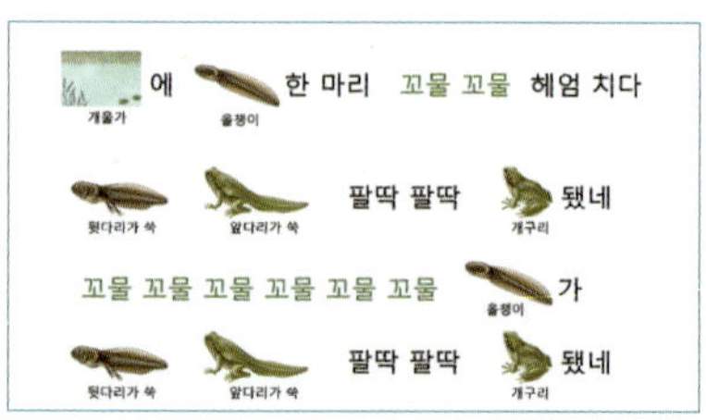	

활동계획안

활동명	개구리 성장 과정을 알아봐요
활동자료	파워포인트 자료, 동요 음원

활동방법

1. 수수께끼와 소리로 알아맞혀 본다.
- (파워포인트를 보며) 이게 무엇일까? 이건 누구의 알일까?
- 수수께끼 잘 듣고 맞혀봐! 이 동물은 물에서 살고 폴짝폴짝 뛰어!
- 이번엔 이 동물의 소리를 듣고 맞혀볼래?

2. 파워포인트를 보며 개구리 성장 과정에 대해 알아본다.
- 개구리알이 나왔어요!
- 개구리 알은 둥글고 투명하게 싸여 있대~ 그리고 크기가 매우 작대. 우리 친구들 손톱 정도래~
- 개구리 알이 나온 후 다음은 무엇일까? 올챙이가 되었어요!
- 열네 밤을 자고 나면 올챙이가 된대. 우리 친구들처럼 눈과 입이 있대!
- 그다음에는 어떻게 될까? 뒷다리가 나왔어요!
- 뒷다리는 알에서 나온 후 열다섯 밤을 자고 나면 나온대~
- 다음에는 어떻게 될까? 그다음은 앞다리가 나왔어요!
- 앞다리는 알에서 나온 후 스물다섯 밤을 자고 나면 나온대~
- 이제 뒷다리도 나오고 앞다리도 나왔는데 이제 또 어떻게 바뀔까?
- 꼬리가 점점 짧아져요!
- 알에서 나온 후 마흔다섯 밤을 자고 나면 꼬리가 짧아진대~
- 꼬리가 짧아져서 없어지면 개구리가 된대!
- 개구리는 앞 발가락 4개, 뒷발가락은 5개래. 너희들은 손가락은 몇 개지?
- 개구리 피부를 만져보면 어떤 느낌이 들까? 피부는 물속에 살아서 미끈미끈하대!

3. 개구리 동요를 듣는다.
- 알에서부터 개구리가 되는 모습을 담은 노래가 있대. 노래를 먼저 들어볼까?
- 노랫말을 알아볼까?

4. 개구리 동요를 여러 번 부른다.
- 선생님과 나눠서 불러볼까? 너희가 가사에 노란색 글자 부분만 불러보겠니?
- 좀 더 신나게 손뼉을 치면서 동요를 불러볼까?
- 이번에는 어떻게 움직이면서 노래를 불러볼까?
- 한 번 더 불러볼 건데 노란색 글자를 크게 불러볼까?

5. 개구리 성장 과정에 대한 퀴즈를 맞힌 후, 활동에 대한 평가를 한다.
- 개구리에 대한 퀴즈가 있어. 한 번 맞혀봐. 두 팔로 O, X를 크게 나타내줘.
- 개구리는 앞다리부터 나온다. 과연 그럴까?
- 개구리의 피부는 미끈거린다. 과연 그럴까?
- 개구리 노래를 불러보니 어땠어? 다음엔 개구리 노래로 무엇을 해볼까?

경험의 의미	1. 개구리 성장 과정에 대해 알 수 있다. 2. 개구리 동요를 듣고 이해할 수 있다. 3. 개구리 동요를 즐겁게 부른다.

09 세계 여러 나라 전통 옷을 알아봐요

놀이 상황
한 유아가 "아빠가 중국 출장 갔다 오면서 사주셨다~" 중국 전통 옷을 입고 등원하였다. "나도 중국 옷 한 번 입어보자" 친구가 말하자 상의를 벗어서 건네며 입어보라고 한다. 옆에서 지켜보던 다른 유아가 "나도 동생반이었을 때 일본에 가서 일본 옷 입어본 적 있는데!"라며 다른 나라의 전통 옷을 입어본 경험을 말한다.

↓

놀이지원방법의 선택									
놀이공간의 변화		놀이자료의 변화	V	상호작용		일과의 변화	V	안전 및 장애통합	

↓

놀이지원을 통한 배움의 확장		
지원 내용	지원을 위한 멀티미디어 자료	QR코드
일과의 변화 • 세계 여러 나라의 전통 옷에 대해 보다 정확하게 알아보기 위한 활동으로 지원함 계획안 참고 • 활동자료로 사진과 영상이 포함된 파워포인트 자료를 제작하여 제공함	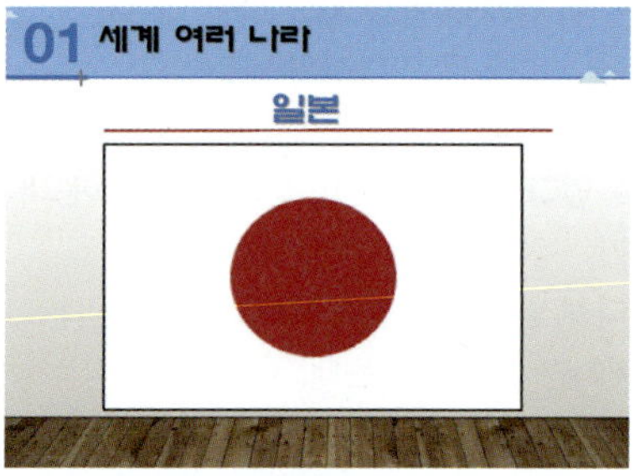	QR 2-10

놀이지원을 통한 배움의 확장		
놀이자료의 변화 • 세계 여러 나라의 전통 옷 이미지 출력하여 색칠하며 놀이하도록 제공함		
놀이자료의 변화 • 색칠한 결과물을 스톱모션과 키네마스터 앱을 이용하여 패션쇼 영상으로 제작하여 제공함		QR 2–11

활동계획안

활동명	세계 전통 옷을 알아봐요
활동자료	세계 여러 나라 옷 사진, 파워포인트 자료, 옷 도안, 색연필

활동방법

1. 파워포인트를 보며 우리나라 한복에 대해서 이야기 나눈다.
- 설날이나 추석에 입는 우리나라 전통 옷은 무엇일까?
- 우리나라에 한복이 있는 것처럼 다른 나라에도 아주 옛날부터 그 나라 사람들이 입어왔던 그 나라만의 독특한 옷들이 있단다. 그 옷을 전통 옷이라고 해.

2. 세계 여러 나라 이름과 전통 옷에 대해 이야기를 나누어 본다.
- 너희가 알고 있는 나라에 대해 말해 볼까?
- 그 나라 사람들의 전통 옷을 본 적이 있니?
- 나라 이름과 옷이 어떻게 생겼는지 사진이 있는데 같이 살펴볼까? (일본, 중국, 네덜란드, 멕시코, 이집트, 인도, 그리스)

3. 부분적으로 가려져 있는 전통 옷이 어느 나라의 옷인지에 관한 퀴즈를 맞혀본다.
- 이 옷은 어느 나라 옷일까?

4. 세계 여러 나라의 전통 옷을 디자인하는 방법에 대해 알아본다.
- 여기 여러 나라의 전통 옷들이 그려져 있는 종이가 있는데 너희들은 어떤 색으로 칠해주고 싶니?

5. 세계 여러 나라의 전통 옷 도안 종이에 원하는 색을 선택하여 꾸며준다.
- 어떤 색으로 전통 옷을 꾸며줄지 생각해보자.

완성된 그림들을 스톱모션 앱, 크로마키 앱을 활용하여 영상으로 제작한다.

6. 지난 시간의 유아들의 작품으로 만든 영상을 보며 세계 여러 나라 전통 옷을 알아맞힌다.
- 지난 시간에 세계 여러 나라 전통 옷에 색을 칠한 거 기억나니?
- 너희들이 색칠한 전통 옷들로 재밌는 영상이 완성되었단다.
- 이 옷은 어느 나라 옷일까?

7. 영상을 본 느낌을 말해본다.
- 너희들이 색칠한 전통 옷들을 영상으로 보니 어땠니?
- 가장 기억에 남는 전통 옷이 있었니? 그 전통 옷이 왜 가장 기억에 남았니?

경험의 의미	1. 세계 여러 나라의 전통 옷에 대해 알아본다. 2. 세계 여러 나라의 전통 옷을 디자인해본다. 3. 유아들이 직접 색칠한 세계 여러 나라 전통 옷 영상자료를 감상해본다.

10 '우리는 친구' 동시를 바꿔서 지어보아요

놀이 상황

같이 놀고싶은 친구에게 다가가 말을 건넨다. "나도 같이 봐도 돼?", "응 알았어", "이 책 재밌지? 나도 좋아하는데.", "여기여기! 크크크. 여기 웃겨" 책을 보며 웃는 친구들을 보고 한 여아도 조용히 옆에 앉아 두 명의 남자친구가 손가락으로 가리키며 설명하는 말을 들으며 책을 함께 본다.

놀이지원방법의 선택

놀이공간의 변화		놀이자료의 변화	V	상호작용		일과의 변화	V	안전 및 장애통합	

놀이지원을 통한 배움의 확장

지원 내용	지원을 위한 멀티미디어 자료	QR코드
일과의 변화 • 유아들이 놀이하며 서로를 알아가는 과정에서 알게 된 것을 동시로 지어보는 활동으로 지원함 계획안 참고 • 누리과정 DVD(2012)에 탑재된 동시 '우리는 친구'를 감상함		

놀이자료의 변화

- 동시 재구성해보도록 유아들의 얼굴 이미지를 넣어 파워포인트 자료를 제작하여 제공함

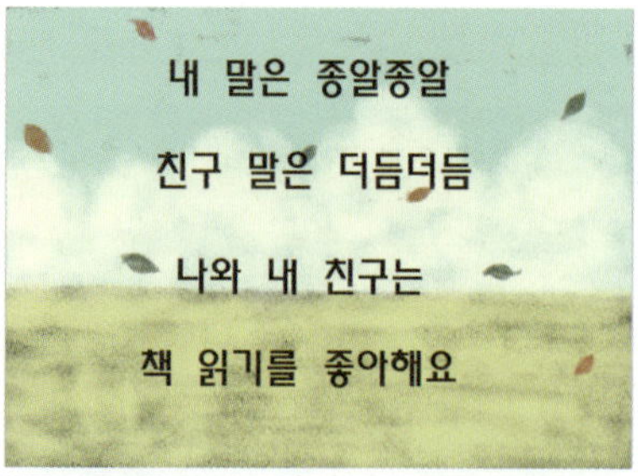

QR 2–12

활동계획안

활동명	'우리는 친구' 동시를 바꿔서 지어보아요.
활동자료	파워포인트 동시판, 블루투스 스피커, 음원
활동방법	

1. 자유놀이시간에 친구와 함께한 놀이한 경험에 대해 이야기 나눈다.
- 자유놀이시간에 ○○와 ○○가 함께 놀이하는 모습을 봤어. 참 즐거워보이더라.
- ○○와 ○○는 어떤 놀이를 했니? ○○와 ○○는 어떤 점이 같을까(다를까)?
- 친구와 다른 점이 있는데 함께 놀이할 수 있었을까?

2. '우리는 친구' 동시를 감상한다.
- 우리가 이야기 나눈 것처럼 친구에 대해서 쓴 동시가 있대.
- 나와 친구가 어떤 점이 같고, 어떤 점이 다른지 잘 들어보자.

3. 동시를 읽고 이야기를 나눈다.

- 동시를 읽고 어떤 느낌이 들었니?
- 동시에 나온 나와 친구는 어떤 점이 다르다고(같다고) 했니?
- 너희들도 친구와 다른 점(같은 점)이 있니?
- 친구들과 다른 점이 많아도 사이좋은 친구가 될 수 있구나.
- 그러면 친구랑 할 수 있는 놀이들은 어떤 것들이 있을까?
- 동시에 나온 것처럼 친구와 같이해서 좋았던 놀이가 있었니?

4. 다양한 방법으로 동시를 읽어본다.

- 너희들이 색깔이 있는 글자만 읽어줘. 나머지 부분은 선생님이 읽을게.
- 이번에는 "나와 친구는 책 읽기, 점토놀이, 시소놀이를 좋아해요"와 "다르지만 우리는 사이좋은 친구랍니다." 부분을 너희가 읽어줘.
- 이번에는 선생님이랑 한 줄씩 번갈아 가며 읽어볼까?

5. 동시를 부분적으로 바꿔 지어본다.

- 이번에는 친구와 나의 같은 점, 다른 점을 생각하며 ○○반만의 동시를 만들어보자.
- 친구랑 어떤 것이 다르다고 할까?
- 내 (머리)는 어떤 말로 표현하면 좋을까?
- 친구의 (머리)는 어떤 말로 표현하면 좋을까?
- 친구랑 어떤 놀이를 함께해서 좋아한다고 할까?
- 지은이는 누구라고 쓸까?

6. 바꾼 동시를 감상해본다.

- ○○반만의 이야기를 넣어서 동시가 완성됐어.
- 선생님이 먼저 읽어줄게. 너희가 바꾼 부분을 좀 더 귀 기울여서 잘 들어보렴.
- 이번에는 ○○반이랑 선생님이 같이 읽어보자. 너희가 바꾼 부분을 같이 읽어줘.

7. 활동을 회상하며 마무리한다.

- ○○반만의 '우리는 친구' 동시를 만들어봤는데, 어떤 점이 가장 재미있었니?
- 아쉬웠던 점도 있었니? 다음에는 어떻게도 해볼 수 있을까?
- 다르게 바꿔서 동시를 만들어보고 싶은 사람은 자유놀이시간에 해보자.

경험의 의미	1. 친구와 내가 같은 점, 다른 점이 있다는 것을 안다. 2. '우리는 친구' 동시를 부분적으로 바꿔볼 수 있다. 3. '우리는 친구' 동시를 즐겁게 감상한다.

11 '우리 반에 놀러 온 산이' 파워포인트 동화를 만들어요

놀이 상황

교실 모니터에 탑재된 미스터 오의 애니메이션 작품 'SAN과 물고기와 게' 이야기를 반복 재생하여 감상한다. 유아들이 귀여운 곰 캐릭터에 관심을 갖고 직접 곰을 그려보기도 하고, 애니메이션의 곰 표정을 따라 하기도 한다.

애니메이션 링크

놀이지원방법의 선택

놀이공간의 변화		놀이자료의 변화	V	상호작용	V	일과의 변화	V	안전 및 장애통합	

놀이지원을 통한 배움의 확장

지원 내용	지원을 위한 멀티미디어 자료	QR코드
일과의 변화 • 관심이 고조된 주인공 곰을 주제로 우리 반에 놀러 오는 주인공의 이야기를 지어보는 활동으로 진행함 계획안 참고 • 이야기를 지은 후, 장면을 나누고 그에 어울리는 그림을 그리는 활동으로 진행함	 	
놀이자료의 변화 • 파워포인트 자료에 삽입하도록 유아들의 그림을 스캔하여 포토샵을 이용하여 PNG 파일로 생성함		

놀이지원을 통한 배움의 확장

상호작용

- 유아들과 함께 이미지를 파워포인트에 넣어 화면구성하고 애니메이션 효과 넣어 파워포인트 영상자료를 완성함

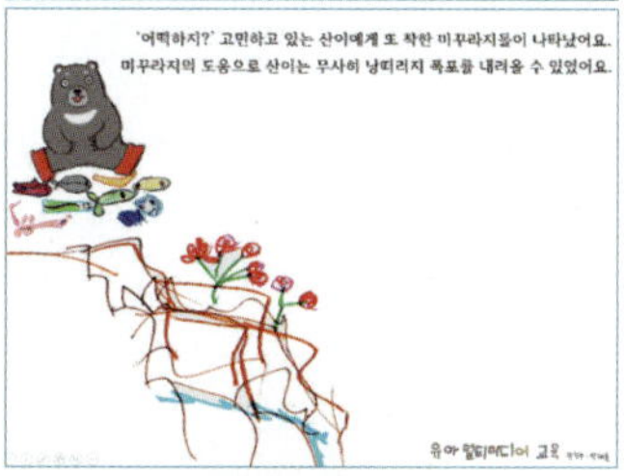

QR 2-13

활동계획안

활동명	'우리 반에 놀러 온 산이' 파워포인트 동화 만들어요
활동자료	'산과 물고기와 게' 동영상자료, 그리기 재료, 스캐너

활동방법

1. 작가의 애니메이션 작품을 감상한다.
- 오늘은 미스터 오라는 일러스트레이터의 작품을 감상해 보자.
- 이 그림이 바로 미스터 오가 그린 그림이란다.
- 이 친구의 이름은 '산이'란다. 어떤 동물인 것 같니?
- 미스터 오는 산이라는 반달곰을 주인공으로 애니메이션 작품을 만들었단다. 동영상으로 감상해보자.

산과 물고기와 게

아빠와 떨어져 사는 산이는 어느 날 편지를 한 통 받는다. 미술관에서 그림을 그리며 살고 있는 아빠로부터 안부편지가 오고, 아빠가 보고 싶어진 산이는 아빠를 만나러 가기로 한다. 물고기들이 살고 있는 바다를 건너 미술관 앞에 도착했는데 미술관이 너무 높다. 어떻게 올라가야 할지 고민하는 산이에게 게 한 마리가 와서 도와주겠다고 한다. 게들은 산이를 태우고 영차영차 산 위에 있는 미술관으로 간다. 미술관에 도착한 산이는 아빠를 만난다.

2. 애니메이션 작품을 감상한 후 이야기 나눈다.
- 미술관은 아주 높은 곳에 있었는데 산이는 미술관에 어떻게 올라갔을까?
- 산이는 아빠를 만났을 때 어떤 기분이 들었을까?

3. 산이가 보낸 편지를 함께 들어본다.
- 얘들아. 산이가 ○○반 친구들에게 하고 싶은 말이 있대.

○○반 친구들아. 난 산이라고 해.
나는 너희들이랑 친구가 되고 싶어. 믿음반에는 재미있는 놀잇감도 많다며? 난 ○○반에 너무 놀러 가고 싶어. 미스터 오 작가가 아빠를 만나러 미술관을 찾아가는 나의 이야기를 만들어 준 것처럼 너희들도 ○○반을 찾아가는 나의 이야기를 만들어줄 수 있겠니?

- 산이가 우리 ○○반에 놀러오고 싶은가 봐.
- 미스터 오가 만든 것처럼 우리도 ○○반에 놀러오는 산이 이야기를 만들어 보자.

4. ○○반에 놀러오는 산이 이야기를 지어본다.
- 산이가 어디에 산다고 할까?
- 산이가 ○○반에 대해 어떻게 알았을까?
- 산이가 사는 곳에서 ○○반에 오기까지 어떤 일들이 일어날까?
- 오는 길에 누구를 만나게 될까? 어떤 곳을 지나게 될까?
- 이 이야기의 제목은 뭐라고 지으면 좋을까?

5. 만든 이야기를 몇 개의 장면으로 나누면 좋을지 말해본다.
- 우리가 만든 이야기를 함께 들어보자.
- 이야기의 장면을 몇 개로 나누면 좋을까? 어디까지를 한 장면으로 할까? 그다음은?
- 그 장면에는 어떤 배경이 들어가야 할까? 이 장면 누가 맡아서 그릴래?

6. 각각 유아가 분담한 장면을 도화지에 그린다.

완성된 그림들을 스캔하고 배경을 지운 후 PNG 파일로 만든다

7. 이야기에 맞게 파워포인트 애니메이션 효과를 넣어본다.
- 이 장면에서 산이와 미꾸라지들은 어떻게 움직이면 좋을까?
- 어떤 소리를 넣을까?

8. 완성된 파워포인트 동화를 감상한다.

경험의 의미	1. '산과 물고기와 게' 애니메이션 작품을 감상한다. 2. 친구들과 함께 산이 이야기를 지어본다. 3. 이야기에 어울리는 그림을 그려본다.

12 사과가 쿵! 동극을 해요

놀이 상황

유아들이 하원 버스를 기다리며 줄을 서 있는데 갑자기 비가 내린다. “비다! 얼른 우산 펴!”, “앗 차가워”, “이리와 내가 씌워줄게”, “나두나두”, “이제 다 폈어” 늦게 우산을 펴는 친구에게 우산을 씌워주다 보니 옹기종기 모이게 되었다.

놀이지원방법의 선택

놀이공간의 변화		놀이자료의 변화	V	상호작용		일과의 변화	V	안전 및 장애통합	

놀이지원을 통한 배움의 확장

지원 내용	지원을 위한 멀티미디어 자료	QR코드
일과의 변화 • 갑자기 내린 비를 피하기 위해 우산 쓰며 모인 장면이 ‘사과가 쿵’ 동화 내용과 유사하여 동극 활동으로 지원함 계획안 참고 **놀이자료의 변화** • 음향, 애니메이션을 포함한 파워포인트 동극 배경을 제작하여 활동자료로 제공함		QR 2-14

활동계획안

활동명	사과가 쿵! 동극을 해요
활동자료	파워포인트 동극배경
활동방법	

1. '사과가 쿵!' 융판동화를 감상한다.

– 어제 집에 가는 시간에 비가 와서 너희들이 서로 우산을 씌워줬잖아.

– 너희들처럼 비를 피하는 장면이 나오는 동화가 있어. 동화 속에서 어떻게 비를 피하는지 들어보겠니?

해설자: 잔디밭에 커다란 사과가 쿵! 하고 떨어졌습니다.

사과를 본 두더지는 두 손을 모아 입으로 가져간 뒤, 뒤뚱뒤뚱 걸어왔습니다.

관객팀: 두더지야, 나와줘.

두더지: 두더두더, 아, 싱싱해

해설자: 이때 작은 개미가 살금살금 기어왔어요.

관객팀: 개미야, 나와줘.

개미: 야금야금, 아 맛있어!

해설자: 다람쥐는 사과를 보고 떼굴떼굴 굴러왔어요.

관객팀: 다람쥐야, 나와줘.

다람쥐: 냠냠, 아, 맛 좋다.

해설자: 사과를 본 너구리는 기뻐서 두 손을 흔들며 뛰어왔어요.

해설자: 토끼는 깡충깡충 뛰어오다가 맛있는 사과를 보았어요.

관객팀: 토끼야, 나와줘.

토끼: 쪽쪽, 아이 맛있어.

관객팀: 너구리야, 나와줘.

너구리: 와그작와그작, 정말 맛있구나.

해설자: 돼지는 킁킁 맛있는 사과의 냄새를 맡고 사과 옆으로 갔습니다.

관객팀: 돼지야, 나와줘.

돼지: 우적우적 음, 좋다.

해설자: 사자는 사과를 발견하고 어슬렁어슬렁 걸어왔어요.

관객팀: 사자야, 나와줘.

사자: 날름날름 와사삭

해설자: 몸집이 아주 큰 코끼리는 사과를 보고 쿵쾅쿵쾅 걸어왔어요.

관객팀: 코끼리야, 나와줘.

코끼리: 짭짭, 아이 맛있다.

해설자: 모두 배부르게 잘 먹었습니다! 아! 갑자기 비가 내리기 시작해요. 하지만 걱정 없어요. 사과 덕분에 모두 비를 피했답니다.

2. ‘사과가 쿵!’ 동화내용을 회상해본다.

- 동화 속에 어떤 동물이 나왔니?
- 두더지(개미/토끼/다람쥐/너구리/돼지/사자/코끼리)가 와서 어떤 소리를 내며 사과를 먹었지? 누가 나와서 직접 보여줄래? 앉은 자리에서 흉내 내볼까?
- 두더지(개미/토끼/다람쥐/너구리/돼지/사자/코끼리)는 어떤 몸짓을 하면서 먹을까?
- 사과를 먹을 때 어떤 표정이 어울릴까? 다 같이 해볼까?
- 동물들이 사과를 다 먹었더니 무슨 일이 생겼지?
- 비가 오니 동물들이 어디로 피했니?

3. ‘사과가 쿵’ 동극의 역할을 정한다.

- 동화 속에 나오는 동물들의 역할을 정해볼까?
- 두더지(개미/나비/다람쥐/너구리/악어/사자/코끼리) 하고 싶은 사람 있니?

4. 동극을 할 때 필요한 약속을 정한다.

- 동극을 할 무대는 어디로 하는 것이 좋을까?
- 우리 교실 어디를 사과라고 하면 좋을까?
- 동물 역할을 맡은 사람들은 어디서 나오면 좋을 것 같니?
- 대사가 끝나면 어디로 들어가는 게 좋을까?
- 비가 내리면 모두 어디로 피할까?

5. 동극을 시작한다.

- 동물 머리띠와 장갑을 받은 사람은 아까 약속한 장소에 가서 서보자.
- 선생님은 해설을 맡을게.
- 그럼 지금부터 사랑반의 동극을 시작하겠습니다.

6. 동극을 마친 후 맡은 역할을 소개하며 인사한다.

- 우리가 맡았던 역할을 친구들에게 소개해보자.
- “저는 ~를 맡은 ○○○입니다.”라고 친구들에게 자기가 맡았던 역할을 소개할까?
- 동극을 본 사람들은 동극을 해준 친구들에게 수고했다고 박수를 쳐주자.
- 머리띠와 소품들은 바구니에 정리하자.

7. 역할을 바꾸어 재공연을 한다.

- 이번에는 역할을 바꿔서 동극을 한 번 더 해볼까?
- 두더지(개미/토끼/다람쥐/너구리/돼지/사자/코끼리) 하고 싶은 사람 있니?
- 그럼 지금부터 사랑반의 동극을 시작하겠습니다.
- (동극을 마치고 난 후) ‘사과가 쿵!’ 동극을 마치겠습니다.

8. 동극을 마무리하고 평가한다.

- 어떤 부분이 가장 기억에 남았니?
- 앞에 나와서 부끄럽기도 했지만 용기 내어 동극을 하는 모습이 정말 멋있었어.
- 역할 머리띠와 소품은 역할놀이영역에 놓아둘게. 또 해보고 싶은 사람은 자유놀이시간에 해보자.

경험의 의미	1. ‘사과가 쿵’ 동화를 듣고 동화의 줄거리를 이해한다. 2. 동물 역할에 어울리는 대사를 몸짓과 표정을 이용하여 표현한다. 3. 친구들과 동극 활동을 참여하며 즐거움을 느낀다.

13 나만의 별자리 만들기

놀이 상황

미술 영역에서 유아들이 스티커 붙이기 놀이를 하고 있다. 종이 위에 별 모양 스티커를 붙이고 그림을 그리던 유아가 “우리 엄마가 그러는데 내 별자리는 사자자리래. 너는 뭐야?”라며 옆에서 놀이하고 있는 유아에게 묻는다. 스티커 붙이던 유아가 당연하다는 듯이 “나는 티라노사우루스 자리야.”라고 대답한다.

놀이지원방법의 선택

놀이공간의 변화		놀이자료의 변화	V	상호작용		일과의 변화	V	안전 및 장애통합	

놀이지원을 통한 배움의 확장

지원 내용	지원을 위한 멀티미디어 자료	QR코드
일과의 변화 • 별자리에 대한 유아들의 관심을 바탕으로 별자리의 종류와 유래를 알아보는 활동으로 지원함 계획안 참고 • 유아들 수준에 적합한 별자리 이야기를 멀티미디어 자료로 제작하여 이야기 나누는 활동으로 진행함	 	
• 어떤 별자리가 마음에 드는지 이야기 나눈 후 스티커와 그림으로 나만의 별자리 만들기 활동으로 진행함	 	

놀이지원을 통한 배움의 확장		
지원 내용	지원을 위한 멀티미디어 자료	QR코드
놀이자료의 변화 • 파워포인트로 우리 반의 밤하늘을 만들고 그 위에 스캔한 유아들의 작품을 얹어서 컴퓨터 모니터 상의 밤하늘에 빛나도록 제작하여 제공함	 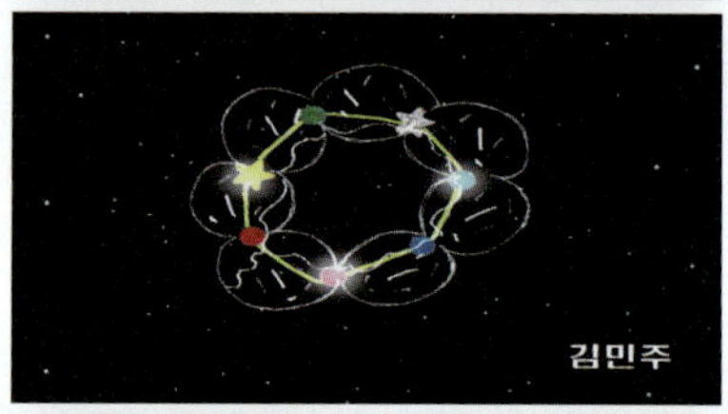 	QR 2-15

활동계획안

활동명	나만의 별자리 만들기
활동자료	파워포인트 자료(별자리 화면, 유아의 별자리 화면), 검은색 도화지, 별 스티커, 젤리펜, OHP 필름, 매직 세트, 테이프, 바구니, 음원, 스피커

활동방법

1. 밤하늘의 별을 본 경험에 대해 이야기 나눈다.

- 밝은 낮에 하늘을 보면 어떤 게 보이니?
- 어두운 밤이 되면 하늘에는 뭐가 보일까?
- 별들은 왜 낮에는 안보이고 밤에만 볼 수 있을까?
- 별들은 낮에도 떠 있지만 낮에는 태양 빛이 너무 밝아서 별들은 밤에만 볼 수 있는 거야.

2. 별자리와 관련된 이야기를 들어본다.

- 옛날부터 여러 나라의 사람들은 어두운 밤에 하늘을 보고 방향을 기억할 수 있도록 하늘에 떠 있는 별들을 어떠한 모양으로 묶어서 별자리를 만들었대.
- 그리스 사람들은 그리스 로마 신화 이야기 속 여러 주인공들을 별자리에 등장시켰대.
- 어떤 별자리인지 알아보자.

– (북쪽 왕관자리/ 큰 개 자리를 보며) 이 별자리는 어떤 모양처럼 생겼어? 왜 그렇게 생각했니?
– 별자리의 이름은 무엇일까?
– 북쪽 왕관자리는 술의 신 디오니소스와 크레타섬의 공주인 아리아드네에 대한 이야기야. 사랑에 빠진 디오니소스는 아리아드네에게 결혼 선물로 7개의 보석이 박힌 금관을 만들어 줬어. 시간이 흐르고 아리아드네가 죽은 뒤, 슬픈 디오니소스는 그녀에 대한 사랑을 영원히 간직하려고 이 금관을 하늘에 올려 별자리로 만들었대.
– 큰 개 자리는 믿을 수 없을 만큼 빨리 달리는 라이라프스라는 사냥개로 알려져 있어. 포키스라는 나라에 배고픈 여우가 나타나 동물들과 사람을 잡아먹었는데, 너무 빨라서 사냥꾼의 화살도 피해갈 수 있을 정도였대. 그래서 라이라프스를 풀어 몇 달 동안 여우를 쫓은 끝에 여우를 잡을 수 있었고, 이번 일로 인정받아 라이라프스는 큰 개 자리라는 하늘의 별자리가 되었어.
– 이 2가지 별자리 말고도 86가지 별자리들이 있대.

3. 재료를 탐색해보며 나만의 별자리를 만드는 활동 방법에 대해 이야기해본다.
– 검은색 도화지는 무엇을 나타내는 것 같아?
– 검은색 도화지 위에 OHP필름을 올려놓으면 무엇이 보일까?
– 검은색 도화지에는 앞에서 보았던 별자리들처럼 너희가 만들고 싶은 것을 색깔 펜으로 그려보자.
– 이 색깔 펜은 검은색 도화지에 그려도 색이 잘 나오는 펜이야. 직접 볼래?
– 그리고 나면 OHP 필름을 도화지 위에 붙여보자.
– 너희들이 원하는 위치에 별 스티커를 붙이고 선으로 이어 별자리를 완성해보자.

4. 재료를 이용하여 나만의 별자리를 만들어본다.

활동방법
① 검은색 도화지에 색깔 펜으로 사물, 동식물 등을 그린다.
② OHP필름을 도화지 위에 덮고 원하는 위치에 별 스티커를 붙인다.
③ 별과 별 사이를 선으로 이어 별자리를 완성하고 이름을 지어본다.

5. 나만의 별자리를 만들어본 후 느낀 점에 대해 이야기해본다.
– 별자리를 다 만들어보았는데 어땠니?
– 또 어떤 재료로 만들어 볼 수 있을까?
– 내일은 너희가 만든 별자리를 서로에게 소개해줄까?

별자리 작품을 스캔하여 파워포인트로 만든 밤하늘에 얹어서 컴퓨터 모니터 상의 밤하늘에 빛나도록 제작함

6. 컴퓨터 모니터로 서로의 작품을 감상해본다.
– 어제 너희들이 만든 별자리란다. 컴퓨터 모니터로 감상해볼까?
– 이 별자리를 만든 ㅇㅇ가 앞에 나와서 설명해줄래? 어떤 별자리인지 맞혀봐.
– 이건 어떤 모양의 별자리인 것 같아?
– 이 별자리의 이름은 뭐라고 하니?
– 왜 이 별자리를 만들어 보았어?

경험의 의미	1. 멀티미디어 자료를 보며 별자리의 유래에 대해 알아본다. 2. 나만의 별자리를 생각해 그릴 수 있다. 3. 친구들이 만든 별자리를 감상하며 의견을 나누어 본다.

14 '바사삭 바사삭' 동시를 바꿔 지어요

놀이 상황

산책 중 유아들이 이리저리 뛰어다니며 낙엽 밟기 놀이를 하고 있다. 대부분의 유아들이 쌓인 낙엽을 밟는 것에 몰두해 있는 동안 한 유아는 낙엽을 밟을 때마다 "츄르릉!", "바드드" 하고 입으로 소리를 낸다.

놀이지원방법의 선택

놀이공간의 변화		놀이자료의 변화	V	상호작용		일과의 변화	V	안전 및 장애통합	

놀이지원을 통한 배움의 확장

지원 내용	지원을 위한 멀티미디어 자료	QR코드
일과의 변화 • 낙엽 밟는 소리에 대한 관심사를 다양한 의성어로 표현해 보는 언어 활동으로 연계하여 지원함 계획안 참고 • 스마트폰을 이용하여 낙엽 밟는 동영상을 소리로만 감상하여 소리에만 집중할 수 있도록 진행함	 낙엽밟는 소리 HYPERLINK "https//youtu.be/68f75jZLNYA"https://youtu.be/68f75jZLNYA	
놀이자료의 변화 • 동시 감상을 위해 파워포인트를 이용하여 동시판 제작하여 제공함	 출처: 최혜영	

놀이지원을 통한 배움의 확장		
지원 내용	지원을 위한 멀티미디어 자료	QR코드
• 제목과 내용 일부를 어떻게 바꿔볼지 이야기 나누고, 파워포인트의 그리기 기능을 활용하여 프레젠테이션에 유아들의 생각을 직접 적어보도록 진행함 **놀이자료의 변화** • 유아들이 바꿔 지은 동시를 직접 읽고 녹음하여 파워포인트 동시판에 음성 삽입하여 제공함	 	QR 2-16

활동계획안

활동명	'바사삭 바사삭' 동시를 바꿔 지어요
활동자료	동시판, 코팅한 종이, 보드마카, 지우개, 낙엽, 배경음원, 블루투스 스피커, '낙엽 밟는 소리' 음성파일(https://youtu.be/68f75jZLNYA)

활동방법

1. 산책하면서 봤던 낙엽에 대해 이야기 나눈다.
- 우리가 어제 산책하던 중에 무엇을 봤었니?
- 바닥에 떨어진 낙엽을 밟아 보니 어땠어? 어떤 소리가 났던 것 같아?

2. 음성파일 '낙엽 밟는 소리'를 듣고 소리를 자유롭게 표현해본다.
- 낙엽 밟을 때 어떤 소리가 나는지 다시 한번 잘 들어보자.
- 낙엽 밟을 때 나는 소리를 표현해 줄 사람 있니? 또 다르게 표현하고 싶은 사람 있니?

3. '바사삭 바사삭' 동시를 감상한다.
- 여기 낙엽 밟는 소리가 나오는 동시가 있어. 이 시에서는 낙엽 밟는 소리를 어떻게 표현했는지 잘 들어보자.
- (감상 후) 동시를 들어보니 어땠어? 동시에서 낙엽 밟는 소리를 어떻게 표현했니?

4. 동시를 다양한 방법으로 읽어본다.
- 너희들이 '바사삭 바사삭' '아뇨'이 부분만 읽어줄래? 나머지는 선생님이 읽을게.
- 이번에는 선생님과 너희가 번갈아 읽어보자.
- 너희들이 '바사삭 바사삭 누가 오나 보지요?' 부분을 읽으면, 선생님이 다른 부분을 읽을게.

5. 동시를 부분적으로 바꾸어 지어본다.
- 동시를 더 재미있게 한 번 바꿔볼까?
- 이 시에서는 누가 낙엽 사이를 지나갔었니?
- 가을바람과 다람쥐 말고도 어떤 것들이 더 있을까?
- 그런데 얘들아, 다람쥐가 낙엽 위를 지나갈 때의 소리와 ○○이 낙엽 위를 지나갈 때의 소리가 같을까?
- 그럼 ○○이 지나갈 때는 어떤 소리가 날까?
- 너희들이 말한 ○○를 넣어서 동시를 바꿔 지어보자.
- 누가 앞으로 나와서 빈 칸에 ○○을 직접 적어볼래?
- 너희가 지은 시니까 동시 제목은 무엇으로 정할까? 지은이는?

6. 개작한 동시를 함께 감상해본다.
- 너희가 함께 바꾼 시를 감상해보자.
- ○○가 말한 대로 어울리는 음악도 들으며 감상해도 좋겠다!
- 이번에는 너희들이 낙엽 소리만 맡아서 읽어줄래? 그러면 선생님이 이어서 뒤에 나오는 '아뇨, 낙엽 사이로 ○○이 지나갔어요.' 부분을 읽어줄게.

7. 활동을 마무리하고 평가를 한다.
- 동시를 듣고 새로운 말을 넣어 동시를 바꾸어 봤는데, 어땠니?
- 너희가 지은 동시로 어떤 놀이도 할 수 있을까? 동시를 읽는 너희 목소리를 녹음해보자고? 자유놀이시간에 자유롭게 해보자.

경험의 의미	1. 동시의 내용을 듣고 이해할 수 있다. 2. 낙엽의 소리를 다양한 어휘로 표현해본다. 3. 즐거운 마음으로 동시를 감상한다.

15 머리카락이 되어 몸으로 표현해 봐요

놀이 상황

바깥놀이를 하고 돌아와 땀이 흐르는 두 유아가 서로 부채질을 해준다. 바람을 쐬고 있던 유아가 "나 3단으로 해줘. 아주 세게!"라고 부채질하는 유아에게 부탁하자 온 힘을 다해 아래위, 옆으로 부채를 펄럭거리다가 "아이 힘들어."하며 멈춘다. 부채질을 반복하는 동안 센 바람에 머리카락이 막 날리다가 부채질을 멈추면 움직이던 머리카락이 멈추거나 얼굴에 달라붙어 멈춰있는 것에 흥미를 느껴 동작을 반복한다.

놀이지원방법의 선택

놀이공간의 변화		놀이자료의 변화	V	상호작용		일과의 변화	V	안전 및 장애통합	

놀이지원을 통한 배움의 확장

지원 내용	지원을 위한 멀티미디어 자료	QR코드
일과의 변화 • 유아들의 여러 가지 머리카락 모습을 창의적으로 신체 표현하는 활동으로 지원함 계획안 참고 **놀이자료의 변화** • 머리카락의 움직임을 관찰하기 위해서는 머리카락의 다양한 모습이 담긴 영상들을 수집함	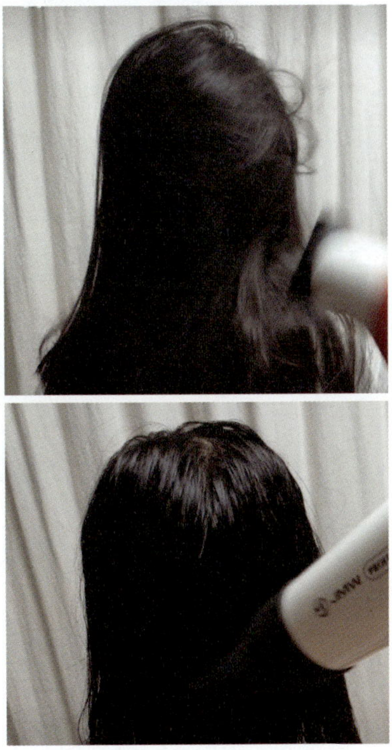	

잠깐! 생각해 보아요

교사가 되어 이 활동을 준비한다면 머리카락의 어떤 모습들을 담을 수 있을까요?

생각나는 대로 적어보고 몸으로 어떻게 표현하면 재미있을지 상상해 보세요.

☞

☞

☞

☞

☞

놀이지원을 통한 배움의 확장		
지원 내용	지원을 위한 멀티미디어 자료	QR코드
놀이자료의 변화 • 신체표현을 위한 영상으로 제작함 • 머리카락 영상을 바탕으로 머리카락의 여러 가지 움직임을 신체로 표현해보도록 진행함		QR 2-17

활동계획안

활동명	머리카락이 되어 몸으로 표현해 보아요.
활동자료	교실의 대형 TV, 파워포인트(머리카락 영상, 효과음), 마스킹 테이프, 배경음악, 블루투스 스피커, 의자  샤워기  드라이기  빗  청소기 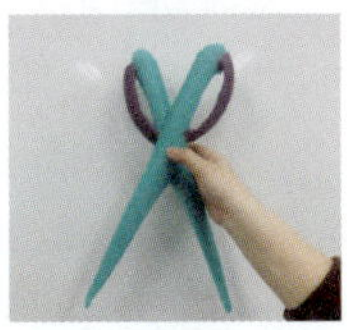 가위 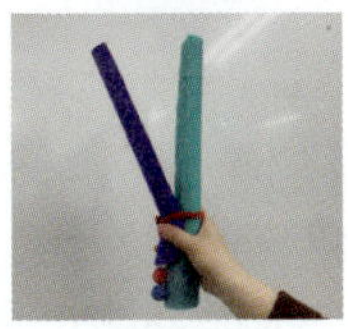 고대기
활동방법	

1. 머리카락에 대한 영상을 보고, 이야기 나눈다.

– 얘들아, (드라이기 소리) ○○반 이게 무슨 소리지?
– 응. 이 소리는 드라이기 소리야. 드라이기는 언제 사용할까?
– 그럼 ○○반은 드라이기를 사용해서 머리를 말릴 때 머리카락이 어떻게 움직이는지 본 적 있니?
– 머리카락이 움직이는 모습을 본 적 없는 친구들을 위해 영상을 같이 보자.

2. 영상을 통해 머리카락의 움직임을 살펴보고 몸으로 어떻게 표현할지 생각해 본다.

– 머리카락이 어떻게 움직이는지 움직임에 집중해서 살펴보자.
– (머리카락을 물에 적시는 장면을 보며) 물에 젖은 머리카락은 몸으로 어떻게 표현할 수 있을까?
– 앉은 자세에서 표현해 볼까?
– (샴푸로 머리 감는 장면을 보며) 물에 젖은 머리카락에 샴푸를 하니까 머리카락이 어떻게 움직이니?
– 손 말고 또 어디를 사용해서 표현할 수 있을까?
– (머리카락을 드라이기로 말리는 장면을 보며) 드라이기로 머리카락을 말릴 때 머리카락은 어떻게 표현할 수 있을까?
– 드라이기 바람이 강/약할 때는 어떻게 표현할까?
– (머리카락을 자르는 장면을 보며) 가위로 머리카락을 자를 때 잘려나가는 머리카락이 어떻게 움직이니? 친구와 함께 잘려나가는 머리카락을 몸으로 표현해보자.
– (고대기를 사용하여 머리카락을 매만지는 장면을 보며) 영상에서 나왔던 도구의 이름은 무엇일까?
– 고대기를 사용하여 머리카락을 웨이브/펼 때 머리카락이 어떻게 움직일까?
– (머리카락을 묶는 장면을 보며) 머리카락을 하나로/양 갈래로/땋을 때 머리카락이 어떻게 움직이고 있니? 친구랑 같이 표현해보자.
– (머리카락을 청소기로 빨아들이는 장면을 보며) 바닥에 떨어진 머리카락을 청소기가 빨아들일 때 머리카락은 어떻게 움직이고 있니?

3. 신체표현에 사용할 소품을 탐색해 본다.
– 우리가 머리카락이 되어 몸으로 표현해볼까?
– 여기에 너희들이 몸으로 표현할 때 사용할 수 있는 도구들이 있는데 살펴보자.
– 샤워기, 드라이기, 빗, 가위, 고대기, 청소기...
– 선생님도 샤워기와 청소기를 맡아서 너희들과 함께 표현해보고 싶다!
– (빗, 가위, 고대기, 드라이기) 도구를 사용할 두 명! 누가 해보고 싶니?
– 도구 역할을 맡은 사람들은 의자에 올려져 있는 도구를 갖고 어떻게 표현할 수 있을지 생각해보자.

4. 선생님의 이야기를 들으며 머리카락이 되어 몸으로 표현해본다.
– 앉아 있는 친구들은 일어나서 검은색 동그라미 안으로 들어가보자. 이야기에 맞춰서 표현해보자.
– 도구를 맡은 사람들은 선생님이 이름을 불러줄게. 도구를 사용해서 표현해보렴.

> 오늘은 미용실에 가기로 한 날이에요. 집 밖으로 나왔더니 머리카락이 바람에 마구 흔들려요. 미용실에 들어가자 머리카락이 이제는 흔들리지 않네요. 미용실 의자에 앉자 샤워기로 머리카락을 적셔요. 젖은 머리카락들이 출렁거려요. 샴푸를 머리카락에 묻혔어요. 거품이 많이 날 때까지 머리카락을 비벼요. 보글보글~~ 거품이 묻은 머리카락을 다시 물로 헹궈요. 거품이 모두 빠져나가요. 머리카락에 묻은 물기를 수건으로 꼬옥 짜내요. 이쪽을 탈탈탈. 저쪽도 탈탈탈. 이제 드라이기로 머리카락을 위이잉 말려요. 약한 바람 나와라~ 이번엔 강한 바람 나와라~ 바람에 날린 머리카락이 헝클어졌어요. 헝클어진 머리카락을 빗으로 가지런하게 빗어요. 아래로 주~욱 위로도 주~욱 이번에는 톡톡톡톡 두드려보아요. 이번에는 가위로 머리카락을 잘라요. 잘린 머리카락이 바닥으로 떨어져요. 고데기로 머리카락을 쭉쭉 펴요. 이번에는 머리카락을 돌돌 웨이브를 넣어요. 머리카락을 어떻게 묶을까? ~로 묶어보아요. 머리가 완성되었어요. 떨어진 머리카락은 청소기로 빨아들여요. 빨아들인 머리카락을 이쪽으로 슝~

– 이번엔 역할을 바꾸어 표현해 볼까?

5. 활동을 마무리하고 평가한다.
– 얘들아, 머리카락이 되어 자유롭게 신체표현을 해보았니?
– 머리카락이 되었을 때 가장 기억에 남는 몸짓은 무엇이니?
– 우리가 오늘 표현했던 모습 말고도 또 어떤 머리카락 모습을 표현할 수 있을까?
– 오늘 활동을 하면서 어떤 점을 새로 알게 되었니?
– 이 자료들로 다음에는 어떤 놀이도 할 수 있을까?
– 이 자료들은 역할놀이영역에 놓아둘게. 더 하고 싶은 친구들은 자유놀이시간에 자유롭게 놀이하자.

경험의 의미	1. 머리카락의 움직임을 신체로 표현할 수 있다. 2. 머리카락이 되어 신체활동에 적극적으로 참여한다. 3. 머리카락과 관련된 도구를 알아본다.

16 그림판 3D를 이용해서 무지개 물고기를 만들어 봐요

놀이 상황

미술영역에서 유아들이 여러 가지 미술재료를 이용하여 무지개 물고기를 만들며 놀이하고 있다. “난 구슬을 박아서 꾸며줄거야.”, “나는 스팡글 붙여야지.”, “나는 무지개 하트를 그려줄건데.”하며 자신이 어떻게 만들 것인지 서로 이야기 나눈다.

놀이지원방법의 선택

놀이공간의 변화		놀이자료의 변화	V	상호작용	V	일과의 변화		안전 및 장애통합	

놀이지원을 통한 배움의 확장

지원 내용	지원을 위한 멀티미디어 자료	QR코드
놀이자료의 변화 • 그림판 3D에서 유아들이 만든 무지개 물고기 비늘 디자인을 이용하여 미술놀이를 할 수 있도록 사진으로 촬영하여 JPEG 파일형식으로 만듦	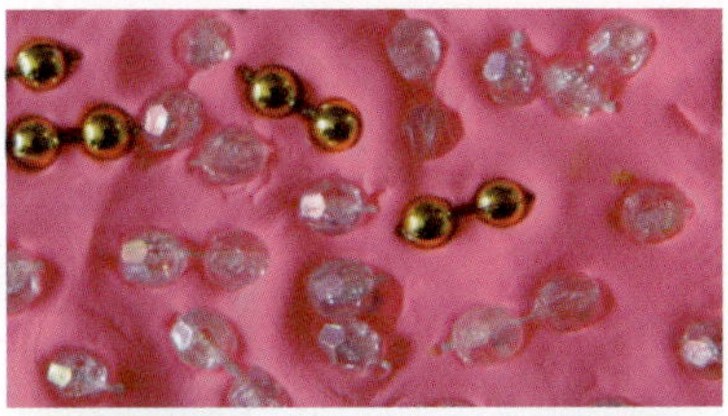  	

놀이지원을 통한 배움의 확장		
지원 내용	지원을 위한 멀티미디어 자료	QR코드
상호작용 • 그림판 3D를 이용하여 놀이할 수 있도록 노트북과 펜 태블릿을 제공하고 사용방법에 대해 함께 조작하며 알아봄 **놀이자료의 변화** • 유아가 직접 자신이 디자인한 무지개 물고기의 비늘을 불러와 3D 무지개 물고기 제작해 볼 수 있도록 지원함	  	
놀이자료의 변화 • 혼합현실을 이용하여 내가 만든 무지개 물고기를 내가 있는 공간으로 불러와 놀이할 수 있도록 지원함 • 영상으로 제작하여 함께 감상함	 	QR 2–18

17 감정 이모티콘을 만들어 봐요

놀이 상황

유아들이 역할놀이 영역에 있는 여러 음식 모형과 미술영역에 있는 재활용품을 이용하여 여러 가지 얼굴을 만들고 있다. 한 유아가 표정을 똑같이 지으며 "이 사람 꼭 으~~하고 있는 것 같지?"라고 한다. 또 다른 유아는 입을 주욱 빼고 웃는 표정을 지으며 "이건 뽀뽀해달라고 우~~하는 거야."라며 자신이 만든 얼굴에 대해 설명한다. 한참 놀이한 유아들이 교사에게 이것을 사진 찍어 달라고 부탁한다.

놀이지원방법의 선택

놀이공간의 변화		놀이자료의 변화	V	상호작용		일과의 변화	V	안전 및 장애통합	

놀이지원을 통한 배움의 확장

지원 내용	지원을 위한 멀티미디어 자료	QR코드
놀이자료의 변화 • 교실에서 구할 수 없는 실물자료들을 이미지로 다운로드하여 파워포인트에 얼굴 만들기 재료로 준비함	 	

놀이지원을 통한 배움의 확장		
지원 내용	지원을 위한 멀티미디어 자료	QR코드
일과의 변화 • 유아들이 이미지 중에서 원하는 것을 골라 크기, 방향 등을 교사와 함께 조정한 뒤 이모티콘을 완성하는 활동을 지원함 계획안 참고	 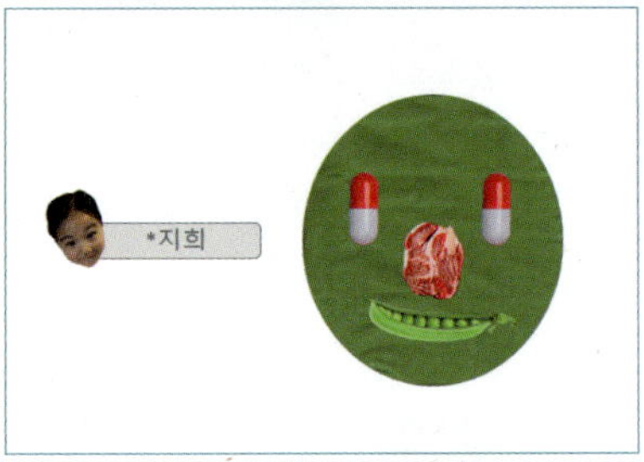 	QR 2-19

활동계획안

활동명	감정 이모티콘을 만들어봐요
활동자료	파워포인트 동시판, 블루투스 스피커, 음원

활동방법

1. 이모티콘에 대한 이야기를 나눈다.

– 얘들아, 부모님이 핸드폰으로 다양한 표정 그림을 보내는 모습을 본 적 있니?
– 여기 핸드폰 속에 있는 표정 그림이 있는데, 이게 무엇일까?
– '이모티콘'이라는 말을 들어본 적이 있니?
– '이모티콘'은 컴퓨터나 핸드폰에 있는 여러 가지 모양들과 숫자를 사용해서 얼굴표정을 표현하는 그림을 말해.
– '이모티콘'의 편리한 점은 무엇일까?
– 이 이모티콘은 어떤 마음을 전달하는 이모티콘일까?

2. '이모티콘'으로 표현하고 싶은 감정과 그에 따른 표정에 대해 이야기 나눈다.

– 너희가 다양한 표정을 이모티콘으로 표현해보면 어떨까?
– 어떤 표정들을 표현해 보고 싶니?
– 언제(기쁜/화난/슬픈…) 표정을 짓니?
– 그때를 생각하면서(기쁜/화난/슬픈…) 표정을 한 번 지어볼까?
– (기쁜/화난/슬픈…) 표정을 어떻게 지을 수 있을까?

3. 파워포인트에 있는 여러 가지 모양과 이미지를 이용해 다양한 이모티콘을 만들어 본다.

– 너희가 지어 본 다양한 표정들을 이모티콘으로 만들어 보자.
– 컴퓨터에 있는 여러 가지 물건들이 보이니?
– 이모티콘으로 사용할 얼굴 모양도 함께 볼까?
– 이제 얼굴 모양을 고른 다음, 화면에 보이는 여러 가지 물건들을 골라서 눈, 코, 입을 만들어 보자.
– 어떤 표정의 얼굴을 만들어보고 싶니?

4. 각자의 이모티콘에 애니메이션 효과를 넣어 완성한다.

– ○○야, 너의 이모티콘의 어느 부분에 움직임을 주고 싶니? 여러 가지 애니메이션 효과 중에서 골라보자. □□는?

5. 이모티콘을 소개하고 함께 따라해 본다.

– 내가 만든 이모티콘을 친구들에게 소개하고 싶은 사람 있니?
– ○○가 만든 이모티콘이 어떤 표정인 것 같니?
– ○○는 왜 ○○표정 이모티콘을 만들었니?
– 너희가 다 같이 ○○가 만든 이모티콘처럼 표정을 지어볼까?
– ○○표정을 이모티콘으로 잘 만들어 준 ○○에게 박수쳐 주자.
– 또 내 이모티콘을 소개하고 싶은 친구 있니?

6. 활동을 마무리한다.

– 오늘 다양한 이모티콘을 만들어 보았는데 어땠니?
– 우리가 만든 이모티콘을 어떨 때 사용하면 좋을까?
– ○○가 말한 것처럼 사과편지나 축하편지를 쓸 때 붙여서 사용해도 좋겠다. 언어 영역에 우리가 만든 이모티콘을 출력해 둘게. 놓아두고 편지를 쓸 때 사용해 보자.

경험의 의미	1. 자신의 다양한 감정과 표정을 안다. 2. 자신의 감정에 따른 표정을 이모티콘으로 표현할 수 있다. 3. 친구들과 함께 완성된 이모티콘을 자유롭게 감상하고 활용해 본다.

18 감자전이 만들어지는 과정을 몸으로 표현해 봐요

놀이 상황

현장체험학습에 가서 유아들이 감자캐기 체험을 하고 있다. 유아들이 "야. 나봐. 엄청 크지?", "많이 캐서 집에 가져가야지!", "엄마한테 감자튀김 해달라고 할 거야", "나두 감자 잘 먹는데!"라며 떠들면서 캔다. 한 유아가 "선생님~ 우리 감자로 요리해먹어요~"라고 말한다.

놀이지원방법의 선택

놀이공간의 변화		놀이자료의 변화	V	상호작용		일과의 변화	V	안전 및 장애통합	

놀이지원을 통한 배움의 확장

지원 내용	지원을 위한 멀티미디어 자료	QR코드
일과의 변화 • 감자 캐기에서 시작하여 감자로 만든 음식에 대한 경험으로의 확장을 돕고자 감자전 만들기 영상을 감상하고 신체표현하는 활동으로 지원함 계획안 참고	**감자전이 만들어지는 과정 영상** https://www.youtube.com/watch?v=64Btd_1qDak&feature=share,	감자전 요리영상 링크
놀이자료의 변화 • 유아들의 상상력을 자극하고 풍부한 표현을 끌어내기 위해 감자전 만들기 과정에서 나는 여러 효과음을 유아들 신체표현 시 함께 제공함	**배경음악** https://www.youtube.com/watch?v=mesg_-HPUOs&list=PLbr3kcWkRJtGv_Rsd5QYQiQ2shhQSdnc4&index=4, **감자 씻는 소리** https://youtu.be/zWPv8Gi1S4Y **감자 강판에 가는 소리** https://youtu.be/vY9lsQdpC54 **감자와 밀가루 섞는 소리** https://youtu.be/P-qAkqB2JKg **가열된 프라이팬에 감자전 반죽 올라가서 지글지글 구워지는 소리** https://youtu.be/Pcxl5N7Ki5k	

활동계획안

활동명	감자전이 만들어지는 과정을 몸으로 표현해보아요.
활동자료	파란 천, 소금 통, 식용유 통, 뒤집개, 훌라후프, 마스킹테이프, 블루투스 스피커, 교사용 바구니, "싹이 났어요." 음악 **감자전이 만들어지는 과정 영상** (https://www.youtube.com/watch?v=64Btd_1qDak&feature=share), **배경음악** https://www.youtube.com/watch?v=mesg_-HPUOs&list=PLbr3kcWkRJtGv_Rsd5QYQiQ2shhQSdnc4&index=4), 감자 씻는 소리(https://youtu.be/zWPv8Gi1S4Y), 감자 강판에 가는 소리(https://youtu.be/vY9lsQdpC54), 감자와 밀가루 섞는 소리(https://youtu.be/P-qAkqB2JKg), 가열된 프라이팬에 감자전 반죽 올라가서 지글지글 구워지는 소리 (https://youtu.be/Pcxl5N7Ki5k)

활동방법

1. 감자를 캤던 경험에 대해 회상한다.
- ㅇㅇ반, 지난번에 감자를 캐러 다녀왔었지.
- 너희가 캤던 감자를 집에 가져가서 어떤 요리를 해 먹었니?
- 감자튀김, 감자 샐러드, 감자전... 여러 가지 요리를 했구나.

2. 감자전이 만들어지는 과정이 담긴 영상을 감상하고, 감자전의 모양과 만들어지는 순서에 대해 이야기 나눈다.
- 감자전이 만들어지는 과정이 담긴 영상이 있는데 같이 볼까?
- 영상에서 어떤 재료들이 나왔니?
- (영상을 보며) 감자의 모양이 어떻게 생겼니? 감자가 갈렸을 때 모습이 어떻게 변했니?
- 물기가 쫙 빠진 감자의 모습이 어때?
- 감자가 전분 가루, 소금과 함께 섞이니 어떤 모습이 되었니?
- 프라이팬에 감자전 반죽을 올리니 모습이 어떻게 되었니?
- 프라이팬 위에 올려진 감자전 반죽을 숟가락으로 꾹꾹 누르니 감자전이 어떻게 되었니?
- 감자전을 프라이팬을 위로 올려 튕기자 감자전이 어떻게 뒤집혔니?
- 뒤집개로 뒤집을 때와는 어떻게 다르니?

3. 감자전을 신체로 표현하는 방법에 대해 이야기 나누고, 신체의 일부분으로 표현해본다.
- 감자가 자라서 감자전이 되기까지의 과정을 몸으로 나타내보면 어떨까?
- 감자가 밭에서 뽑히는 모습은 몸으로 어떻게 표현해 볼 수 있을까? 앞에 나와서 보여줄 친구 있니?
- 뽑힌 감자가 그릇으로 들어가는 모습은 어떻게 표현하면 좋을까?
- 감자껍질이 벗겨지는 모습은 어떻게 나타낼 수 있을까? 우리 몸의 어느 부분으로 표현하면 좋을까? 다 같이 표현해볼까?
- 강판에 감자가 갈리는 모습은 어떻게 나타내볼까?
- 갈린 감자와 소금, 전분 가루들이 섞이는 모습은 어떻게 표현해볼까?
- 한 덩어리가 된 반죽은 어떻게 표현하면 좋을까?
- 반죽을 먹기 좋은 크기로 나뉠 때 몇 명씩 떨어져서 표현하면 좋을까?

- 프라이팬 위에 올라간 감자전 반죽이 숟가락으로 꾹꾹 눌리는 모습은 어떻게 표현할 수 있을까? 우리 몸의 어느 부분으로 표현하면 좋을까? 다 같이 표현해볼까?
- 감자전이 프라이팬 위에서 위로 던져지며 뒤집히는 모습은 어떻게 표현할 수 있을까?
- 뒤집개로 뒤집힐 때는 어떻게 움직이면 좋을까?

4. 활동을 할 때 필요한 소품과 장소, 지켜야 할 약속에 대해 이야기 나눈다.
- 우리가 감자전이 되는 과정을 몸으로 표현해볼까?
- 바닥에 그려진 동그라미/네모는 어떤 역할로 사용할 수 있을까?
- 노란 동그라미는 반죽 그릇과 완성된 그릇, 네모는 강판, 저 검은색 동그라미는 프라이팬으로 사용할 수 있겠다.
- 밭에서 뽑힌 감자는 동그라미와 네모 중에 어디로 들어가면 좋을까?
- 감자를 강판에 갈아야 할 때는 어디로 이동하면 좋을까?
- 갈려진 감자와 소금이 합쳐져야 할 때는 강판인 네모에서 어디로 이동해야 할까?
- 다 만들어진 반죽이 구워지려면 어디로 가야 하지?
- 프라이팬에서 다 구워진 감자전은 어디로 이동하면 좋을까?
- 그리고 감자전이 되는 과정을 더 재밌게 표현할 수 있도록 여러 가지 소품이 여기 있어.
- (파란 천, 훌라후프를 보며) 이 소품들은 언제 사용하면 좋을까?
- 파란 천은 감자가 씻기는 모습을 표현할 때 사용할 수 있겠다.
- 마지막에는 감자전이 입속으로 들어갈 건데, 훌라후프가 입이라고 생각하고 통과하는 거야. 훌라후프를 통과한 사람은 지금 앉아있는 자리에 앉으면 돼.
- 이 소품들을 사용할 때 조심해야 할 점은 무엇이 있을까?
- 우리가 감자전이 만들어지는 과정을 몸으로 표현해볼 건데 어떤 약속이 필요할까?
- 친구들과 부딪혀서 다치지 않도록 하려면 어떻게 해야 할까?

5. 교사의 이야기를 들으며 감자전이 만들어지는 과정을 몸으로 표현해본다.
- "싹싹 싹이 났어요." 노래를 부르며 감자로 변해보자.
- 너희가 감자전이 되는 이야기를 들려줄게. 잘 들으면서 자유롭게 표현해보자.

> 밭에 꼭꼭 숨어있던 감자가 쏙 뽑혀서 커다란 그릇 속으로 들어가요. 뽑힌 감자를 깨끗한 물에 뽀득뽀득 씻어요. 감자들은 물에서 요리조리 움직이며 몸에 묻은 흙을 씻어내고 있어요. 감자 칼로 감자의 껍질을 쓱쓱 벗겨내요. 껍질이 벗겨진 감자들이 강판 위로 신나게 올라가요. 강판 위에서 감자가 앞뒤로 움직이며 갈리고 있어요. 쓱싹쓱싹 갈리자 감자들이 점점 작아지고 있어요. 갈려진 감자들은 흐물흐물해진 채로 그릇에 들어가요. 그릇에 담긴 아주 잘게 갈린 감자들 위에 소금을 톡톡 뿌리고, 전분 가루도 휘리릭 넣어요. 소금, 전분 가루 그리고 감자는 왼쪽으로 천천히 섞이다가 오른쪽으로 빠르게 섞여서 하나의 반죽 덩어리로 만들어져요. 한 덩어리가 된 반죽을 먹기 좋은 크기로 나눠요. 프라이팬에 식용유를 콸콸콸 부어요. 뜨겁게 달궈진 프라이팬 위에 OO이네 반죽이 폴짝폴짝 올라가요. 다음에는, △△이네 반죽이 데굴데굴 굴러가요. 마지막으로 ㅁㅁ이네 반죽이 빙그르르 돌면서 올라가요. 프라이팬 위에 올라간 반죽들을 뒤집개로 꾹꾹 누르자 반죽이 동그랗게 펴져요. 감자전이 지글지글 소리를 내면서 구워지고 있네요. 프라이팬을 위로 번쩍 들며 튕기자 감자전이 휘리릭 뒤집혀요. 밑부분이 뜨겁게 달궈진 감자전을 이번에는 뒤집개로 쓱 뒤집자 감자전이 반대로 뒤집혀요. 와~ 맛있는 감자전이 완성됐네요. 바삭바삭 맛있게 구워진 감자전이 차례대로 그릇에 담겨요. 그릇에 담긴 감자전이 입속으로 쏘옥 들어가요.

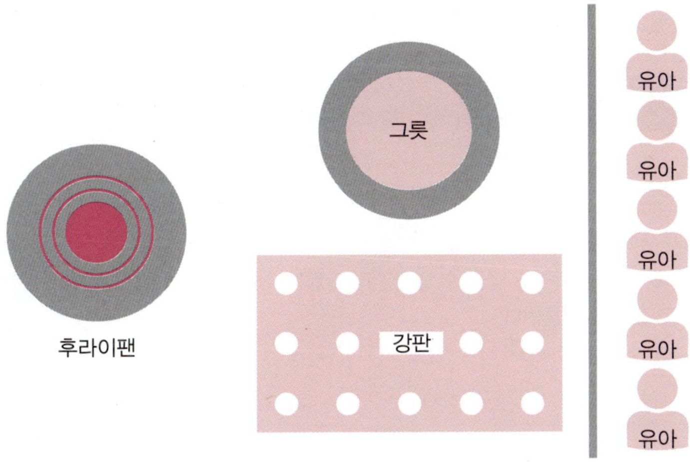

신체표현 대형

6. 활동을 평가하고 마무리한다.

- 감자전이 만들어지는 과정을 몸으로 표현해봤는데 어땠니?
- 누가 제일 재밌게 표현한 것 같니? 어떻게 표현했을 때 가장 재미있었니?
- "이 부분은 이렇게 바꿔서 표현해보고 싶어요."하는 친구 있니? 앞에 나와서 보여줄래?
- 감자로 만들 수 있는 요리 중에 다음에는 어떤 것도 표현해볼까?
- OO가 말한 감자 수제비? 그 음식도 표현해보자.

경험의 의미	1. 감자전이 만들어지는 과정을 안다. 2. 감자전이 만들어지는 과정을 다양한 동작을 활용하여 창의적으로 표현할 수 있다. 3. 친구와 함께 신체표현 활동에 즐겁게 참여한다.

19 꿀떡꿀떡 꽃전 만들어요

놀이 상황

봄맞이 산책을 나가 유아들이 알록달록 꽃들을 관찰하고 있다. 한 유아가 교사에게 "선생님. 먹을 수 있는 꽃도 있다요. 이것도 먹을 수 있나?"라고 말한다. 옆에 있던 유아가 "꽃 먹으면 달아? 셔?"라고 친구에게 묻는다.

놀이지원방법의 선택

놀이공간의 변화		놀이자료의 변화	V	상호작용		일과의 변화	V	안전 및 장애통합	

놀이지원을 통한 배움의 확장

지원 내용	지원을 위한 멀티미디어 자료	QR코드
일과의 변화 • 꽃이 어떤 맛인지 궁금해하는 유아들을 위해 꽃전 요리활동을 지원함 계획안 참고 **놀이자료의 변화** • 꽃전 만들기에 필요한 재료와 요리순서를 파워포인트 자료로 제작하여 제공함	 	QR 2-20

놀이지원을 통한 배움의 확장		
지원 내용	지원을 위한 멀티미디어 자료	QR코드
	 5. 반죽을 한 덩어리가 되도록 뭉쳐준다.  8. 하얀 꽃 모양 반죽 위에 먹는 꽃으로 장식을 해준다.	

활동계획안

활동명	꿀떡꿀떡 꽃전 만들어요.
활동자료	요리 재료 : 꿀, 식용 꽃, 찹쌀가루, 대추 요리 도구 : 절구, 도마, 꽃 모양 틀, 보울, 플라스틱 칼, 밀대, 프라이팬, 뒤집개 기타 자료: 빨간색 마스킹테이프, 비닐장갑, 앞치마, 물수건, 식탁보, 블루투스 스피커, 음원(노영심의 '학교 가는 길'), 요리 순서도
활동방법	

1. 식용 꽃에 대해 알아보고 식용 꽃을 먹었던 경험에 대하여 이야기 나눈다.

– 바깥놀이 시간에 ○○가 꽃을 먹을 수 있냐고 물어봤었잖아. 그런데 예쁜 꽃들 중에 우리가 먹을 수 있는 꽃들이 있대.
– 혹시 너희들도 먹을 수 있는 꽃을 먹어본 적이 있니? 어떻게 먹어보았니?
– 함께 먹을 수 있는 꽃들로 예쁜 꽃전을 만들어볼까?

2. 꽃전에 필요한 요리 재료를 탐색한다.

– 어떤 재료들이 보이니?
– 꿀, 식용 꽃, 찹쌀가루, 대추, 호두, 소금, 물, 식용유가 보이는구나.
– 앞에 나와서 식용 꽃을 자세히 볼 사람 있니? 향기 한번 맡아볼까? 어떤 향기가 나?
– 이번에는 한 번 먹어볼까? 먹어보고 싶은 사람 있니? 먹어보니 맛이 어때?

- 대추를 보니까 어떻게 생겼어? 앞에 나와서 대추를 만져볼 사람 있니? 만져보니까 느낌이 어때?
- 대추를 먹어보고 싶은 사람 있니? 먹어보니까 맛이 어때?
- 호두는 어떻게 생긴 거 같아? 호두의 모양은?
- 호두를 먹어 본 적 있니? 먹어보니까 느낌이 어때?

3. 요리 순서도를 보며 꿀떡꿀떡 꽃전을 만드는 방법을 알아본다.
- 요리순서도 보면서 꽃전을 만드는 방법을 함께 알아보자.
- 대추를 어느 정도 크기로 썰어야 먹기 편할까?
- (절구를 보며) 지난번에 절구를 사용해 본 적이 있었지. 이번에는 호두를 먹기 좋게 작게 찧어보자
- 호두, 대추, 소금은 반죽에 어느 정도 넣는 게 좋을까?
- 뜨거운 물을 넣는 이 부분만 선생님이 맡을게.

요리 순서도

① 씨를 뺀 대추를 칼로 얇게 썬다.
② 호두를 절구에 넣고 찧는다.
③ 찹쌀가루에 다진 호두와 얇게 썬 대추, 소금을 넣는다.
④ 찹쌀가루 반죽에 뜨거운 물을 조금씩 넣어가며 섞는다.
⑤ 반죽을 한 덩어리가 되도록 뭉친다.
⑥ 반죽을 밀대로 얇게 민다.
⑦ 얇게 민 반죽 위에 꽃 모양 틀을 찍는다.
⑧ 하얀 꽃 모양 반죽 위에 먹는 꽃으로 장식을 한다.
⑨ 달군 팬에 식용유를 두르고, 꽃 모양 반죽을 익힌다.
⑩ 맛있게 익은 꽃전 위에 꿀을 뿌린다.

4. 요리를 하기 전에 지켜야 할 약속을 정한다.
- 빵 칼을 사용할 때 조심할 점은 무엇일까?
- 바닥에 빨간색 선을 붙였는데 무엇을 나타내는 걸까?
- 머리나 바닥을 만졌던 손으로 재료를 만지면 어떻게 될까?

5. 모둠별로 차례로 돌아가며 꿀떡꿀떡 꽃전을 만든다.
- 1모둠부터 손 씻고 자리에 앉아보자. 앞치마와 비닐장갑을 껴보자.
- 절구에 우리 모둠이 사용할 호두를 넣고 돌아가면서 찧어보자.
- 찹쌀가루에 뜨거운 물을 넣으면서 섞으니까 가루가 어떻게 변했어?
- 반죽을 만져보니까 느낌이 어때?
- 밀대로 반죽을 미니까 두께가 어떻게 됐어?

6. 완성한 꿀떡꿀떡 꽃전을 맛있게 먹는다.
- 꽃전 위에 꿀을 뿌려서 먹어보자. 먹어보니 맛이 어때?

7. 요리활동을 마무리하고 평가한다.
- 다 한 모둠은 각자 사용한 도구를 정리 바구니에 넣어 정리하자.
- 꽃전을 만들어보았는데 어떤 점이 기억에 남아?
- 다음에는 먹을 수 있는 꽃으로 또 어떤 놀이를 하고 싶니?

경험의 의미	1. 식용 꽃에 대하여 탐색한다. 2. 식용 꽃으로 꽃전을 만들 수 있다. 3. 꽃전 만들기 요리 활동에 즐겁게 참여한다.

20 홀로그램으로 동물이 되어봐요

놀이 상황

유아들이 강아지와 토끼 흉내를 내며 놀이하고 있다. 동물소리를 내며 먹이를 함께 먹고 같이 산책을 다니는 모습을 몸으로 신나게 표현하고 있다. 또 다른 유아가 "나는 기린인데" 하면서 목을 쭉 빼고 친구들에게 다가간다.

놀이지원방법의 선택

놀이공간의 변화	V	놀이자료의 변화	V	상호작용	V	일과의 변화		안전 및 장애통합	

놀이지원을 통한 배움의 확장

지원 내용	지원을 위한 멀티미디어 자료	QR코드
상호작용 • 동물을 표현하며 놀이하는 유아들이 더욱 창의적인 몸짓으로 표현할 수 있도록 다양한 동물의 모습을 영상으로 볼 수 있게 지원함	**토끼 뛰는 영상** HYPERLINK "https//www.youtube.com/watch₩?v=VrCCgpR263w"https://www.youtube.com/watch?v=VrCCgpR263w	
놀이자료의 변화 • 유아들이 표현한 동물의 모습을 영상으로 남겨 자신들의 표현을 감상할 수 있도록 함 • 파워포인트를 이용하여 유아들의 동물표현 영상을 홀로그램용 영상으로 변환함	 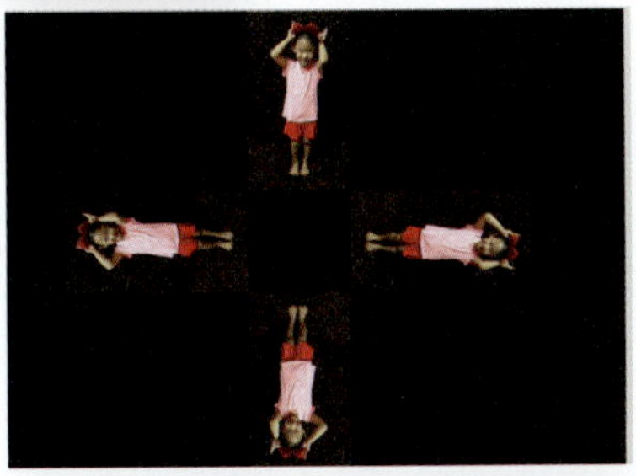	QR 2-21
놀이공간의 변화 • 교실의 어두운 곳으로 가서 스마트폰과 홀로그램용 삼각뿔, 제작한 영상을 이용하여 유사 홀로그램을 감상함		

우리 모둠의 모의수업을 준비해 봐요

• 우리 모둠의 모의수업 주제는 무엇으로 할까요?

• 이 주제에 적합한 멀티미디어 자료를 어떻게 만들까요?(그림과 글을 함께 이용해도 좋습니다)

• 어떤 순서로 활동을 진행하면 좋을까요?(번호를 매기며 활동순서를 정해보세요)

• 교수자의 피드백

Chapter 3

개요

빠르게 발전하고 있는 멀티미디어를 교육현장에서 적절히 활용하기 위해 유아교사는 멀티미디어 교수매체를 제작할 수 있는 다양한 프로그램을 능숙하게 다룰 수 있어야 한다. 그러나 유아들과 함께 하루일과를 보내고 유아교육기관의 업무를 수행하면서 교수매체 제작 프로그램들의 기능을 익히는 것은 쉽지 않다. 따라서 예비유아교사 시기부터 유아교육에 필요한 포토샵, 파워포인트, 애플리케이션, 그림판 등 멀티미디어 교수매체 제작 프로그램들의 기능을 익히고 활용능력을 함양해야 한다.

3장에서는 유아 멀티미디어 교수매체 제작에 필요한 포토샵, 파워포인트, 애플리케이션, 그림판 3D의 여러 가지 기능을 익혀보고 실습해 보도록 한다.

학습목표

1. 유아멀티미디어교육에 필요한 포토샵의 기능을 이해하여 결과물을 제작할 수 있다.
2. 파워포인트를 이용하여 유아교육에 필요한 멀티미디어 교수매체를 만들 수 있다.
3. 유아교육에서 활용할 수 있는 애플리케이션의 기능을 설명할 수 있다.
4. 그림판 3D의 기능을 이해하고, 유아의 놀이를 지원하는 데 이를 활용할 수 있다.

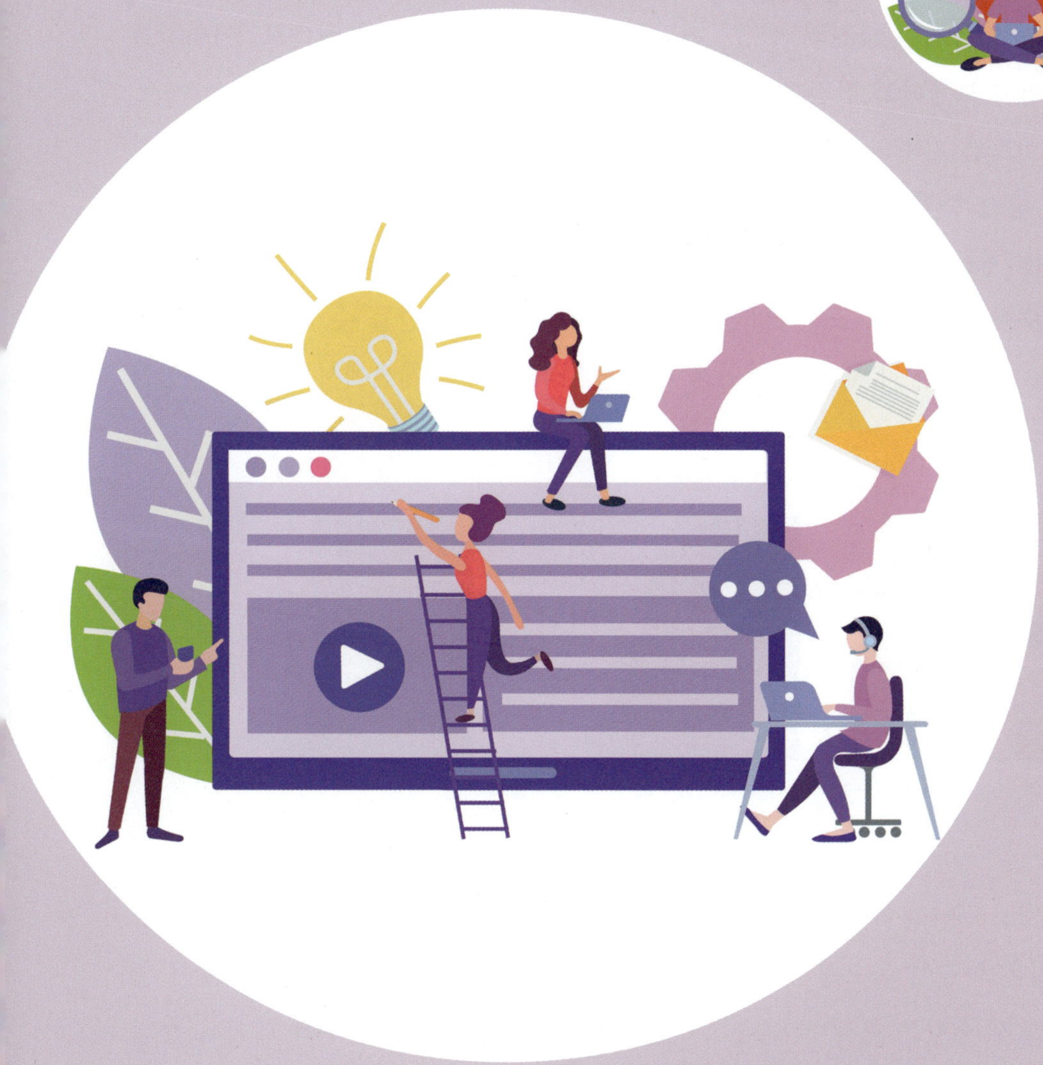

유아멀티미디어 교수매체 제작의 실제

1. 포토샵

포토샵은 그 이름처럼 사진의 보정 · 편집을 위해 만들어진 프로그램으로, 이미지를 다양한 스타일로 보정하고 편집할 수 있는 기능들을 제공하고 있다.

포토샵은 비트맵 기반의 그래픽 프로그램이다. 비트맵은 화면상에 나타나는 이미지를 저장하는 방식 중의 하나로, 마치 모자이크 그림처럼 더 이상 나뉘지 않는 픽셀 단위의 작은 사각형을 찍어 이미지를 표현하는 방식이다. 연속된 점으로 구성되어 있어 픽셀이 많을수록 정교하면서도 다양한 색상을 가진 이미지를 만들 수 있으며, 이미지를 아주 크게 확대하면 각 점이 커지면서 뿌옇게 나타나고, 경계선에서는 계단 현상이 발생한다.

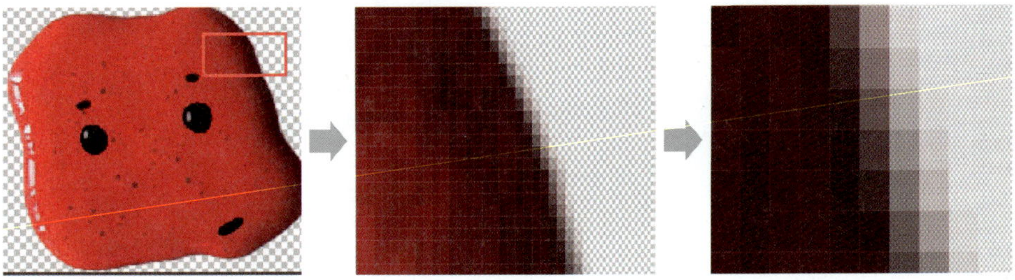

사진 3-1 이미지를 확대할수록 커지는 픽셀과 계단 현상

비트맵을 저장하는 파일형식으로는 JPEG, PNG, GIF 등이 있다.

JPEG 파일은 화질이 높으면서 용량은 적어 인터넷 상의 사진 파일에 가장 많이 활용되고 업로드가 쉽다는 특징이 있다. 그러나 저장과 편집을 반복할수록 데이터 손실로 이미지의 질이 떨어진다. **PNG 파일**은 비손실 그래픽 파일 포맷의 하나로, 압축률이 높고 고화질의 색감을 지원하며 8비트 알파 채널을 이용하여 투명도를 지정할 수 있다. **GIF 파일**은 애니메이션 효과를 낼 수 있으며, JPEG에 비해 표현 가능 색상이 적고 압축률도 떨어지지만 전송 속도가 빠르다.

PNG 파일의 특징 중 하나인 투명도 지정은 교육자료 제작 시 매우 유용하게 활용될 수 있다. 아래의 그림 3-1처럼 포토샵에서 유아의 사진에서 배경을 떼어내고 얼굴 부분만 저장한 후 파워포인트로 불러와 동화배경을 합성하여 교육자료로 활용하고자 할 때 JPEG 파일은 배경이 흰색으로 처리된 사각형 형태의 파일로 보이고, PNG는 배경이 투명하게 지정되어 동화배경과 자연스럽게 합성될 수 있다.

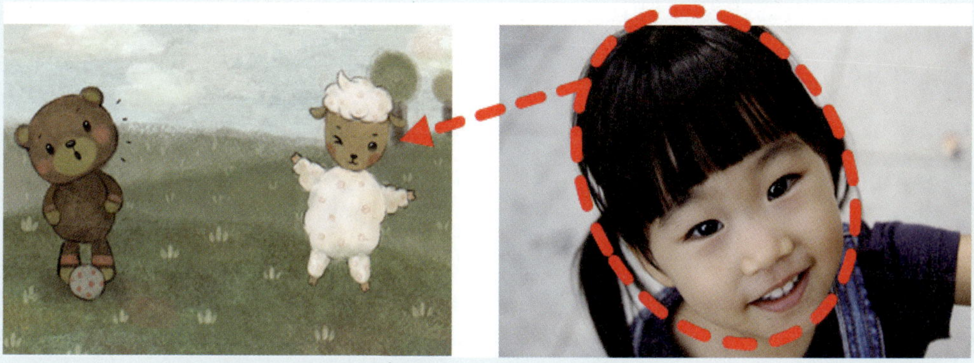

① 포토샵에서 유아 사진을 불러와 얼굴 부분만 남겨두고 배경은 모두 지워요.
② 유아의 얼굴 사진을 JPEG와 PNG 형식으로 저장해요.
③ 파워포인트에서 동화장면을 올리고 그 위에 유아 얼굴 사진을 불러와요.
④ JPEG 형식의 유아 얼굴은 배경이 흰색으로 처리된 사각형 형태의 파일로 보이고, PNG 형식의 유아 얼굴은 포토샵에서 제거한 부분이 투명하게 보여 자연스러운 합성이 가능해요.

그림 3-1 JPEG와 PNG 형식의 비교

유아교육기관에서는 유아들의 놀이장면이나 활동 모습, 놀이 결과물 등을 촬영하여 이를 학부모 상담용으로 사용하거나 교수매체 제작에 활용하기도 한다. 또한 2학기 말 수료와 졸업 시 1년간의 기록을 USB에 담아 가정에 제공하기도 한다. 그런데 유아들의 놀이 상황은 예측이 쉽지 않아 미리 계획하고 준비하여 사진을 촬영하기보다는 즉흥적으로 촬영하게 되는 경우가 많아 사진의 질이 떨어지고, 원하는 결과물이 나오지 않을 수 있다. 또한 교사는 유아들의 놀이를 활동으로 확장하는 과정에서 유아들의 생각과 상상을 흥미롭고 구체적인 교육자료로 구현해내야 할 경우가 생긴다. 유아교사가 포토샵의 기능을 적극적으로 활용하면 보다 효율적이고 질 높은 교육환경을 조성할 수 있고, 매력적이고 흥미로운 교육자료를 제작할 수 있다.

포토샵은 어떻게 구매하나요?

기존에 포토샵은 소프트웨어를 단품으로 구매하여 사용하는 방식으로 CS6 버전까지 발매된 바 있다. 이후 2019년 판매방식을 바꿔 최신 버전인 포토샵 CC부터는 온라인 연결이 강제된 버전으로 판매하고 있다. 현재 포토샵을 구입하기 위해서는 어도비 코리아 공식 홈페이지인 Adobe Photoshop 사이트(https://www.adobe.com/kr)에 들어가 자신에게 맞는 패키지를 구입할 수 있으며, 필요한 경우 7일간 무료 체험판을 사용해볼 수 있다. 포토샵 CC는 CS6의 기존 기능 및 화면구성은 유지하되 더 빠른 인물 모드 선택, 회전 가능한 패턴 등의 새로운 기능이 추가되었다.

1) 포토샵 시작하기

포토샵 CC의 기본적인 화면구성과 패널, 도구상자의 기능을 알아보기로 한다.

(1) 포토샵 열어보기

1. 바탕화면의 포토샵 아이콘을 클릭하여 포토샵을 열어봅니다.
2. 왼쪽 상단의 **파일〉열기**로 **예제소스 3-1-1** 파일을 열어봅니다.
3. 이렇게 하면 여러분이 포토샵이라는 팔레트 위에 캔버스를 올려놓은 것이랍니다.

❶ **메뉴 표시줄**: 포토샵에서 사용하는 기능들을 명령어로 모아놓은 곳

❷ **옵션 바**: ❸의 도구상자 패널에서 선택한 도구에 대한 세부 옵션을 보여주는 부분

❸ **도구상자**: 이미지를 칠하거나 선택영역을 지정하는 등 포토샵의 주요 기능들을 아이콘으로 모아놓은 도구 모음

❹ **캔버스**: 새로 만들거나 이미지를 불러와 작업하는 공간

❺ **제목 표시줄**: 작업하고 있는 이미지의 이름과 화면확대비율, 색상 모드가 표시되며, 여러 이미지 작업 시 탭 형식으로 표시되어 이를 클릭하면 다른 이미지 작업으로의 전환이 수월함

❻ **상태 표시줄**: 작업 중인 이미지의 문서 크기, 문서 치수 등의 정보를 표시함

(2) 포토샵 패널 설정하기

포토샵에는 여러 가지 패널들이 있다. 포토샵 사용자가 주로 어떤 작업을 하느냐, 얼마나 숙련되어 있느냐에 따라 개인에게 필요한 패널들을 포토샵 화면 위에 정렬하여 사용할 수 있다. 본 교재에서는 내비게이터 패널, 작업 내역 패널, 레이어 패널을 우측에 정렬하여 작업을 실행하고자 한다.

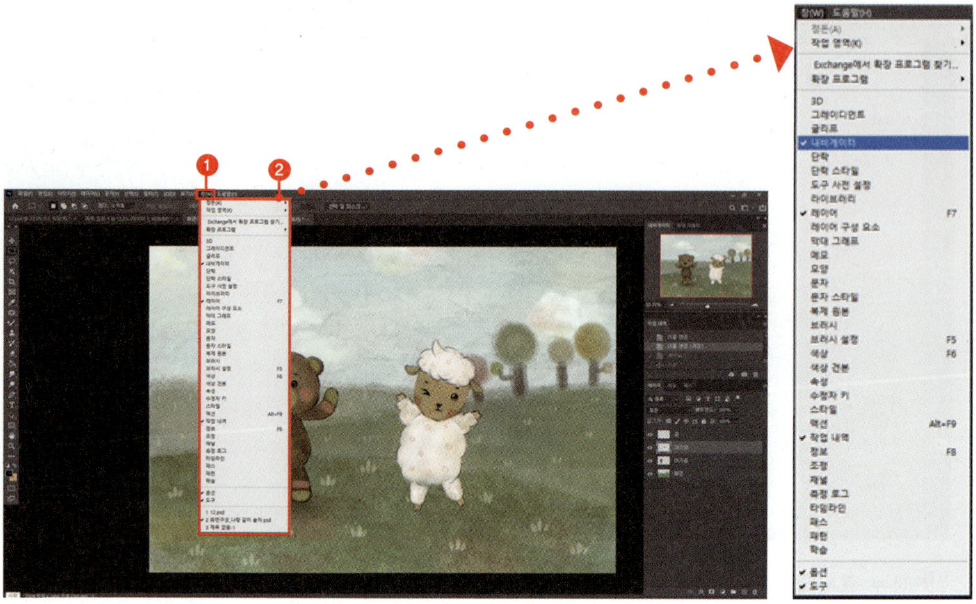

❶ 메뉴 표시줄에서 창(W)을 클릭합니다.

❷ 창 아래 내비게이션, 레이어, 작업내역에 각각 ∨합니다.

❸ 선택한 패널이 화면 위에 생성되었는지 확인합니다.

포토샵 작업공간 위에 내비게이터 패널, 레이어 패널, 작업내역 패널이 위의 그림처럼 설정되었나요? 위의 그림과 다르게 패널들이 여기저기 흩어져 있다면 아래와 같이 패널 상단의 바에 커서를 놓고 클릭한 상태에서 옮겨보세요.

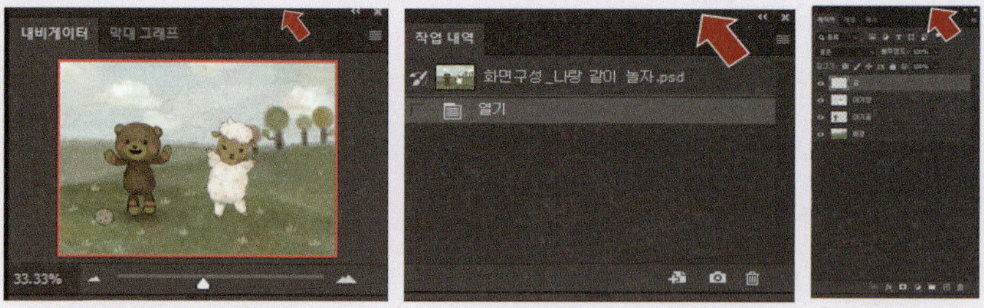

다양한 패널들 중 세 가지 패널에 대해 구체적으로 살펴보기로 한다.

내비게이터

☞ 내 작업이 어떻게 진행되고 있는지 축소되어 보여짐

☞ 이미지를 확대할 경우 확대된 부분이 빨강 네모 테두리로 처리되어 보여짐

☞ 내비게이터 하단의 커서를 좌우로 조정하면 이미지의 크기를 자유롭게 확대, 축소하여 편집할 수 있음

작업 내역

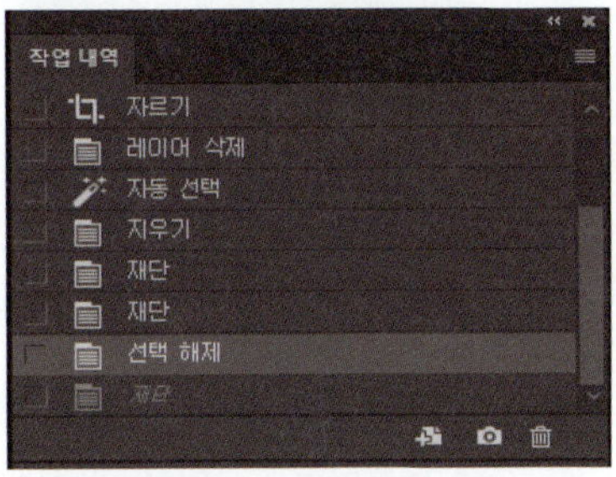

☞ 내가 어떤 도구를 사용하여 작업했는지 그 내역이 기록됨

☞ 이전 단계로 되돌려 다시 작업할 수 있음

흔히 포토샵 초보자들은 작업하다가 실수하는 것을 두려워합니다. 이때 작업 내역에서 이전 단계를 클릭하여 다시 작업할 수 있어요.

이와 함께 아래 제시한 '한 단계씩 작업 취소 '단축키와 '한 단계씩 재실행' 단축키도 꼭 알아두세요.

나머지 단축키는 교재 **표 3–1**(P.117)에 정리되어 있습니다. 참고하세요.

한 단계씩 작업취소

한 단계씩 재실행

레이어

☞ 포토샵의 가장 중요한 기능으로 작업 시 필수적인 요소임

☞ '층, 겹쳐서 쌓기'의 의미를 가진 레이어 하나하나는 투명한 종이와 같다고 생각하면 됨

☞ 한 개의 이미지를 한 개의 레이어에 그릴 수도 있지만 이동, 수정이 불편하므로 아래의 [레이어의 구조] 그림과 같이 레이어를 형성하여 이미지의 요소 요소를 서로 다른 레이어에 배치할 수 있음

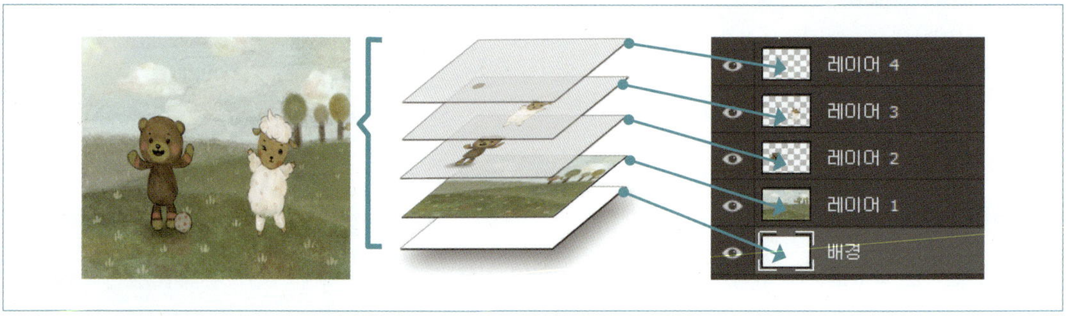

레이어의 구조

☞ 레이어의 단추 살펴보기

❶ **불투명도**: 선택한 레이어의 불투명도 설정. 100%에서는 이미지가 완전히 보이며, 숫자가 내려갈수록 점점 투명해짐

❷ **눈 단추**: 눈 단추가 보이게 설정되어 있으면 레이어의 이미지가 화면에 표시되고, 눈 단추를 다시 눌러 빈칸이 되면 레이어의 이미지가 화면에 보이지 않음(삭제된 것이 아니라 안 보이게 설정한 것임)

❸ **새 레이어 생성 단추**: 투명한 새 레이어를 만듦. 레이어의 이름 부분을 더블클릭하여 레이

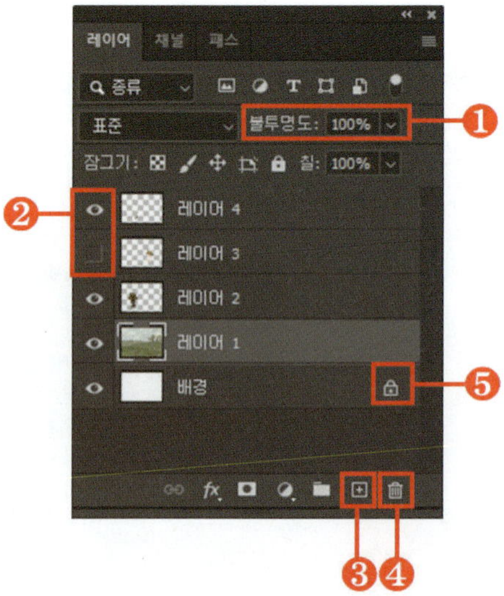

어 이름을 변경할 수 있음(CS6 버전에서는 모양의 아이콘)

❹ **휴지통 단추:** 선택한 레이어 삭제

❺ **배경레이어 잠금표시:** 새로운 작업창을 생성하거나 이미지 불러올 때 기본적으로 나타나는 배경. 그림과 같이 잠겨있어 편집 시 수정이나 제약이 많으므로 일반 레이어로 전환 후 작업하는 것이 좋음. 작업 시 바닥에 까는 종이라고 이해하면 됨

일반레이어로 전환하는 방법

아래 그림처럼 배경레이어 중간의 빈 부분을 더블클릭해보세요.
그럼 새 레이어라는 이름의 팝업창이 뜨지요?
확인을 누르면 배경레이어의 자물쇠 모양이 없어지면서 일반레이어로 바뀝답니다.

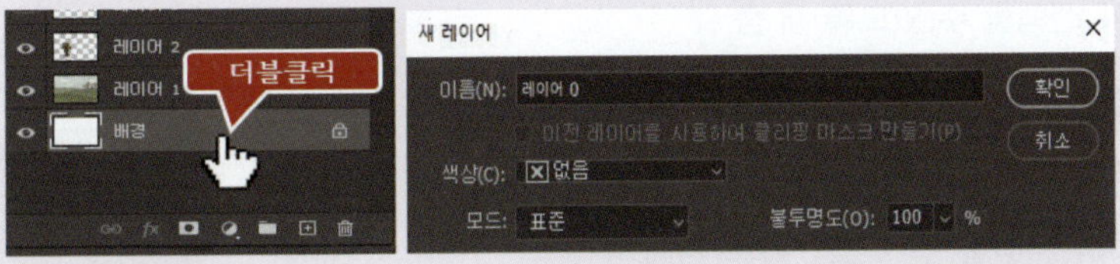

(3) 도구상자(TOOL BOX) 이해하기

도구상자(TOOL BOX)는 이미지를 칠하거나 선택영역을 지정하는 등 포토샵의 주요 기능들을 아이콘으로 모아놓은 도구 모음을 말한다. 각 도구상자 오른쪽 아래에 있는 모양을 길게 누르면 도구의 또 다른 종류가 표시되어 선택할 수 있다. 본 교재에서는 도구상자의 여러 도구들 중 교수매체 제작 시 주로 활용할 수 있는 도구 위주로 설명하고자 한다.

왼쪽 상단의 파일〉열기로 자신이 갖고 있는 사진 한 장을 골라 포토샵에서 열어봅니다. 이제 교수자와 함께 도구상자 안의 여러 도구들을 하나하나 사용해서 놀이하듯 사진을 편집해 보세요.

❶ **이동 도구(Move Tool):** 선택한 이미지의 위치를 이동하거나 선택한 레이어의 이미지를 이동할 때 사용함

❷ **선택 윤곽 도구(Marquee Tool):** 사각형, 원형 등의 모양으로 선택 영역을 지정할 때 사용함

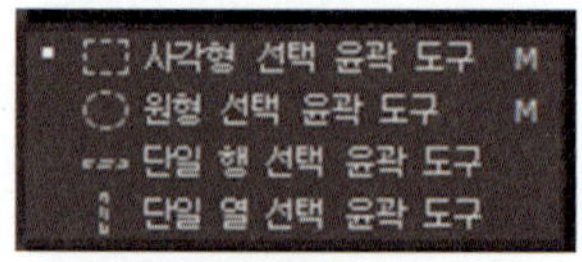

❸ **올가미 도구(Lasso Tool):** 이미지의 원하는 부분을 자유로운 곡선 형태의 선택영역으로 마우스를 드래그하여 지정할 때 사용함. '다각형 올가미 툴'은 각진 물체를 선택할 때, '마그네틱 올가미 툴'은 선택하려는 이미지의 테두리를 자석처럼 달라붙어 쉽게 선택할 수 있도록 해 줌

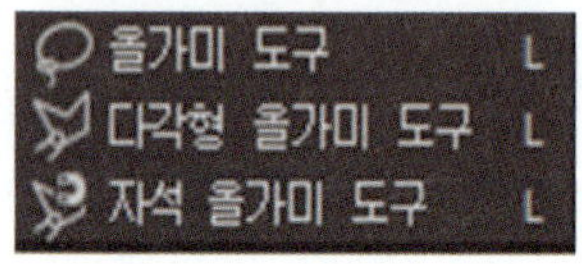

❹ **자동선택 도구(Magic Wand Tool):** 원하는 영역을 자동으로 선택함. '개체선택 도구'는 포토샵 CC에서 추가된 도구로 개체를 구분하여 선택할 수 있음. '빠른 선택 도구'는 작업하는 이미지에서 원하는 색상 값을 근거로 선택영역을 지정함

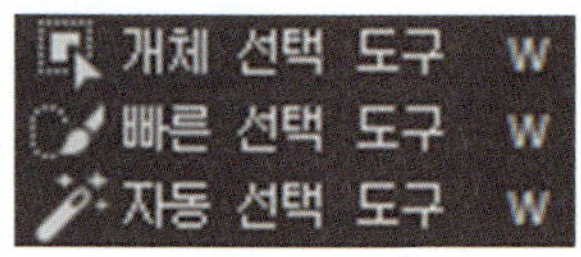

❺ **잘라내기 도구(Crop Tool):** 이미지에서 필요 없는 부분을 제거하여 가위로 오려낸 것처럼 남기고자 할 때 사용함

❻ **스포이드 도구(Eyedropper Tool):** 작업 이미지에서 특정 부분의 색상을 추출하여 전경색으로 사용함

❼ **패치 도구(Patch Tool):** 이미지에서 문제 있는 부분의 영역을 지정하여 보정할 때 사용함. '스팟 복구 브러시 도구'와 '복구 브러시 도구'는 표시 및 흠집 제거 시 사용함

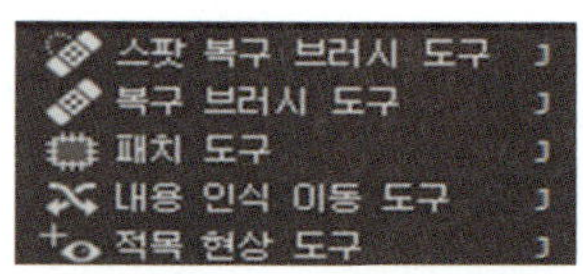

❽ **브러시 도구(Brush Tool):** 원하는 색상과 모양의 브러시를 선택하여 이미지를 그릴 때 사용함. '연필 도구'는 브러시 도구보다 날카로운 느낌의 이미지를 그릴 때 사용할 수 있음

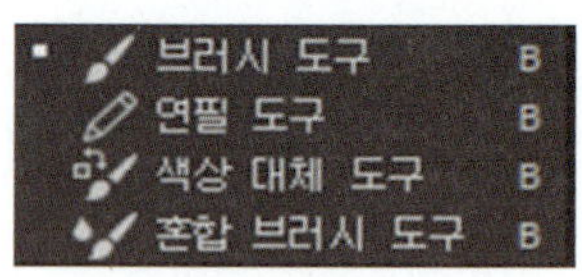

❾ **복제도장 도구(Clone Stamp Tool):** 이미지의 특정 부분을 도장 찍듯이 다른 곳에 복제할 때 사용함

❿ **지우개 도구(Eraser Tool):** 이미지의 특정 부분을 지울 때 사용함. 브러시처럼 원하는 모양을 선택하여 지울 수 있음

⑪ **페인트통 도구**(Paint Bucket Tool): 이미지에서 색상이 비슷한 인접 영역을 전경색으로 채우는 데 사용함. '그레이디언트 도구'는 한쪽 색상 간의 점진적인 혼합을 표현할 때 사용함

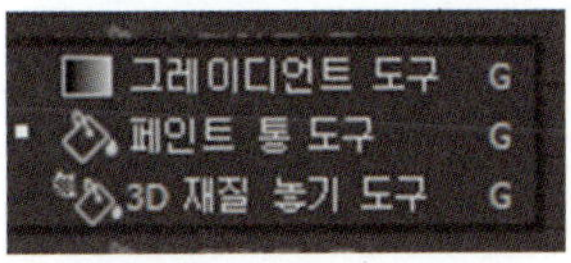

⑫ **문자 도구**(Horizontal Type Tool): 문자를 가로 또는 세로 방향으로 입력할 때 사용함

⑬ **사각형 도구**(Rectangle Tool): 사각형의 도형을 그릴 때 사용함. 그 외 '둥근 모서리 사각형 도형 도구', '원형 도형 도구', '다각형 도형 도구', '선 도구'가 있으며 '사용자 정의 모양 도구'는 포토샵에서 제공하는 다양한 형태의 도형을 그리거나 사용자가 마음대로 등록해 놓은 도형을 그릴 때 사용함

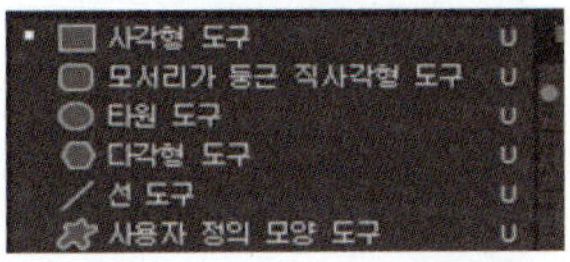

⑭ **손바닥 도구**(Hand Tool): 작업창을 확대하여 작업창에 보이지 않는 부분으로 화면을 이동시키는 데 사용함

⑮ **돋보기 도구**: 이미지의 확대와 축소시 사용함

⑯ **전경색**: 현재 작업 중인 이미지의 전경색을 표시함

(4) 포토샵에서 새로운 종이 만들기

유아교사들은 교육자료를 제작하기 위해 기존의 사진, 그림을 자르거나 붙여 만들기도 하고, 때로는 적당한 크기의 새 종이를 가져와 그 위에 새롭게 작업하기도 한다. 포토샵에서도 기존의 이미지를 가져와서 편집 · 보정하기도 하지만 새로운 종이를 만들어 그 위에 작업할 수 있다. 이때 인쇄용으로 사용할 것인지, 웹(Web)용으로 사용할 것인지를 결정하고, 그 용도에 따라 새로운 종이를 생성하면 최적의 결과물을 얻을 수 있다.

01 [파일]–[새로 만들기]를 클릭합니다.

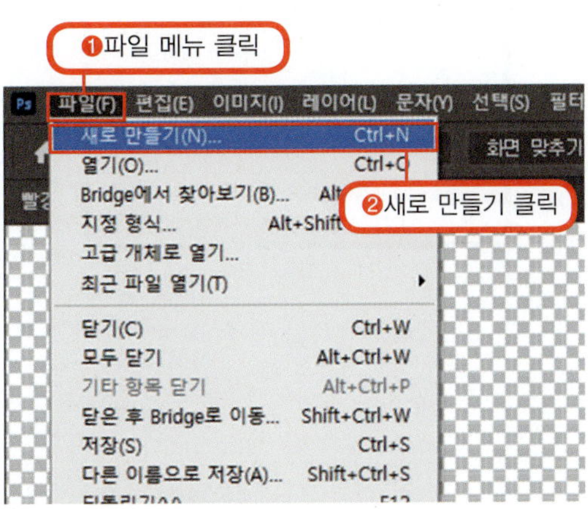

02 [새로 만들기 문서] 창이 뜨면 상단에서 자신이 필요한 용도에 따라 선택하여 클릭합니다.

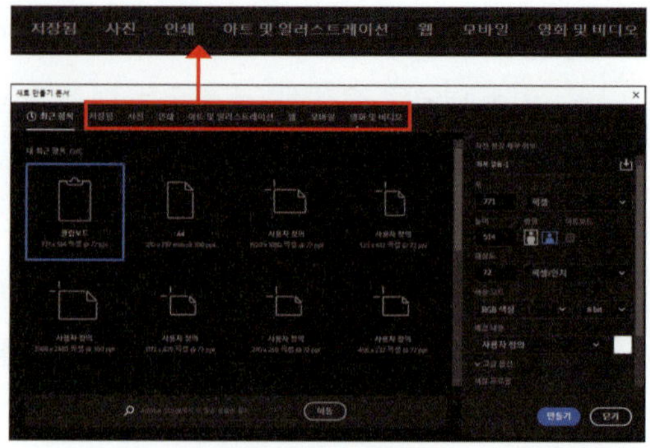

유아교사들은 교육자료를 **인쇄**하여 사용하는 경우가 많습니다. 또한 유아들과 함께 교실의 **모니터 화면을 함께 보며** 이야기 나누기 위해 사용하기도 하지요. 따라서 예비유아교사인 여러분도 '인쇄'와 '웹' 중 용도에 따라 선택하면 편리하게 작업할 수 있답니다.

03 [인쇄] – [A4]를 클릭합니다.

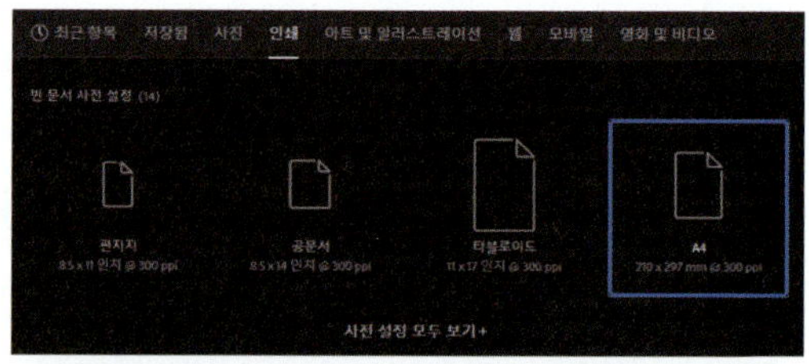

04 사전설정 세부정보에서 인쇄용은 폭과 높이의 단위가 **밀리미터**로, 해상도는 **300dpi**로 설정됩니다. 이제 만들기를 클릭합니다.

포토샵 CS6에서도 인쇄용은 단위를 밀리미터로, 해상도는 300dpi로 입력하여 만들면 된답니다.

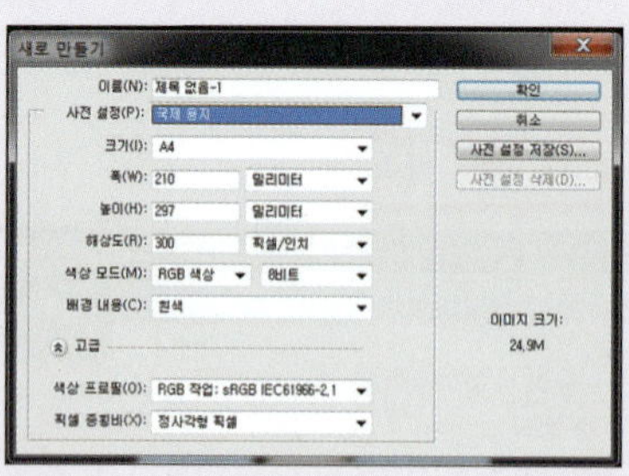

05 인쇄에 최적화된 사이즈와 해상도가 적용된 캔버스가 만들어집니다.

편집하여 파워포인트에서 사용하려면 이렇게 만드세요.

[웹] – [웹 일반크기]를 클릭하면 사전설정 세부정보에서 폭과 높이의 단위가 **픽셀**로, 해상도는 **72dpi**로 설정됩니다. 이렇게 만들어진 캔버스에 작업을 한 후 파워포인트에 가져가면 사이즈가 딱 맞게 배치된답니다.

(5) 저장하기

포토샵에서 유아교사가 기억해야 할 파일 저장방식은 크게 JPEG, PNG, PSD의 3가지로 나눠볼 수 있다. JPEG 파일과 PNG 파일은 한글이나 파워포인트에서 불러올 수 있다는 공통점이 있지만, 한글이나 파워포인트에서 파일을 불러왔을 때 JPEG의 배경은 흰색, PNG의 배경은 투명하다는 차이점이 있다. 또 다른 저장방식으로 PSD는 포토샵에서만 열리는 파일형식이다. 작업한 레이어들이 그대로 저장되어 차후에 포토샵에서 다시 불러와 이전 작업상태에서 계속 편집 · 보정할 수 있다. 포토샵의 저장방식을 이해하기 위해 제공된 이미지를 간단히 편집하고 3가지 형식으로 저장한 뒤 비교해보기로 한다.

실습해 보아요

1. 포토샵을 열어 '예제소스 3-1-2'를 불러옵니다.
2. 빨강이 주변의 하얀 배경을 제거하여 투명하게 만듭니다.
3. 새로운 레이어를 만들어 빨강이의 눈코입을 그려봅니다.
4. 빨강이를 JPEG, PNG, PSD 파일로 저장해 봅니다.
5. 파워포인트에서 JPEG, PNG로 저장된 빨강이를 비교해 봅니다.
6. 포토샵에서 PSD로 저장된 빨강이를 열어봅니다.

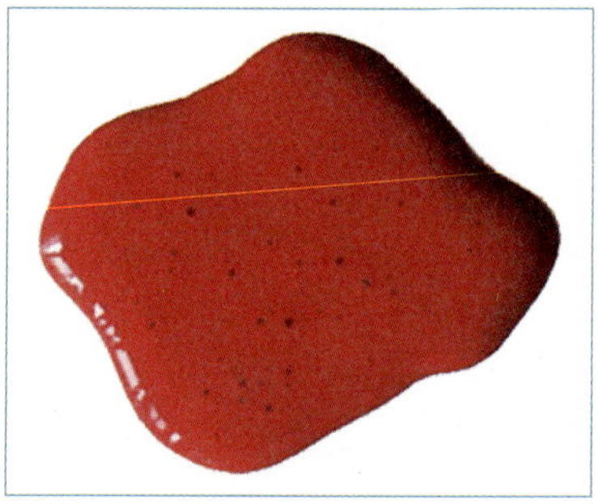

01 메뉴 표시줄의 [파일]–[열기]를 클릭하여 저장해 놓은 '예제소스 3–1–2' 이미지를 불러옵니다.

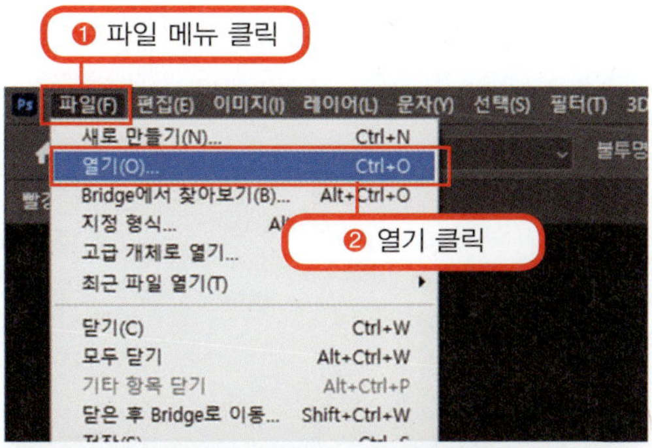

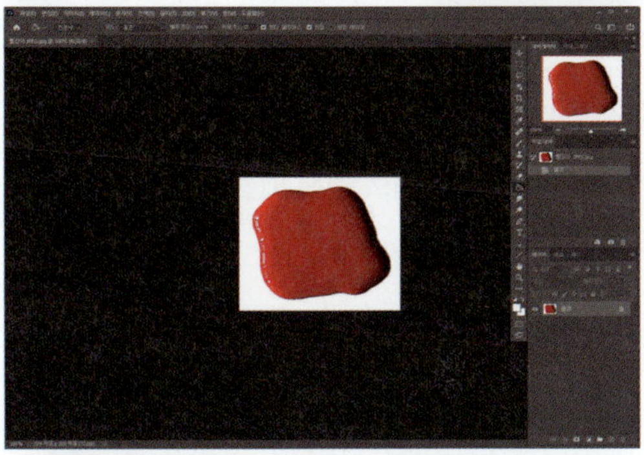

02 레이어 패널의 배경 레이어를 일반 레이어로 바꿔줍니다. 이를 위해 배경 레이어 중간의 빈 부분을 더블클릭하여 오른쪽 자물쇠가 없어졌는지 확인합니다.

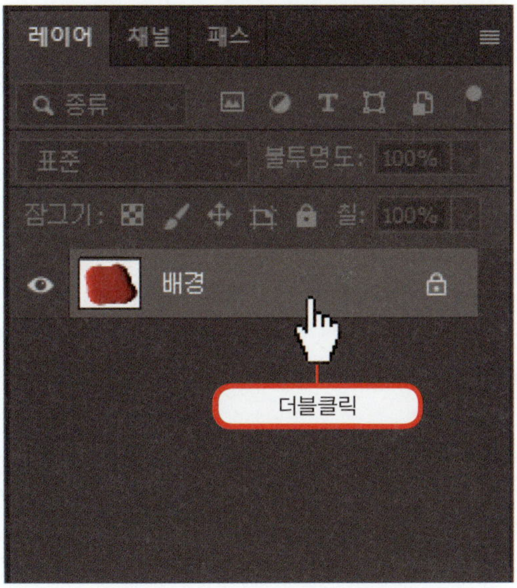

03 도구상자의 자동선택도구를 선택합니다.

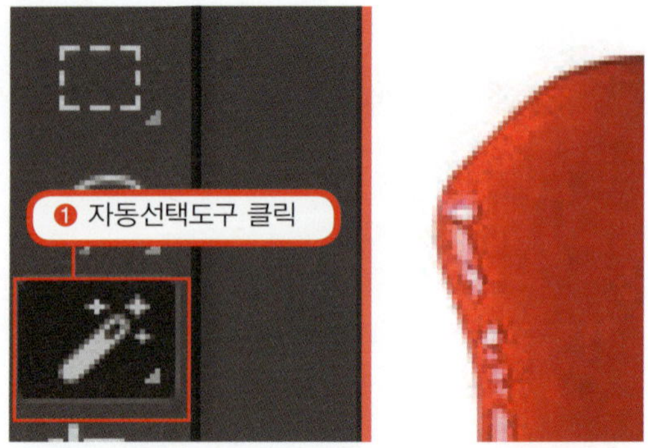

04 하얀 배경 부분을 삭제하겠습니다.

❶ 빨강이 주변의 흰색 배경에 대고 클릭하여 점선이 활성화되었는지 확인합니다.

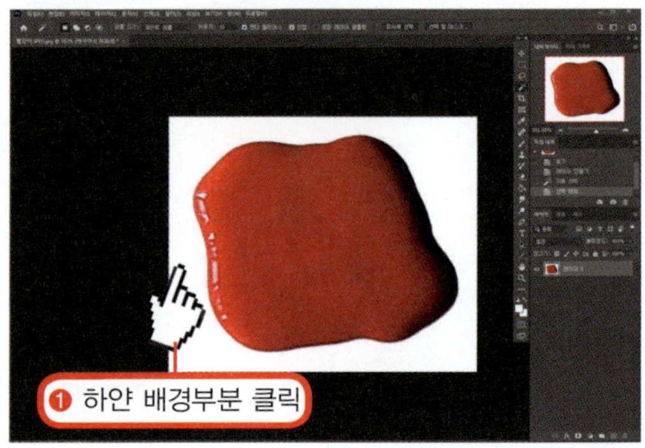

선택영역이 활성화되면 점선이 반짝반짝하면서 움직입니다. 선택한 그 영역만 편집이 가능한 상태라는 뜻입니다.

❷ Delete 버튼을 눌러 활성화된 흰색 배경 부분을 삭제합니다.

05 빨강이 주변이 격자모양의 투명배경으로 바뀌었는지 확인합니다.

투명색은 바둑판 무늬  처럼 보입니다.

06 Ctrl+D를 눌러 선택영역을 해제합니다.

07 빨강이 레이어 위에 투명한 레이어 1개를 추가합니다.

❶ [새 레이어 생성 단추]를 클릭하고

❷ '레이어 0'위에 투명한 '레이어 1'이 생성되었는지 확인합니다.

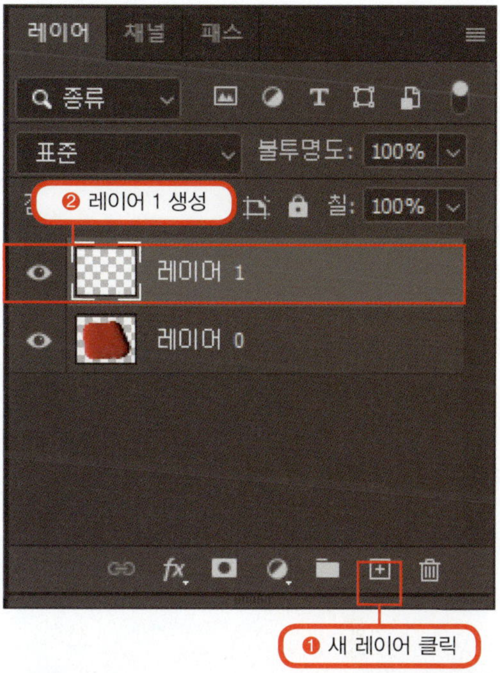

08 도구상자의 브러시 도구를 선택하고 빨강이 눈, 코입을 그리기 위한 전경색을 확인합니다.

❶ 도구상자의 브러시 도구를 클릭하고

❷ 전경색이 빨강이 눈, 코, 입을 그리기에 적당한지 확인합니다.

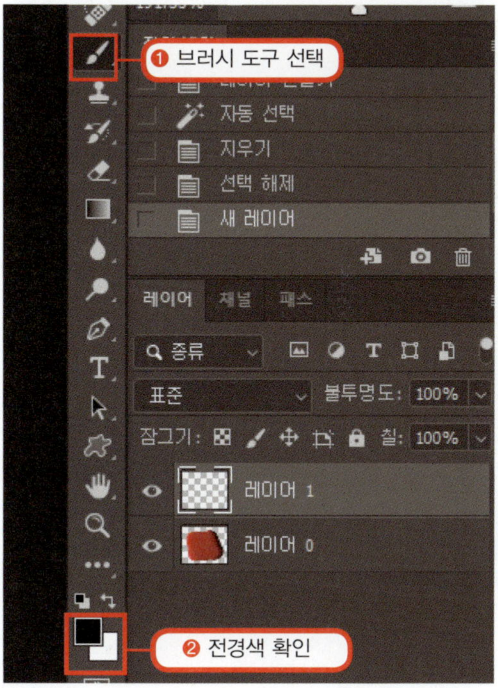

09 새로운 레이어 위에 빨강이의 얼굴을 그려 완성합니다.

10 [파일]-[다른 이름으로 저장]을 클릭합니다.

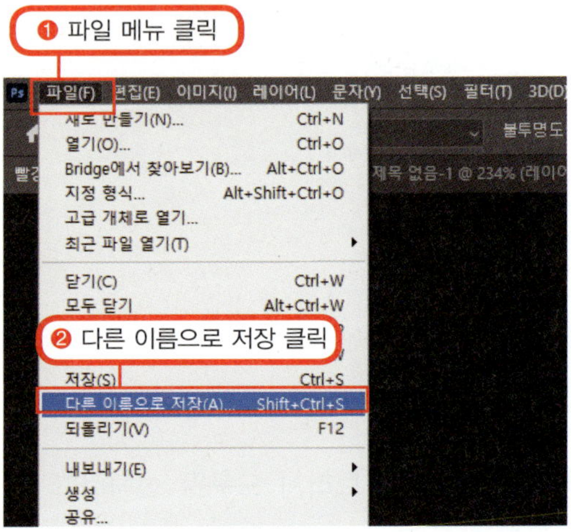

11 JPEG, PNG, PSD 형식으로 저장합니다. JPEG는 '빨강이 JPEG'라는 이름으로, PNG는 '빨강이 PNG'라는 이름으로, PSD는 '빨강이 PSD'라는 이름으로 변경하여 저장합니다.

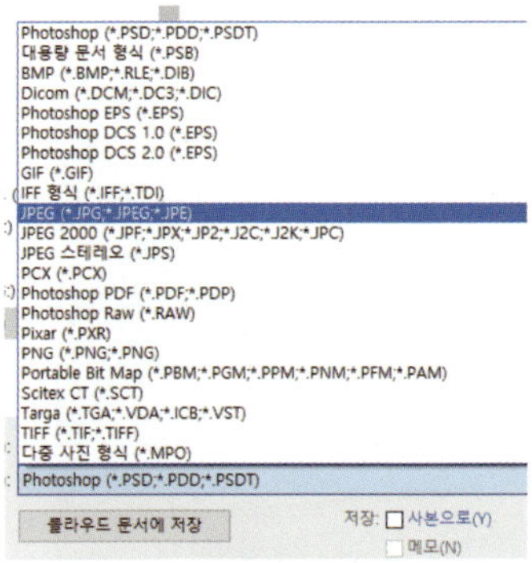

JPEG로 저장

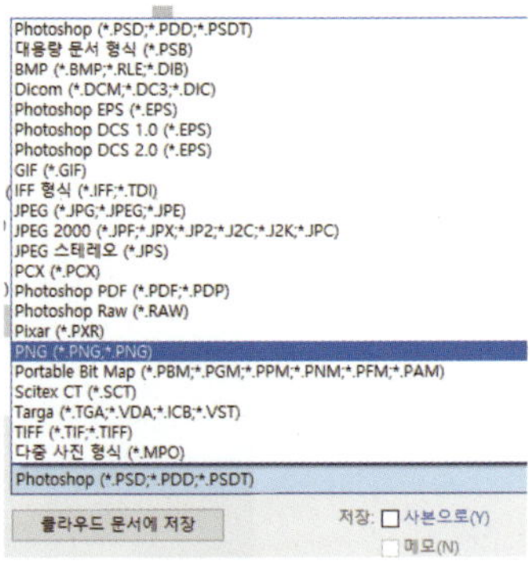

PNG로 저장

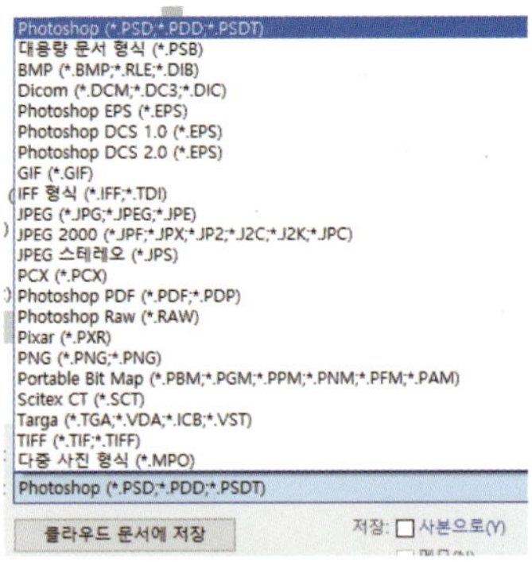

Photoshop(PSD)로 저장

12 파워포인트를 열고 [디자인] 탭을 선택합니다.

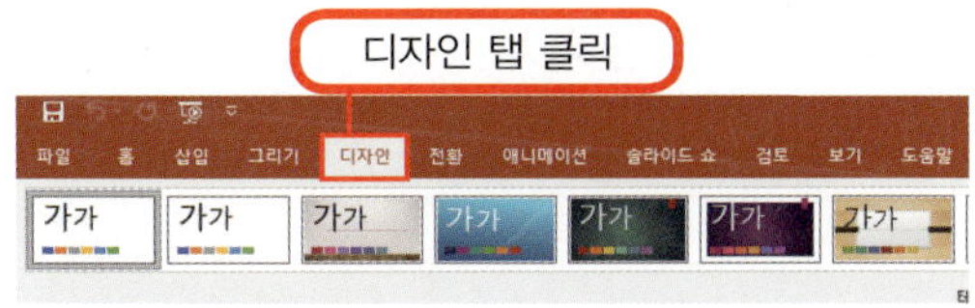

13 빨강이를 삽입하여 파일의 상태를 확인하기 위해 파워포인트 화면을 어두운 색으로 채웁니다.

❶ 오른쪽 상단의 [배경 서식]을 클릭하고

❷ 채우기에서 [단색 채우기]를 클릭하고

❸ 색 선택에서 원하는 배경색을 선택하여 클릭하고 배경색이 적용된 것을 확인합니다.

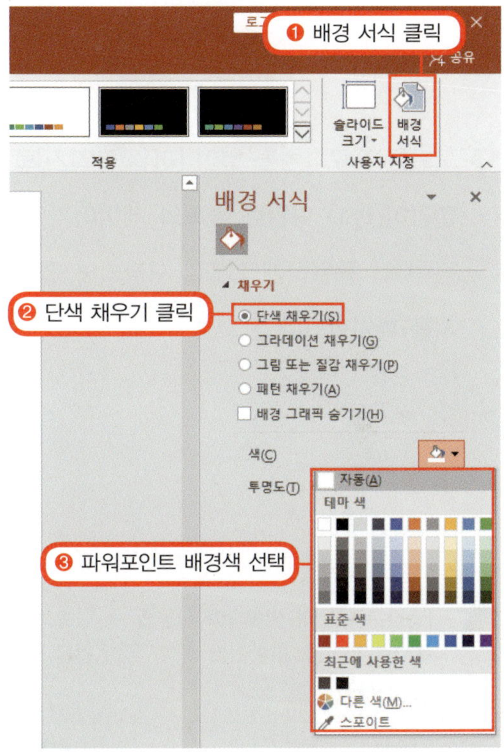

14 빨강이 JPEG 파일과 PNG 파일을 각각 불러옵니다.

❶ 메뉴바에서 [삽입] 탭을 클릭하고

❷ 그림을 클릭하고

❸ [이 디바이스]를 선택하여 클릭합니다.

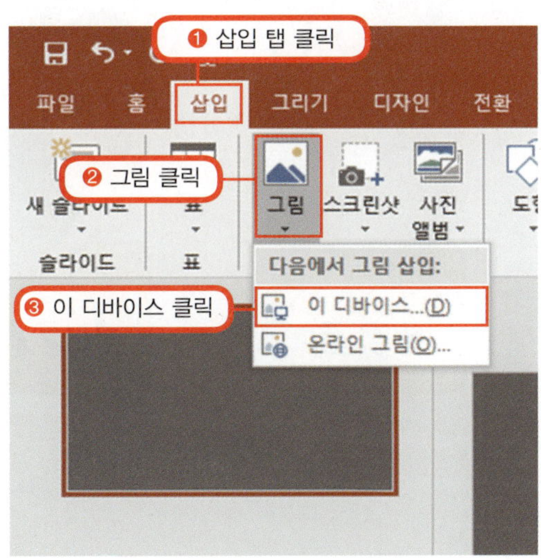

15 저장해 둔 빨강이 JPEG와 빨강이 PNG 파일을 불러와 배경을 비교해 봅니다.

16 포토샵 프로그램을 열어 [파일]–[열기]로 빨강이 PSD 파일을 불러와 레이어가 저장 시와 동일하게 2개로 저장되어 있는지를 확인합니다.

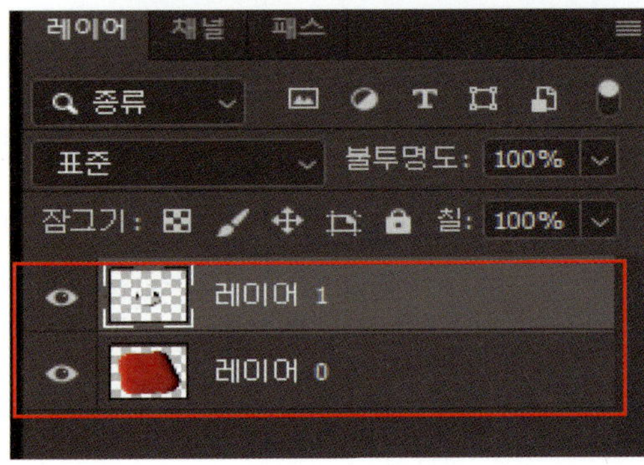

1년간 유아들과 생활하며 사용할 수 있는 자료들을 폴더 별로 정리해두는 것은 매우 유용합니다. 교육자료 제작을 위한 기본 배경/ 유아 얼굴 / 유아 작품 등 폴더별로 나누어 정리하여 저장해두고 활용해 보세요.

2) 포토샵 활용하기

포토샵에서는 사진편집과 보정, 그림 그리기 등 개인의 필요에 따라 다양한 작업을 할 수 있다. 본 교재에서는 유아교육에서 활용될 수 있는 포토샵 작업들을 직접 실행해보며 주요 기능들을 익히도록 한다. 활용에 앞서 포토샵에서 효율적 작업을 돕는 주요 단축키를 살펴보도록 한다.

표 3–1 포토샵 주요 단축키

파일(File 메뉴)			
새 파일	Ctrl+N	불러오기	Ctrl+O
저장	Ctrl+S	다른 이름으로 저장	Ctrl+Shift+S
이미지 인쇄	Ctrl+P		
편집(Edit 메뉴)			
한 단계씩 작업 취소 (무한 반복 취소 가능)	Ctrl+Z	한 단계씩 재실행 (앞 단계로 돌아가기)	Ctrl+Shift+Z
자유 변형	Ctrl+T	복사하기	Ctrl+C
잘라내기	Ctrl+X	붙여넣기	Ctrl+V
이미지(Image 메뉴)			
레벨	Ctrl+L	커브	Ctrl+M
색조/채도	Ctrl+U	컬러 밸런스	Ctrl+B
레이어(Layer 메뉴)			
새 레이어 추가	Ctrl+Shift+N	Ctrl 누른 상태에서 원하는 레이어 다중 선택 후 선택한 레이어들 병합	Ctrl+E
선택(Select 메뉴)			
전체선택	Ctrl+A	선택영역 반전	Ctrl+Shift+I
선택해제	Ctrl+D		
보기(View 메뉴)			
눈금자 설정	Ctrl+R	화면 확대하기	Ctrl++
화면 축소하기	Ctrl+–		

(1) 흐리거나 어둡게 나온 사진을 편집해요

유아들의 놀이와 활동, 일상생활의 순간순간을 사진과 영상으로 담아 교육자료로 활용하는 것은 중요한 일이다. 하지만 교사가 유아들의 놀이와 활동을 지원하고 돌보면서 사진까지 제대로 찍기란 쉽지 않다. 그래서 일과 중 교사가 찍은 사진들은 흔들리거나 어둡게 나오는 경우가 많다. 또 아날로그적인 자료를 스캔하거나 사진 찍어 편집 후 사용할 때도 있는데 이런 경우 사진의 질이 떨어져 그대로는 매력적인 교육자료를 만들기 어렵다. 포토샵은 디테일한 사진편집이 가능하여 흐리고 어둡게 나온 사진이나 스캔한 이미지들을 선명하고 또렷하게 만들 수 있는 기능이 있어 교육자료를 매력적이고 선명하게 제작할 수 있도록 돕는다.

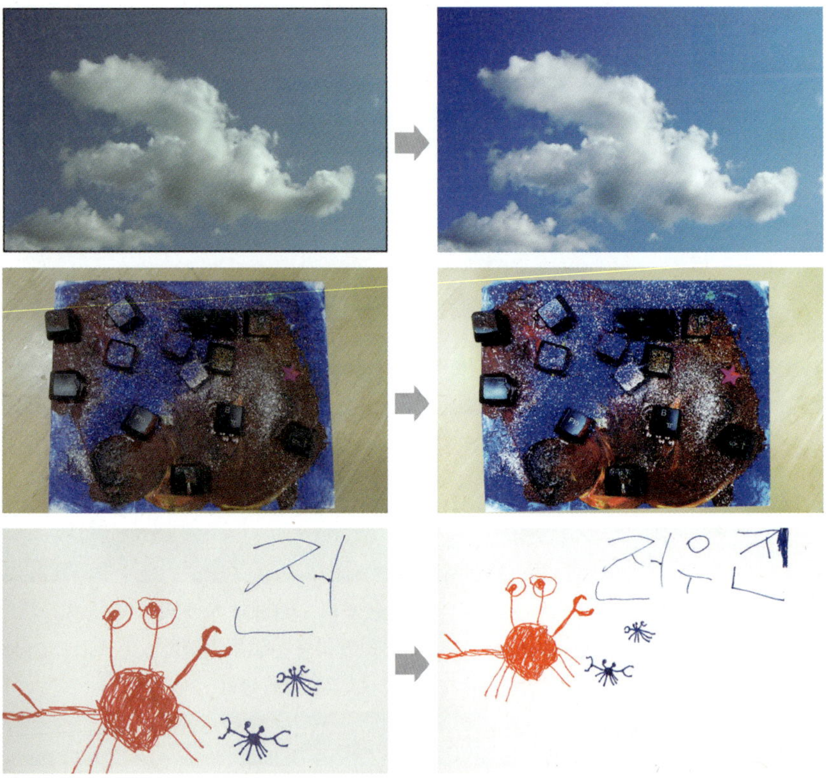

사진 3-2 유아들의 작품, 자연 등을 찍은 사진을 포토샵으로 보정한 예

실습해 보아요

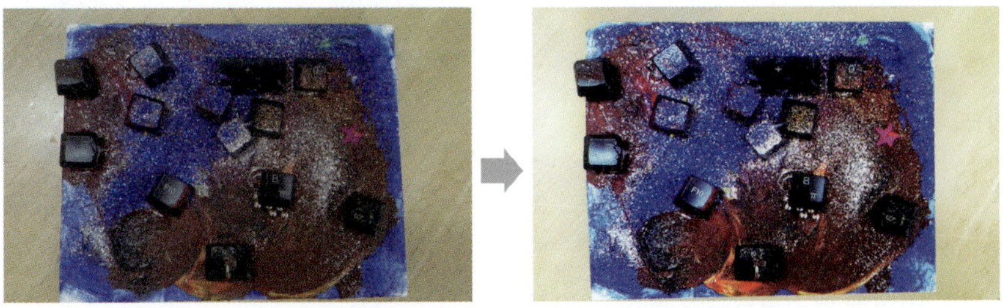

유아의 미술작품 사진을 밝고 선명하게 보정해 보아요

1. 포토샵을 열어 '예제소스 3-1-3'을 불러옵니다.
2. 이미지 메뉴를 이용하여 사진을 밝고 선명하게 조절합니다.
2. JPEG 형식으로 저장합니다.

01 메뉴 표시줄의 [파일]-[열기]를 클릭하여 저장해 놓은 '예제소스 3-1-3' 이미지를 불러옵니다.

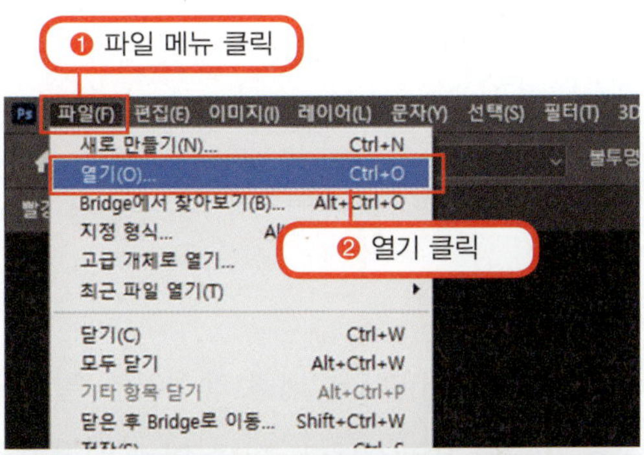

02 세로로 찍힌 상태의 캔버스를 가로 방향으로 바꿉니다.

❶ 메뉴 표시줄의 [이미지]를 클릭하고

❷ [이미지 회전]을 클릭하고

❸ [90°시계방향]을 클릭하여 가로 방향으로 바뀐 이미지를 확인합니다.

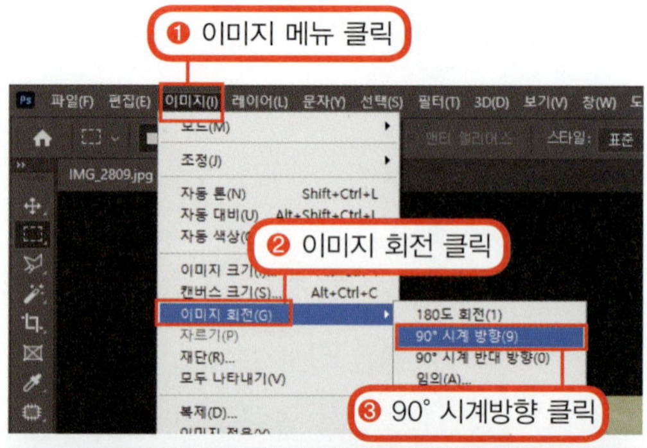

유아들과 큰 화면으로 멀티미디어 자료를 공유할 때는 가로 방향으로 보아야 더 크게 볼 수 있답니다. 반드시 세로 방향의 이미지로 봐야 하는 것이 아니라면 가로로 바꿔서 이미지를 편집하는 것이 좋아요.

03 레이어 패널에서 배경 레이어를 일반 레이어로 바꿔줍니다. 이를 위해 배경 레이어 중간의 빈 부분을 더블클릭하여 오른쪽 자물쇠가 없어졌는지를 확인합니다.

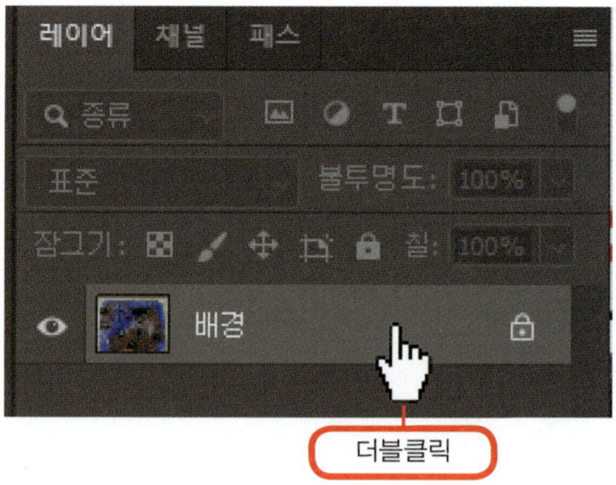

04 이미지를 또렷하고 색감도 풍부하게 만들어볼까요?

❶ 메뉴 표시줄의 [이미지]를 클릭하고

❷ [조정]을 클릭하고

❸ [곡선]을 클릭하여 [곡선] 대화상자가 잘 나타났는지 확인합니다.

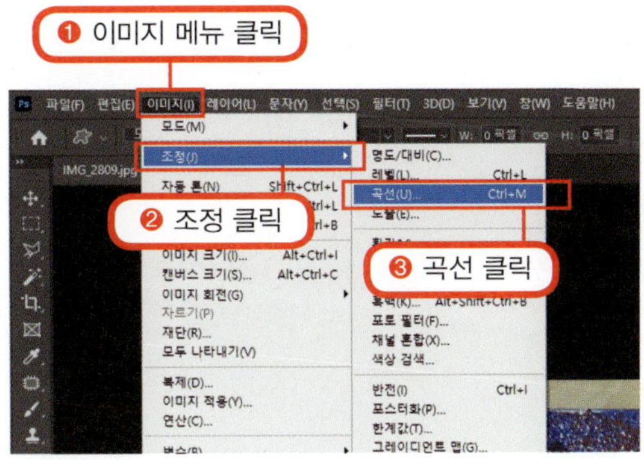

> 단축키 Ctrl+M을 눌러서 [곡선] 대화상자를 불러오면 더 편리해요.

05 대화상자의 사각형 안을 대각선으로 가로지르는 흰색 선의 한 부분을 클릭합니다. 그러면 작은 점이 찍힙니다.

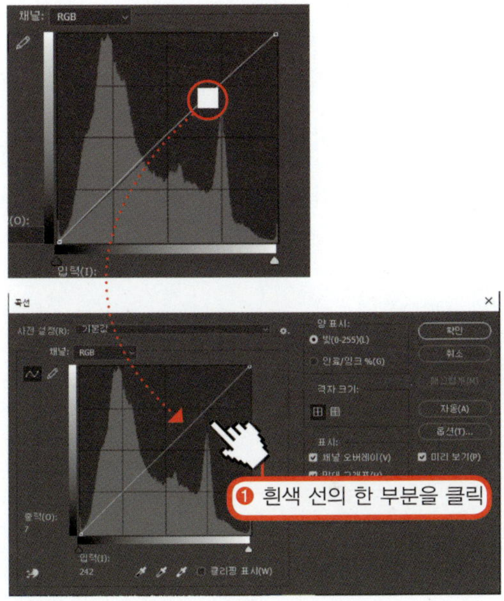

06 점을 클릭한 상태에서 ❶과 같이 위쪽으로 조금씩 올리며 이미지의 상태를 확인합니다.

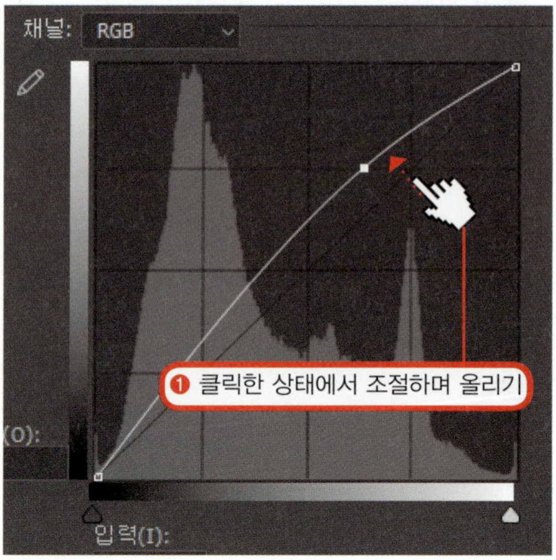

07 클릭한 상태에서 ❷와 같이 아래쪽으로 조금씩 끌어내려 S자형 선을 만듭니다. 이때에도 이미지 상태를 계속 확인합니다.

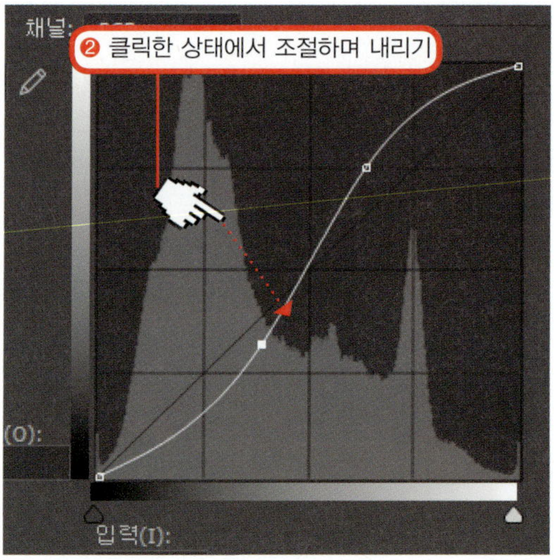

[곡선]을 사용하여 이미지의 명도, 채도, 밝기를 조절할 때 너무 많이 끌어올리거나 끌어내리면 이미지가 심하게 왜곡되어 보일 수 있어요. 조금씩 끌어올리고 끌어내리며 **완만한 S자형**을 만들 때 가장 선명하고 깔끔한 이미지가 만들어집니다.

08 이미지의 상태를 확인하고 [파일]-[다른 이름으로 저장]을 클릭하여 파일 이름을 입력한 후 JPEG 형식으로 저장합니다.

(2) 페더를 적용해서 생기있는 얼굴을 만들어 보아요

포토샵에서 '페더'는 선택영역의 가장자리에 자연스러운 그라데이션 효과를 줄 수 있는 기능이다. 이 효과는 선택 도구인 선택 윤곽 도구 와 올가미 도구 에서 사용할 수 있다. 이 효과를 이해하지 못하면 초보자들은 **사진 3-3**과 같이 올가미 도구 등으로 열심히 선택영역을 선택했는데 원치 않게 뿌연 가장자리로 잘라내거나, 반대로 **사진 3-4**처럼 그라데이션 효과를 주고 싶은데 가위로 잘라낸 듯한 가장자리를 얻게 될 수 있다. 따라서 페더를 잘 이해하면 보다 효율적으로 포토샵 작업을 할 수 있게 된다.

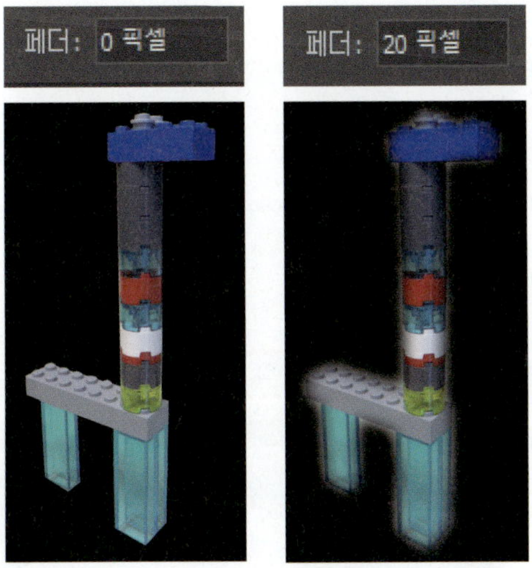

사진 3-3
페더를 20으로 하여 가장자리가 뿌옇게 된 예

사진 3-4
페더를 0으로 하여 가위로 잘라낸 듯한 볼터치가 그려진 예

페더에 대해 이해하면 사진이나 그림 등의 이미지를 보정할 때 페더값을 낮춰 의도적으로 가위로 자른 것처럼 이미지를 잘라내어 합성할 수 있고, 페더값을 높여 이미지와 이미지가 만나 자연스럽게 섞이는 효과를 표현할 수 있다. 유아의 얼굴에 자연스러운 볼터치 효과를 주는 연습을 하며 페더에 대해 이해해 보기로 한다.

실습해 보아요

패더를 이용하여 유아의 볼에 볼터치를 해보아요

1. 유아얼굴 사진을 미리 준비합니다.
2. 포토샵을 열어 미리 준비한 유아의 사진을 불러옵니다.
3. 페더를 높인 선택영역을 지정하여 유아에게 볼터치를 해줍니다.
4. JPEG 형식으로 저장합니다.

01 메뉴 표시줄의 [파일]–[열기]를 클릭하여 저장해 놓은 유아 얼굴 이미지를 불러옵니다.

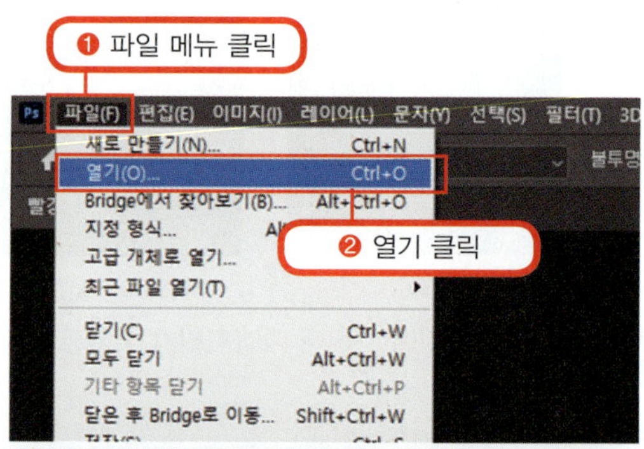

02 볼터치를 실행할 새 레이어를 만듭니다.

❶ 레이어 패널 하단의 [새 레이어 생성 단추]를 클릭하고

❷ 배경 레이어 위에 새로운 레이어(레이어 1)가 생성되었는지 확인합니다.

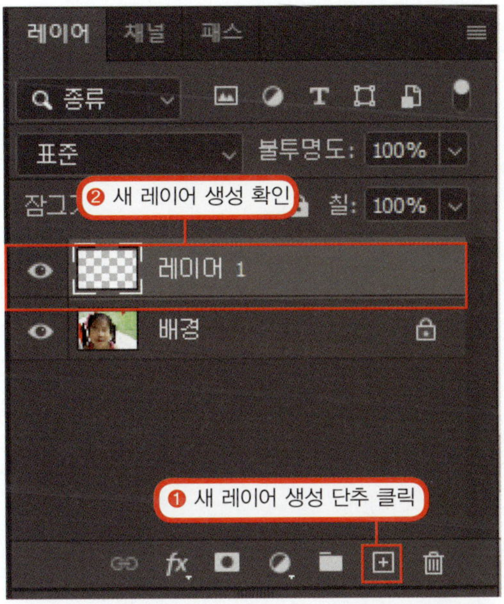

03 레이어 패널에서 배경레이어를 일반레이어로 바꿔줍니다. 이를 위해 배경레이어 중간의 빈 부분을 더블클릭하여 오른쪽 자물쇠가 없어졌는지 확인합니다.

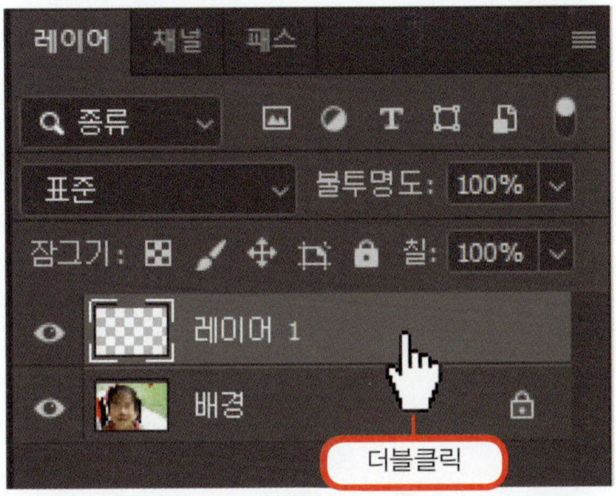

04 유아 얼굴 레이어의 이름을 '얼굴'로, 레이어 1의 이름을 '볼터치'로 바꿉니다. 이름을 바꾸기 위해서 레이어의 이름이 쓰여 있는 부분을 더블클릭하여 바꾸면 됩니다.

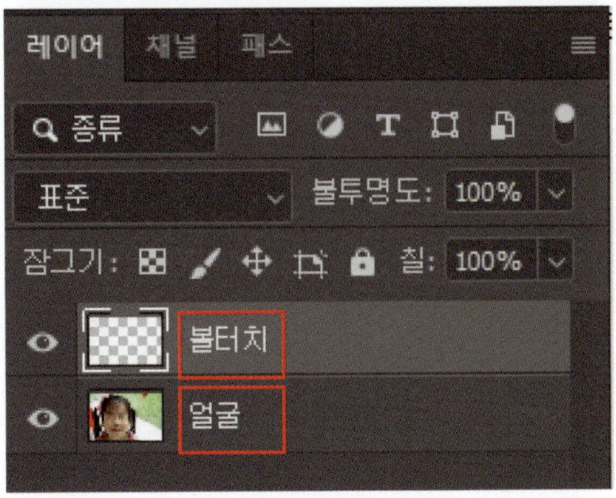

05 볼터치 영역을 선택하기 위해 원형선택 윤곽 도구의 조건을 설정합니다.

❶ 도구상자(Tool Box)에서 선택윤곽도구 중

> 대표 도구가 [아이콘] 로 되어 있지 않다면 도구상자 오른쪽 아래에 있는 [아이콘] 모양을 길게 눌러 원형선택 윤곽 도구를 클릭하면 됩니다.

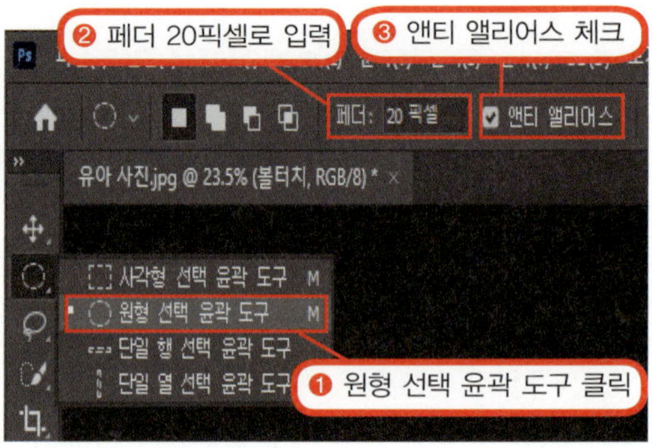

❷ 옵션바에서 페더를 20픽셀로 입력하고

❸ 앤티 앨리어스가 체크되어 있는지 확인합니다.

> 앤티 앨리어스는 이미지의 테두리에 픽셀로 인해 생기는 계단 현상을 부드럽게 표현하는 기능이랍니다.

06 유아의 볼 위치에 마우스를 스크롤하여 원하는 크기의 볼터치 영역을 만듭니다.

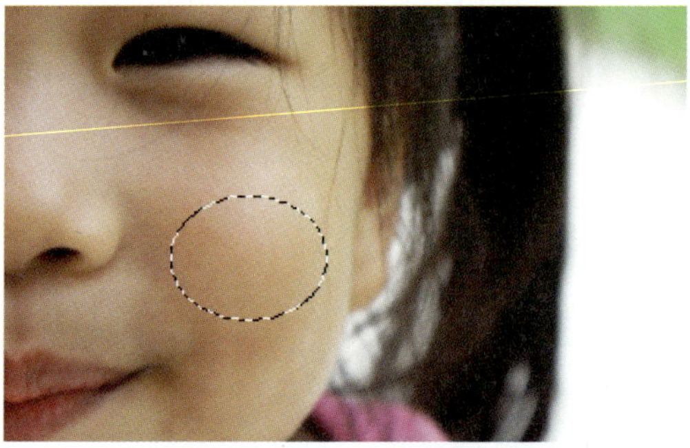

07 도구상자에서 전경색 부분을 클릭합니다.

08 색상 피커(전경색) 대화상자에서 볼터치에 어울리는 색깔을 선택합니다.

❶ 피커를 이용하여 원하는 색깔을 클릭하고

❷ 확인을 클릭합니다.

너무 흐린 볼터치 색을 선택하면 투명도를 조절했을 때 거의 안 보일 수 있으니 약간 진한 붉은 색으로 선택하도록 합니다.

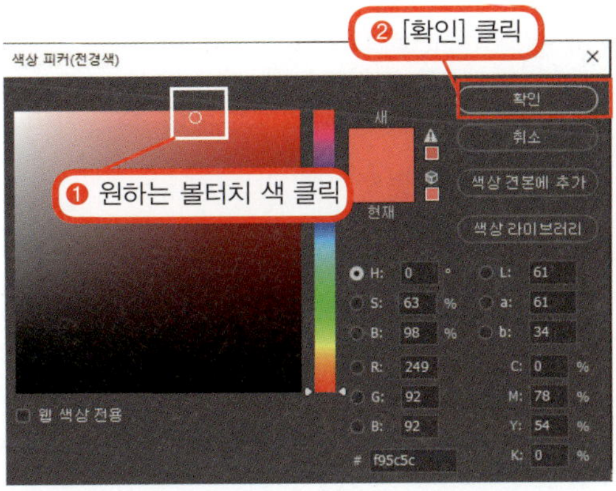

09 볼터치 색을 선택영역에 채워봅니다.

❶ 도구상자에서 [페인트 통 도구] 를 클릭하고

❷ 활성화되어 있는 선택영역을 클릭하여 페인트를 채웁니다.

페인트 통 도구를 이용하지 않고 Alt+Delete (전경색 채우기 단축키)를 눌러도 무방합니다.

10 오른쪽의 볼터치를 왼쪽으로 복사합니다.

❶ Ctrl+Alt를 동시에 눌러 겹친 화살표가 생긴 것을 확인하고

❷ Ctrl+Alt를 동시에 누른 상태에서 겹친 화살표를 왼쪽 볼 위로 가져가 위치를 잡은 후 클릭을 해제합니다.

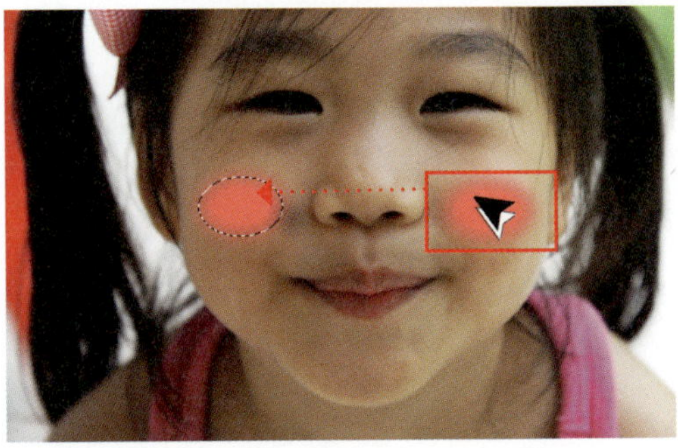

11 왼쪽 볼터치가 생긴 것을 확인한 후 선택 영역을 해제하고 불투명도를 조절하여 자연스러운 볼터치를 만듭니다.

❶ Ctrl+D를 눌러 선택영역을 해제하고

❷ 레이어 패널에 있는 [불투명도]를 25% 정도로 조절하여 볼터치가 유아의 피부와 잘 섞여 자연스럽게 보이도록 합니다.

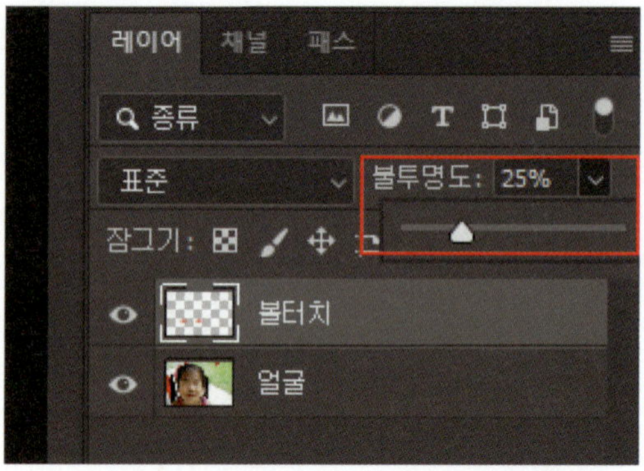

수시로 내가 작업하는 레이어가 활성화되어 있는지 확인하세요. 만약 볼터치가 아닌 얼굴 레이어가 활성화되어 있다면 얼굴이 투명해질 수 있어요.

12 자연스러운 볼터치가 생긴 것을 확인하고 [파일]–[다른 이름으로 저장]에서 JPEG 형식으로 저장합니다.

(3) 원하는 이미지만 쏙 오려내 보아요

멀티미디어 기반의 교수매체 제작 시 많이 사용되는 기능 중의 하나가 이미지의 배경 제거이다. 배경 제거는 이미지에서 원하는 부분만 잘라내어 살리고, 나머지 부분을 투명하게 만드는 것을 말한다. **사진 3-5**와 같이 이미지의 배경을 제거하여 다른 이미지와 합성할 경우 유아들의 흥미를 유발하고 상상력을 자극하는 자료를 무한히 제작할 수 있어 창의적인 교육 활동의 진행에 도움을 준다. 또한 배경을 제거한 이미지를 한글, 파워포인트에서 불러와 다용도로 활용할 수 있어 교육업무의 효율성도 높여준다.

사진 3-5 이미지에서 배경 제거한 후 다른 이미지와 합성한 예

배경 제거 효과는 활용도가 높아 그림판, 파워포인트와 같은 프로그램에서도 배경 제거 기능이 있다. 그러나 원하는 부분만 제거하는 것이 용이하지 않은 경우가 많으며, 특히 그림판과 파워포인트에서 배경 제거한 결과물들은 **사진 3-6**과 같이 대부분 가장자리가 깔끔하지 않아 자료의 질이 떨어진다.

반면 포토샵은 올가미 도구, 빠른 선택 도구, 자동선택 도구, 지우개 도구 등을 활용하여 보다 섬세하게 배경 제거를 할 수 있다는 장점이 있다. 특히 포토샵 CC 2020에서는 기존에 색상을 경계로 이미지를 선택하던 방식의 [빠른 선택 도구]와 [자동선택 도구]에 더하여, 인공지능을 활용하여 개체를 인식하는 [개체선택 도구]가 추가되어 더욱 편리하고 섬세하게 배경 제거를 할 수 있게 되었다. 본 교재에서는 '선택 및 마스크'를 이용하여 배경제거를 실습해보기로 한다.

사진 3-6 포토샵과 파워포인트 배경 제거 비교

실습해 보아요

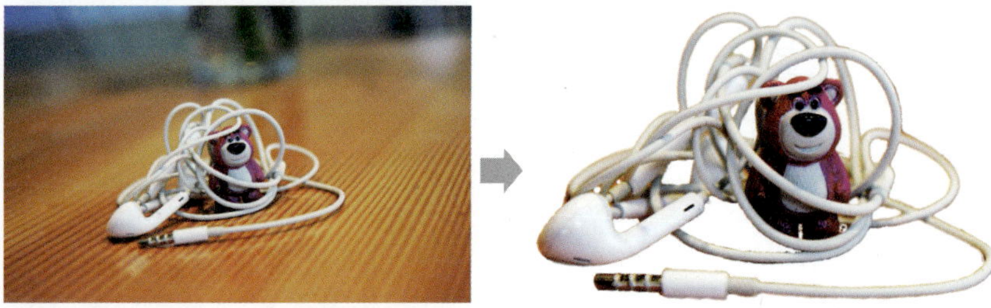

1. 포토샵을 열어 '예제소스 3-1-4'를 불러옵니다.
2. [올가미 도구]와 [선택도구]를 이용하여 이미지에서 내가 원하는 부분만 선택합니다.
3. 선택 및 마스크 창에서 내가 선택한 이미지를 섬세하게 다듬습니다.
4. 선택한 개체를 제외하고 배경 제거한 후 PNG 형식으로 저장합니다.

01 메뉴 표시줄의 [파일]-[열기]를 클릭하여 '예제소스 3-1-4' 이미지를 불러옵니다.

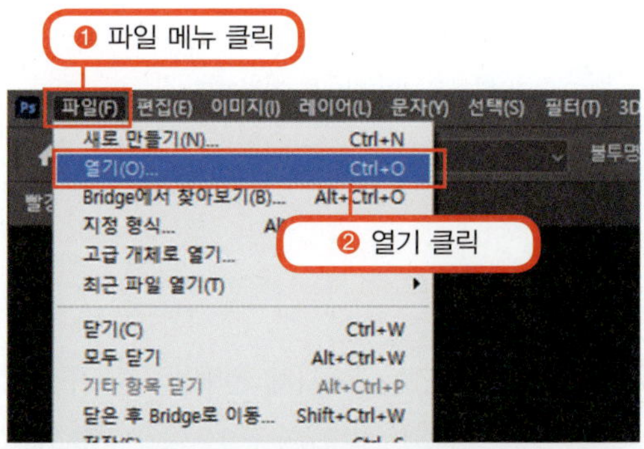

02 레이어 패널에서 배경 레이어를 일반 레이어로 바꿔줍니다. 이를 위해 배경 레이어 중간의 빈 부분을 더블클릭하여 오른쪽 자물쇠가 없어졌는지 확인합니다.

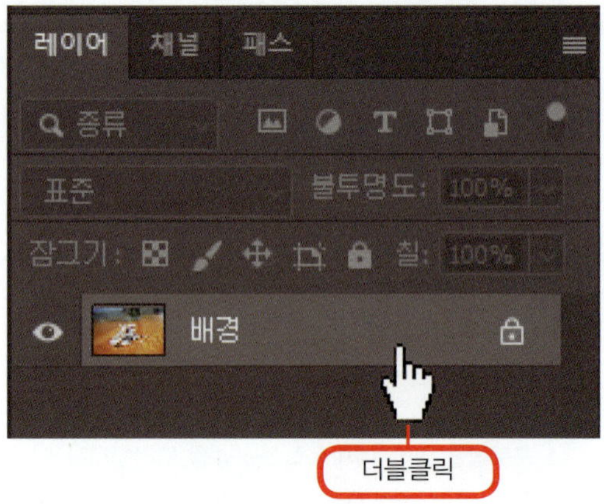

03 도구상자에서 선택 도구  를 클릭합니다.

> 이 단계에서는 반드시 빠른 선택 도구가 아니어도 무방합니다. 개체 선택 도구 혹은 자동 선택 도구가 활성화되어 있어도 괜찮아요.

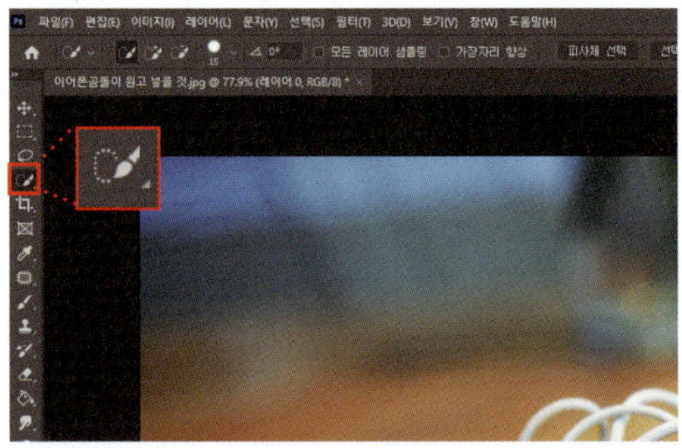

04 옵션바에 있는 [피사체 선택]을 클릭합니다.

05 캔버스 위의 이미지 중 이어폰과 곰돌이 피규어 가장자리에 점선이 활성화되었는지 확인합니다.

> 선택영역이 완벽하게 따지지 않아도 괜찮아요. 이제 다음 단계에서 섬세하게 영역을 선택할 수 있으니까요.

06 점선이 활성화되어 있는 상태에서 [선택 및 마스크]를 클릭합니다.

07 [선택 및 마스크]를 클릭하면 오른쪽과 같은 화면으로 이동합니다.

[선택 및 마스크] 화면은 여러 도구들을 이용해서 내가 원하는 부분만 섬세하게 선택할 수 있도록 돕는 팝업창 같은 것이랍니다.

08 내가 선택한 영역을 정확히 보기 위해 우측패널 상단의 [보기]–[오버레이]로 선택하여 클릭합니다.

보기 모드는 선택영역과 선택제외영역의 경계를 보다 자세히 보며 디테일하게 편집할 수 있도록 돕는 기능을 한답니다. 컴퓨터에 따라 보기 모드가 서로 다르게 선택되어 있을 수 있어요. 선택영역이 가장 잘 보이는 '오버레이'를 선택하면 내가 선택한 부분을 제외하고 모두 빨강 색으로 보이게 됩니다. 이것은 빨강 색으로 칠한 게 아니라 선택영역을 정확하게 보기 위해 선택 제외영역을 빨강 색으로 표시해 둔 것입니다.

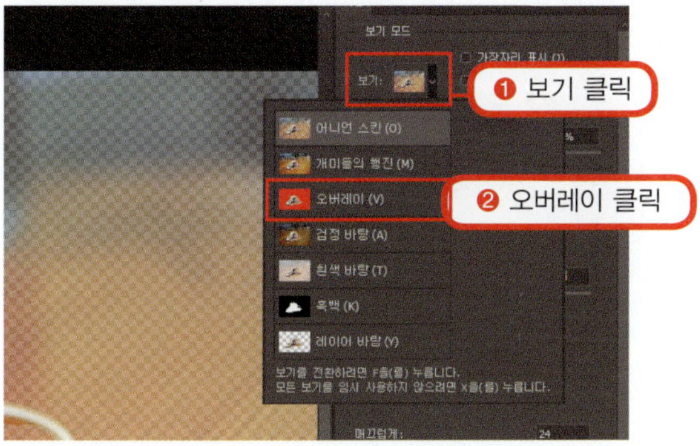

09 선택영역을 제외하고 모두 빨강 색으로 보입니다.

빨강 색이 자극적으로 느껴진다면 선택제외영역의 색을 다른 색으로 바꿀 수 있습니다. 아래 색상 버튼을 클릭하면 색상을 선택할 수 있는 팝업창이 뜹니다. 원하는 색을 클릭하면 색상이 바뀝니다. 저는 파랑 색으로 바꿔보겠습니다.

10 좀 더 섬세하게 피사체를 선택해보겠습니다. 이를 위해

❶ 수정 도구 상자
❷ 포함 또는 제외
❸ 브러시 크기에 대해 알아야 합니다.

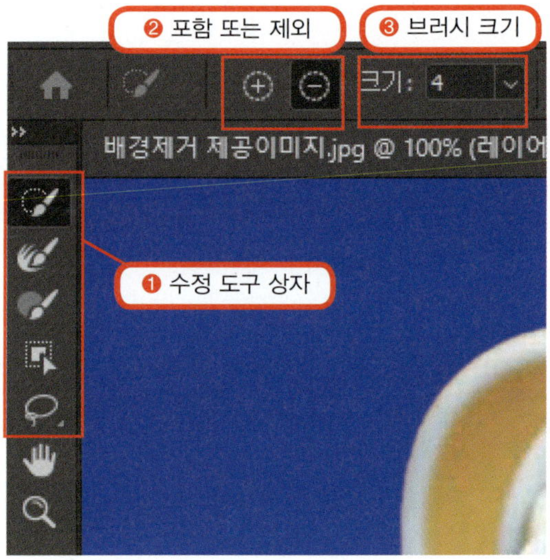

❶ 수정도구 상자 ❷ 선택 또는 제외 ❸ 브러시 크기에 대해 알아보아요

빠른선택 도구	남기고 싶은 부분은 ⊕ 상태에서, 제외하고 싶은 부분은 ⊖ 상태에서 붓터치 하듯이 살짝 만져주면 색을 기준으로 빠르게 영역이 선택됩니다.
가장자리 다듬기 브러시 도구	머리카락이나 동물의 털 등을 정밀하게 조정하여 선택영역에 세부적인 묘사를 추가할 수 있습니다.
브러시 도구	빠른 선택 도구로 대략적 선택을 하고 난 다음 브러시로 미세조정을 할 수 있습니다. 남기고 싶은 부분은 ⊕ 상태에서, 제외하고 싶은 부분은 ⊖ 상태에서 브러시 크기를 조정하여 그림을 그리듯이 정리합니다.
올가미 도구	자유형 선택 테두리를 그립니다. 직선형 이미지일 때는 올가미를 이용하여 정리합니다.

11 선택된 부분들 중 지워야 할 부분들을 빠른 선택도구로 지워보겠습니다.

❶ 빠른 선택도구를 클릭하고

❷ 옵션바의 ⊖ 를 클릭하여 빠른선택도구로 클릭한 부분이 제외될 수 있도록 설정하고

❸ 붓 크기를 4~5 정도로 설정합니다.

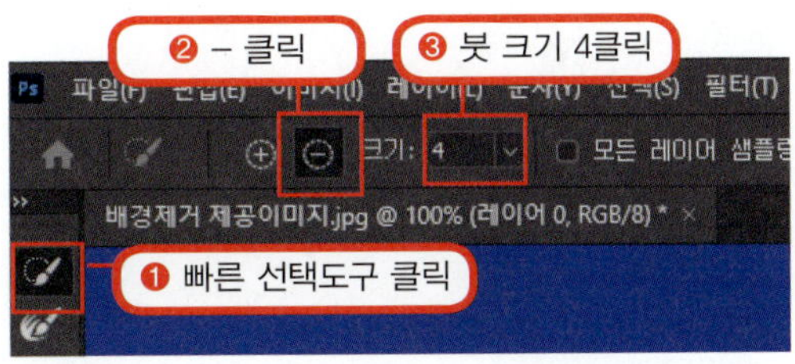

12 이미지 안쪽에 이어폰 선이 겹쳐있어 만들어진 빈 공간들을 붓터치 하듯이 클릭하여 선택영역에서 제외해 나갑니다.

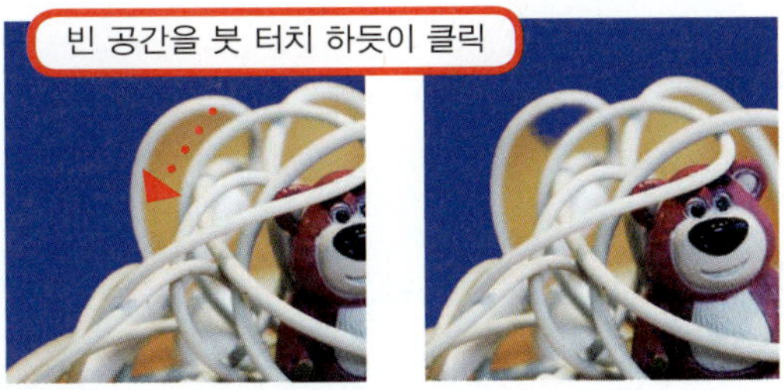

– 를 선택했기 때문에 클릭하면 파랑 색으로 바뀌면서 선택영역에서 제외됩니다.

이미지를 확대, 축소하여 작업하고 싶으면 Ctrl과 +, Ctrl과 –를 눌러 조정합니다. 또 캔버스를 이리저리 옮기고 싶으면 를 이용하여 스크롤하세요.

13 이미지를 확대하여 지워지지 않은 부분이 없는지 확인하고, 남겨야 하는데 지워진 부분들을 확인합니다.

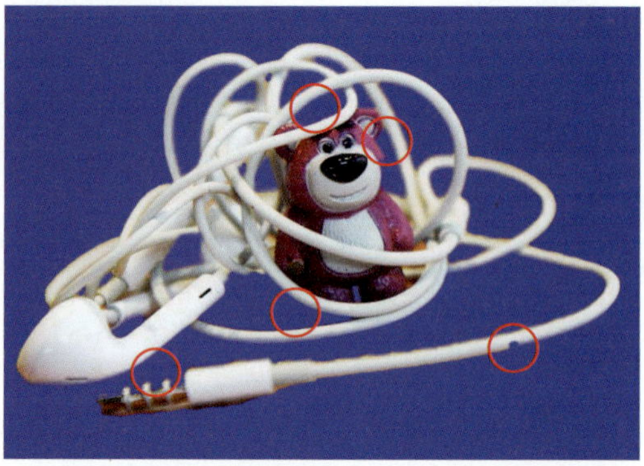

○ 로 표시한 부분들을 보면 곰돌이의 머리, 볼, 다리 일부가 지워져 있고, 이어폰의 일부가 선택에서 제외되어있는 것을 확인할 수 있습니다.

14 배경과 함께 제거된 부분들을 정확히 확인하기 위해 오른쪽 상단의 불투명도 커서를 50% 정도로 조절합니다.

15 곰돌이의 볼과 이마 부분 등이 배경과 함께 지워져 있는 것을 확인할 수 있습니다.

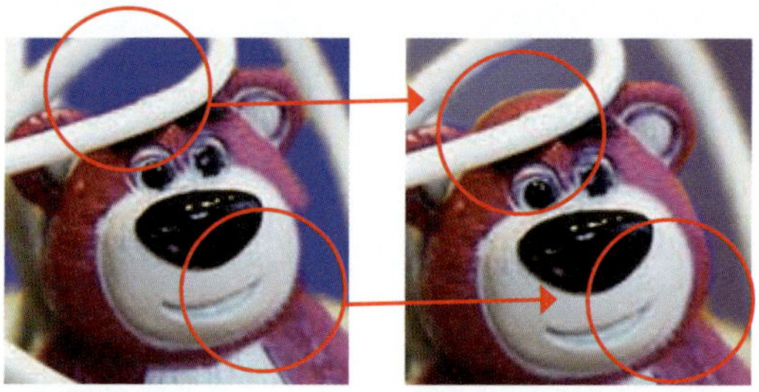

16 배경과 함께 지워진 곰돌이의 볼과 이마 부분 등의 이미지를 세밀하게 수정하여 살려보겠습니다.

❶ 브러시 도구를 클릭하고
❷ 옵션바의 [⊕] 를 클릭하여 브러시로 색칠한 부분을 다시 살릴 수 있도록 설정하고
❸ 붓 크기를 4~5 정도로 설정합니다.

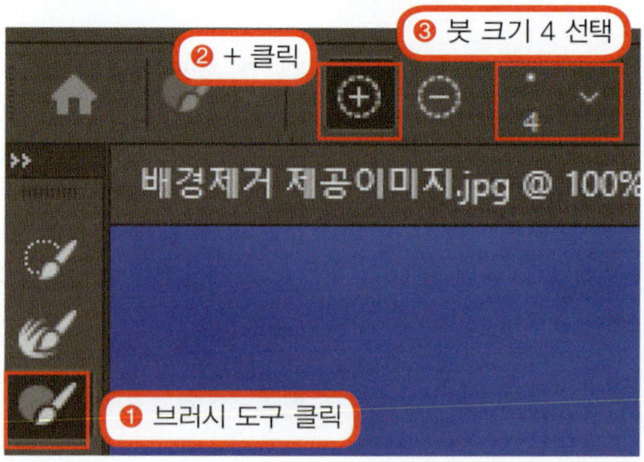

17 살리고 싶은 부분들을 브러시로 그리듯이 색칠하여 이미지를 정리합니다.

> Ctrl+D를 누르면 계속 이전 단계로 갈 수 있으니 브러시로 작업하다가 실수해도 당황하지 말고 이전 단계로 가세요.

> 이미지를 확대 또는 축소하여 작업하고 싶으면 Ctrl과 +, Ctrl과 −를 눌러 조정합니다. 또 캔버스를 이리저리 옮기고 싶으면 를 이용하여 스크롤하세요.

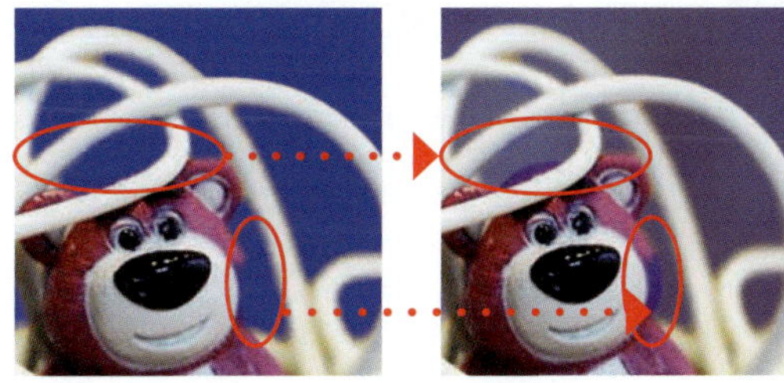

18 배경 제거가 깔끔하게 되었는지 다시 한번 확인합니다.

19 포토샵 기본 창으로 나가서 저장하는 일만 남았습니다.

❶ 오른쪽 하단의 [출력 위치]에서 [새 레이어]를 선택합니다.

> Ctrl+D를 누르면 계속 이전 단계로 갈 수 있으니 브러시로 작업하다가 실수해도 당황하지 말고 이전 단계로 가세요.

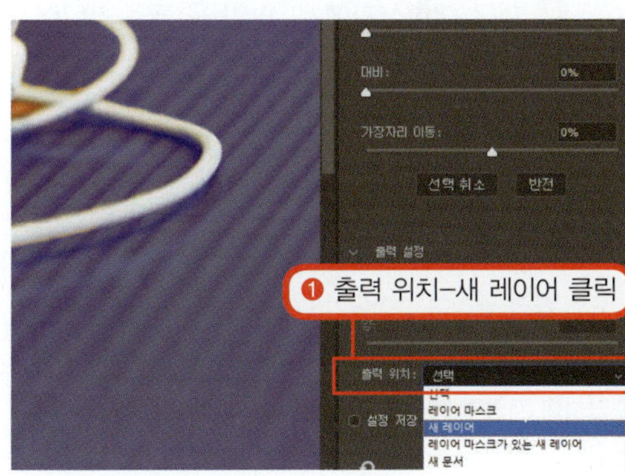

20 오른쪽 하단의 [확인]을 눌러 포토샵 기본 창으로 나갑니다.

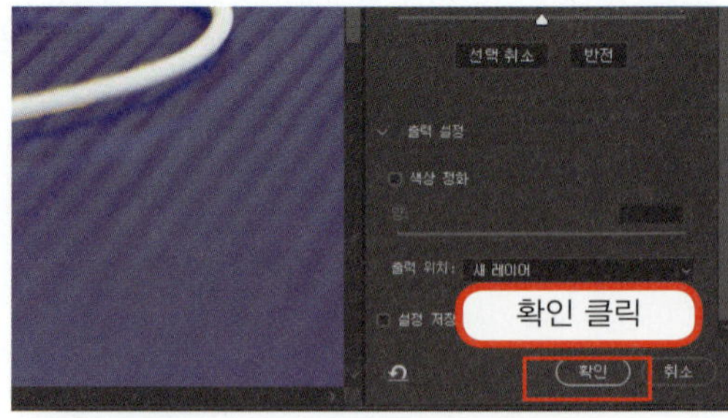

21 제거한 배경이 격자무늬로 된 투명배경으로 바뀌고 최종 선택된 영역만 남았습니다.

22 선택된 영역에 비해 투명배경이 불필요하게 크기 때문에 이미지에 맞춰 투명배경을 잘라냅니다.

❶ 메뉴표시줄의 [이미지]를 클릭하고
❷ [재단]을 클릭하고
❸ 재단 대화상자에서 [확인]을 클릭합니다.

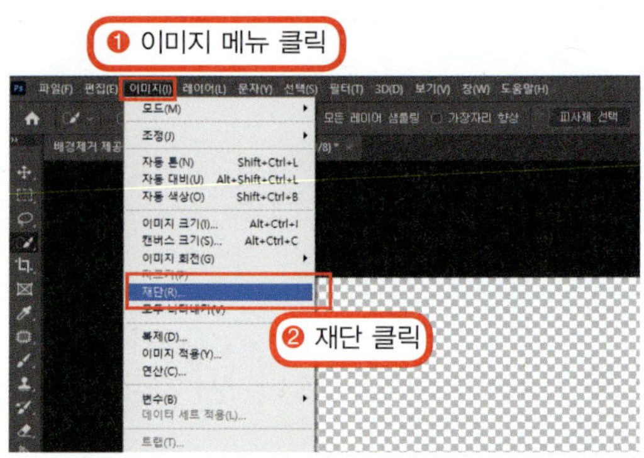

이미지를 재단하여 저장하면 포토샵, 파워포인트, 한글 등에서 이미지를 불러왔을 때 불필요한 투명 배경이 줄어들기 때문에 편집이 편리해져요. 되도록 배경 제거한 이미지 저장 시에는 잊지 말고 재단하여 저장해 보세요.

23 배경 제거한 이미지를 확인하고 [파일]–[다른 이름으로 저장]에서 PNG 형식으로 저장합니다.

배경 제거한 이미지를 다른 배경과 합성해 볼까요? 인터넷에서 배경 제거한 곰돌이 파일과 어울릴만한 이미지를 찾아 파워포인트에서 합성하고 작품명과 만든 이 이름을 붙여 함께 감상해 보아요.

1. 배경 제거한 곰돌이 파일과 어울릴만한 이미지를 인터넷에서 찾아 다운로드합니다.
2. 파워포인트를 열어 '배경 제거한 곰돌이 파일'과 '인터넷에서 다운로드한 배경 파일'을 한 화면에 가져옵니다.
3. 사이즈와 위치를 나름대로 배치하여 구성합니다.
4. 제목과 만든 이 이름을 파워포인트 위에 작성합니다.
5. [파일]–[내보내기]–[파일형식변경]–[JPEG 파일 교환 형식]–[다른 이름으로 저장]을 클릭하여 JPEG 형식으로 저장합니다.
6. 교수자에게 전송하여 작품을 함께 공유합니다.

사진 3–7 합성작품 예시

(4) 이미지에서 불필요한 개체를 지워요

앞서 우리는 사진이나 그림, 동화장면 등에서 필요한 개체를 배경에서 떼어내어 다양하게 사용할 수 있다는 것을 다루었다. 반대로 사진, 그림, 동화장면 등에서 불필요한 개체를 지워서 원하는 배경을 만들 수도 있다. 예를 들어 견학을 가서 유아들의 사진을 찍을 때 또 다른 인물이 함께 찍히는 경우 **사진 3-8**과 같이 포토샵을 이용하여 그 인물을 제거하면 유아들의 모습만 사진 속에 담을 수 있다. 또 종이 자료를 스캔하여 멀티미디어 자료로 만들고자 할 때 **사진 3-9**와 같이 접힌 부분을 자연스럽게 지워 깔끔한 이미지로 사용할 수도 있다.

사진 3-8
유아 사진에서 다른 인물을 제거한 예

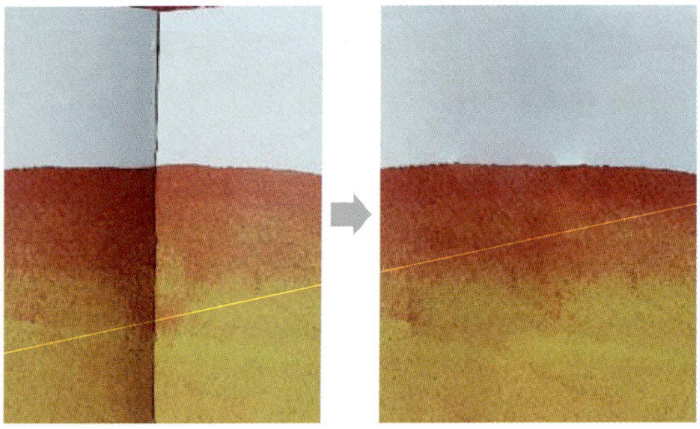

사진 3-9
책의 접히는 부분을 제거한 예

이처럼 불필요한 개체를 제거하고 원하는 이미지를 만드는 것은 포토샵에서 가장 기본적이면서도 실용적인 기능이라 볼 수 있다. 특히 불필요한 개체를 제거하는 방법이 비교적 쉬운 편이어서 초보자도 쉽게 해볼 수 있다. 불필요한 개체 제거 후 뚫려 있는 부분은 잘라낸 부분 주변의 내용을 인식하여 자동으로 채워 넣는 '내용 인식'기능을 이용하여 자연스럽게 채울 수 있으며, 도구상자의 '패치 도구'를 이용하여 보다 세밀하게 조정할 수 있다.

실습해 보아요

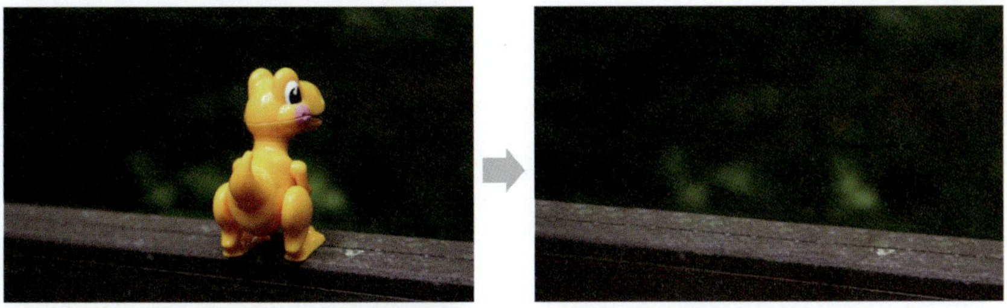

이미지에 있는 공룡 인형을 제거하고 배경을 자연스럽게 채워 보아요

1. 포토샵을 열어 '예제소스 3-1-5'를 불러옵니다.
2. [올가미 도구]를 이용하여 불필요한 개체(공룡인형)을 선택합니다.
3. 선택한 부분을 '내용인식'으로 채웁니다.
4. 부자연스러운 부분을 도구상자의 '패치도구'로 수정해 줍니다.
5. 이미지가 자연스러워지면 JPEG 형식으로 저장합니다.

01 메뉴 표시줄의 [파일]-[열기]를 클릭하여 저장해 놓은 '예제소스 3-1-5' 이미지를 불러옵니다.

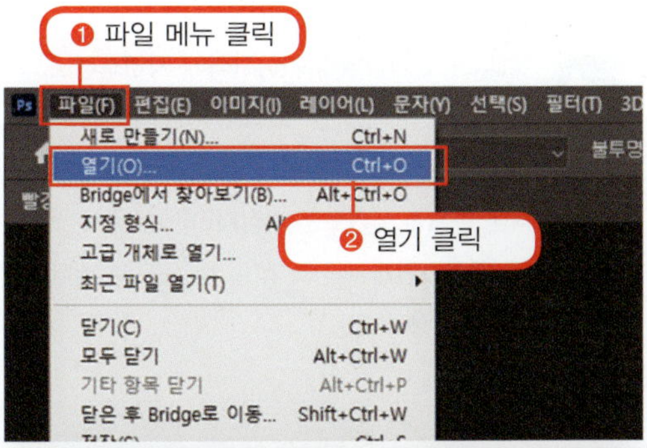

02 레이어 패널에서 배경 레이어를 일반 레이어로 바꿔줍니다. 이를 위해 배경 레이어 중간의 빈 부분을 더블클릭하여 오른쪽 자물쇠가 없어졌는지 확인합니다.

03 공룡 인형을 불필요한 개체로 생각하고 제거해봅니다.

❶ 도구상자의 올가미 도구를 클릭하고

❷ 페더를 20픽셀로 설정합니다.

> 페더는 선택영역의 가장자리에 자연스러운 그라데이션 효과를 줄 수 있는 기능이라 했지요? 불필요한 개체를 선택할 때 페더 값을 너무 낮추면 가위로 오려낸 것처럼 날카로운 가장자리가 남을 수 있어요. 따라서 자연스럽게 배경과 섞일 수 있도록 페더 값을 꼭 높여서 선택하세요.

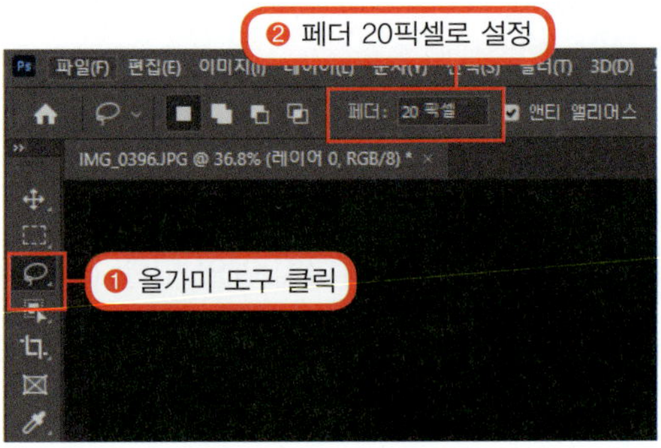

04 올가미 도구를 이용하여 공룡 인형의 테두리를 배경과 함께 여유 있게 그려줍니다. 이때 처음 시작점과 끝점을 잘 연결해야 합니다.

05 선택영역의 점선이 활성화되어 있는지를 확인합니다.

06 활성화된 선택영역에 대고 오른쪽 마우스 버튼을 눌러 사진과 같은 창을 불러옵니다.

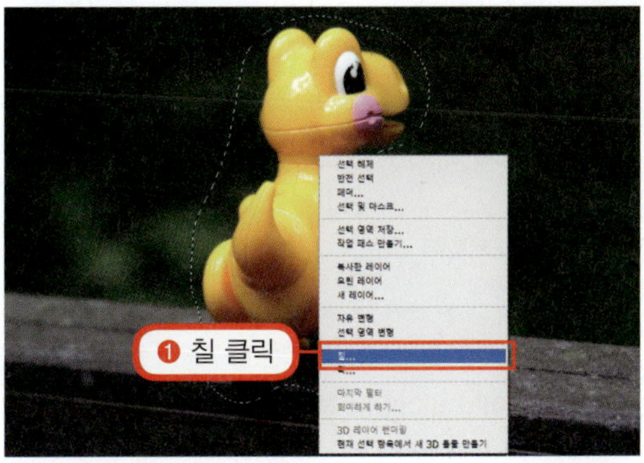

07 팝업창의 [칠]을 클릭합니다.

08 [칠]을 클릭하여 또 다른 팝업창이 뜨면

❶ [내용]–[내용인식]을 클릭하고

❷ [확인]을 클릭합니다.

> 이 작업은 선택영역을 색상으로 칠할 것인지, 일정한 패턴을 넣을 것인지, 주변의 내용을 인식하여 채울 것인지 등을 결정하는 것입니다. 우리가 지금 하는 작업은 주변의 배경 내용을 인식하여 선택영역을 채워줘야 불필요한 개체가 자연스럽게 사라지기 때문에 [내용인식]을 선택한 것이지요.

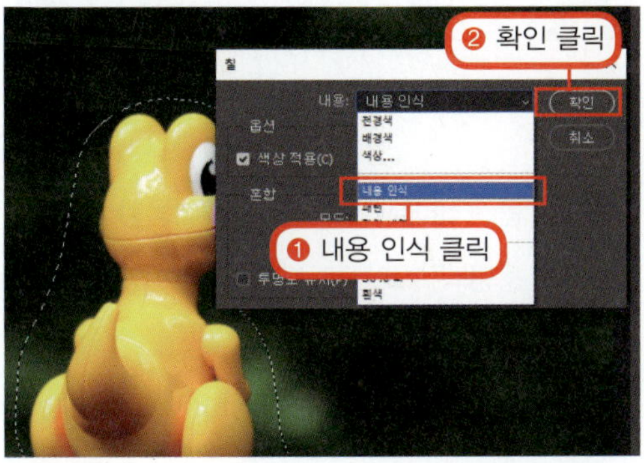

09 선택영역이 오른쪽 사진처럼 바뀐 것을 확인합니다.

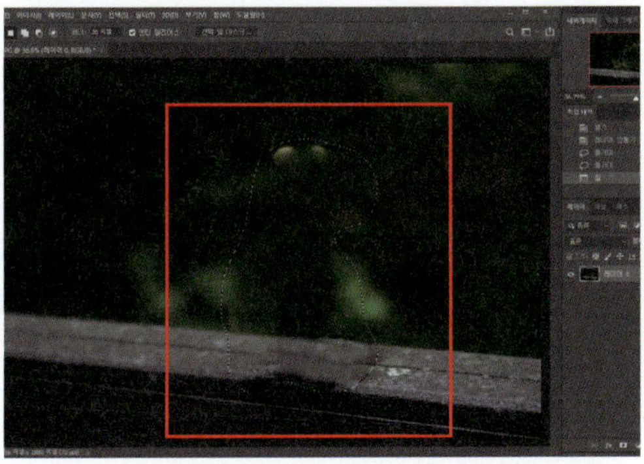

10 Ctrl+D를 눌러 선택영역을 해제합니다.

11 패치도구를 이용하여 어색한 부분들을 수정해봅니다.

❶ 패치도구를 클릭합니다.

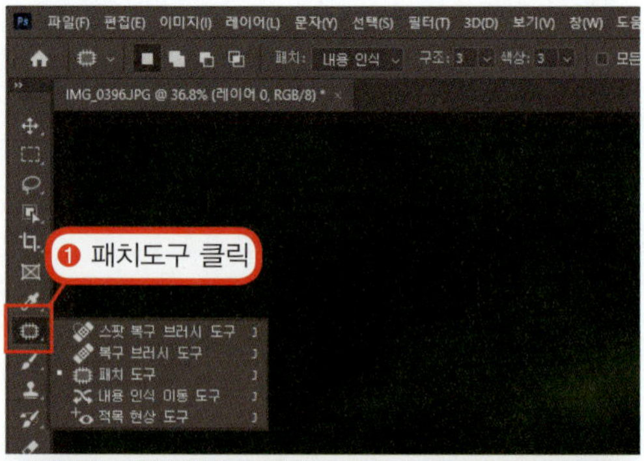

패치도구 아이콘이 마치 누더기 옷을 기워놓은 듯한 모양을 하고 있지요? 이렇게 패치도구는 옷의 구멍이나 헤진 부분을 메꾸듯이 이미지의 어색한 부분이나 비어있는 부분을 이미지의 정상적인 부분에서 가져와 메꾸는 것이라 생각하면 됩니다.

대표 도구가 패치도구로 되어 있지 않다면 도구상자 오른쪽 아래에 있는 모양을 길게 눌러 패치 도구를 클릭하면 됩니다.

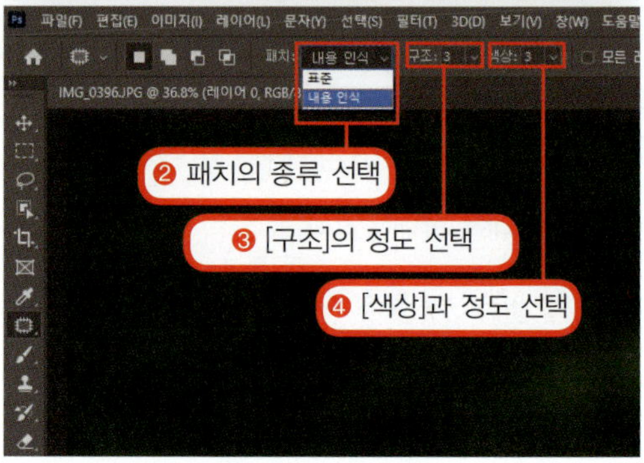

❷ 옵션 바에서 패치를 표준/내용인식 중 [내용인식]으로 클릭하고

❸ [구조]는 3 정도로 맞추고

❹ [색상]도 3 정도로 맞춥니다.

❶ 패치 ❷ 구조 ❸ 색상에 대해 알아보아요.

패치	패치는 표준과 내용 인식으로 구성되어 있으며, 내용인식을 통해 표준보다 정밀한 패턴 복사가 가능합니다.
구조	주변 환경의 패턴을 얼마나 많이 참고하여 가져올 것인지 나타내는 수치를 말합니다. 수치가 높을수록 많이 적용하게 됩니다. 이미지에 따라 구조의 수치를 높일 때 좋은 이미지가 나오기도 하고, 낮출 때 좋은 이미지가 나오기도 하니 패치 작업을 하면서 수치를 적절히 조절하며 최적의 이미지를 얻습니다.
색상	주변 환경의 패턴 색상을 얼마나 많이 참고할 것인지 나타내는 수치를 말합니다. 수치가 높을수록 많이 적용되어 색상이 진해질 수 있으니 수치를 적절히 조절하며 진행합니다.

12 이미지에서 바꾸고 싶은 영역을 패치 도구로 그리듯이 선택하면 선택영역이 활성화됩니다.

> 선택영역 생성 시에는 항상 처음과 끝이 만나야 해요.

13 바꾸고 싶은 영역을 마음에 드는 부분으로 메꿔줄 것입니다.

❶ 바꾸고 싶은 영역을 클릭하여

❷ 클릭한 상태에서 마음에 드는 쪽으로 드래그합니다.

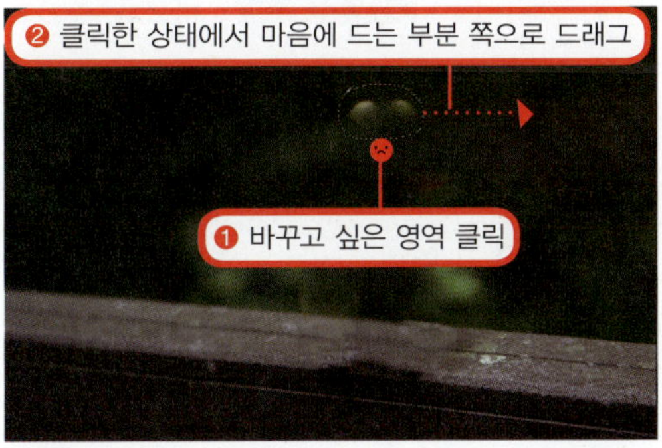

14 왼쪽 마우스 버튼에서 손을 떼면 바꾸고 싶은 영역이 마음에 드는 부분의 내용으로 바뀝니다.

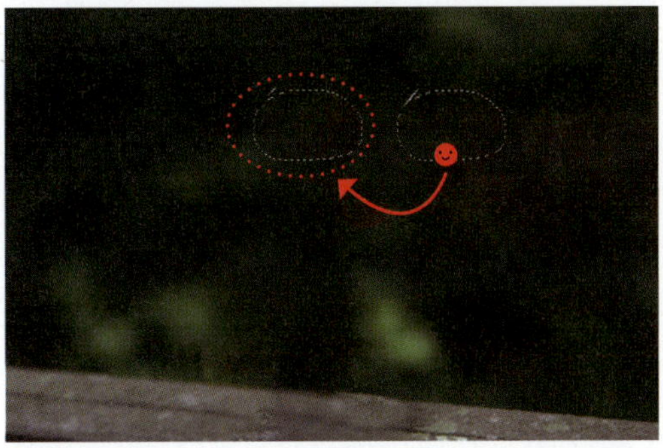

15 아웃 포커싱되어 있는 숲 배경 중 어색한 부분을 패치 도구로 마음에 들 때까지 보정합니다.

16 난간 부분을 패치 도구로 보정합니다. 이미지에서 바꾸고 싶은 영역을 패치 도구로 원을 그리듯이 선택합니다.

난간의 꺾이는 부분과 윗부분을 함께 선택해 주어야 훨씬 자연스럽게 보정됩니다. 다른 이미지에서도 바다와 땅의 경계, 풀숲과 난간의 경계를 중심으로 함께 선택해주는 것이 좋으니 꼭 기억하세요.

17 바꾸고 싶은 영역을 마음에 드는 부분으로 메꿔주기 위해

❶ 바꾸고 싶은 영역을 클릭하고

❷ 클릭한 상태에서 마음에 드는 쪽으로 드래그합니다.

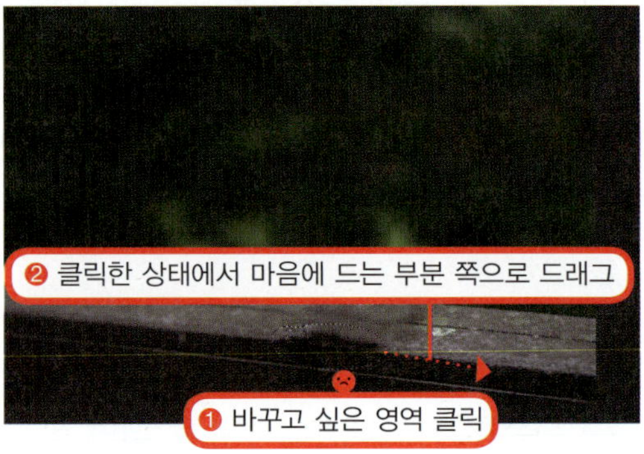

선택한 경계 부분이 배경의 경계부분과 잘 맞춰질 수 있도록 마우스 커서를 잘 조절해주세요.

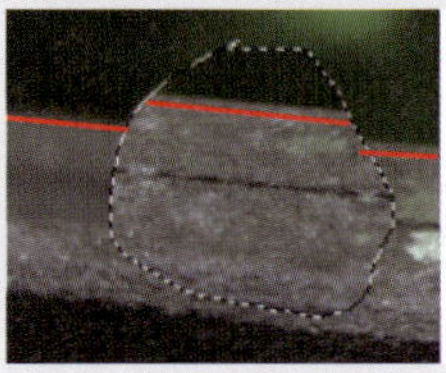
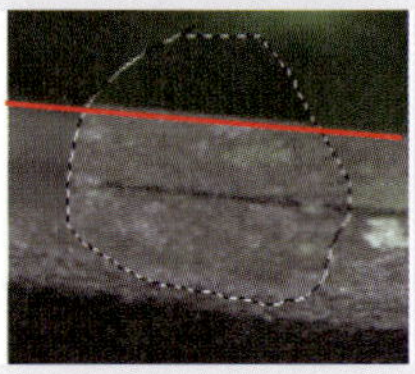

18 왼쪽 마우스 버튼에서 손을 떼면 바꾸고 싶은 영역이 마음에 드는 부분의 내용으로 바뀝니다.

19 다리 난간과 숲의 경계에서 어색한 부분을 패치 도구로 마음에 들 때까지 보정합니다.

20 불필요한 개체를 지운 이미지를 확인하고 [파일]-[다른 이름으로 저장]에서 JPEG 형식으로 저장합니다.

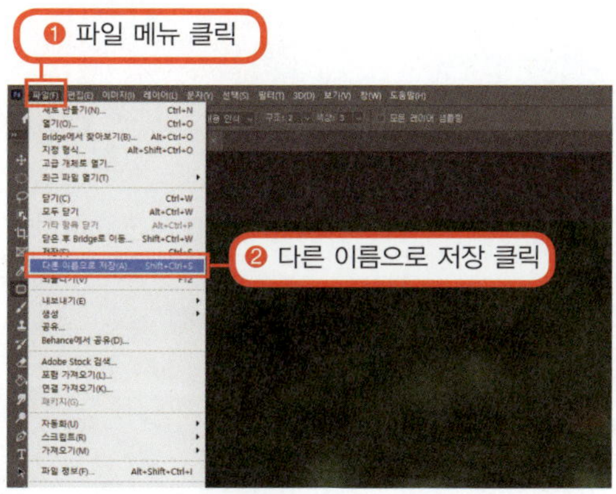

(5) 개체의 그림자를 만들어 보아요

그림을 그리거나 사진을 합성했을 때 개체의 그림자는 이미지에 자연스러운 생동감을 불어넣는다. 특히 유아들은 시각에 민감하여 잘 다듬어지고 매력적인 자료를 접했을 때 더욱 흥미를 느끼고 몰입하는 경향이 있으므로 멀티미디어 기반의 교수매체를 편집할 때에는 그림자를 활용하는 것이 효과적일 수 있다.

사진 3-10 사진 이미지의 그림자 유무에 따른 차이 비교

그림 3-2 그림 이미지의 그림자 유무에 다른 차이 비교

특히 포토샵에서 레이어의 개념을 이해하고 이미지의 배경 제거도 익숙해졌다면 그림자 만들기도 어렵지 않게 실행해볼 수 있다. 또 개체의 그림자를 만들며 자유 변형 기능을 함께 익히고 필터 적용도 함께 연습해볼 수 있다. 주어진 이미지를 활용하여 그림자 효과를 익혀보도록 한다.

실습해 보아요

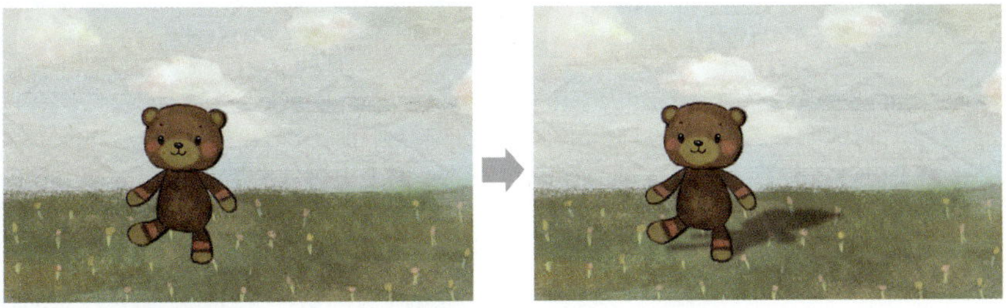

곰돌이를 닮은 그림자를 만들어 보세요

1. 포토샵을 열어 '예제소스 3-1-6' PSD 파일을 불러옵니다.
2. 바닥부터 들판 레이어-곰돌이 레이어가 순서대로 있는지 확인합니다.
3. 곰돌이 레이어를 복사합니다.
4. 복사한 곰돌이 레이어를 선택영역 칠하기, 필터 효과, 자유 변형으로 그림자로 만듭니다.

01 메뉴표시줄의 [파일]-[열기]를 클릭하여 저장해 놓은 '예제소스 3-1-6' PSD 파일을 불러옵니다.

02 불러온 파일이 2개의 레이어인지를 확인합니다(들판 레이어/ 곰돌이 레이어).

레이어의 순서는 아래와 같답니다. 아래부터 들판-곰돌이 순서이지요. 이제 그림자는 어디에 넣을까요? 바로 들판과 곰돌이 레이어 사이에 새로운 레이어를 만들어 그림자를 넣게 됩니다.

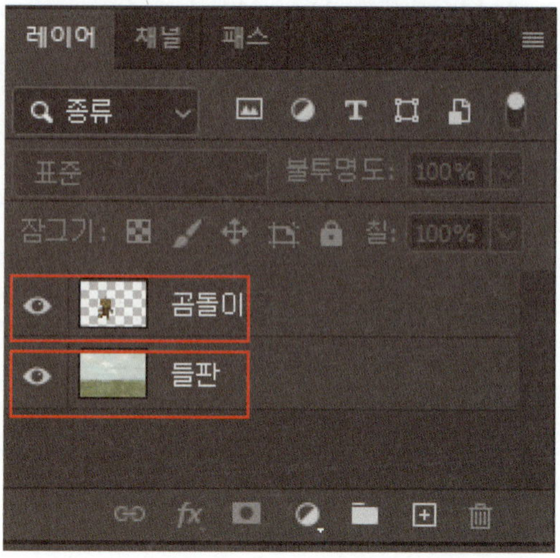

03 곰돌이 레이어를 복사합니다.

❶ 곰돌이 레이어를 클릭한 채 아래로 끌어당겨

❷ 새 레이어 생성 단추에 가져다 대고 마우스 버튼에서 손을 떼면 곰돌이 레이어가 복사됩니다.

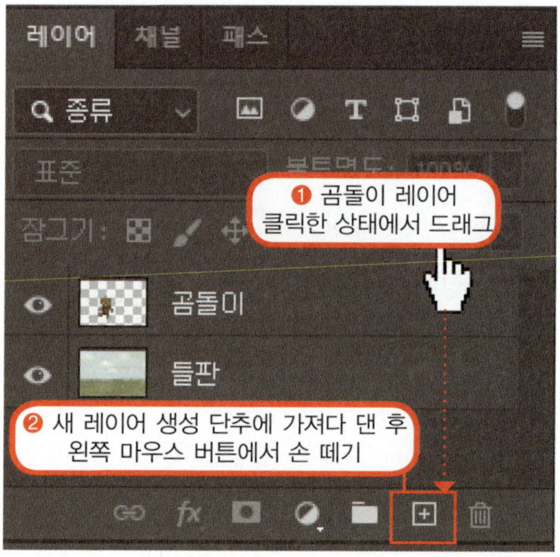

04 곰돌이 복사 레이어가 생성되었는지 확인합니다.

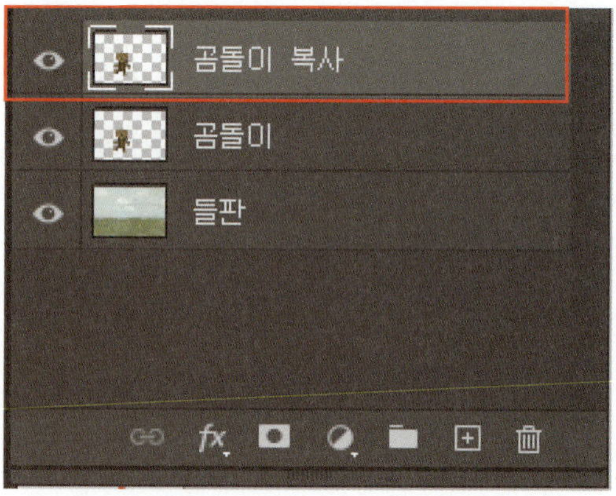

05 각 레이어의 이름 부분을 더블클릭하여 레이어의 이름을 바꿉니다. 아래부터 들판 – 그림자 – 곰돌이라는 이름으로 입력합니다.

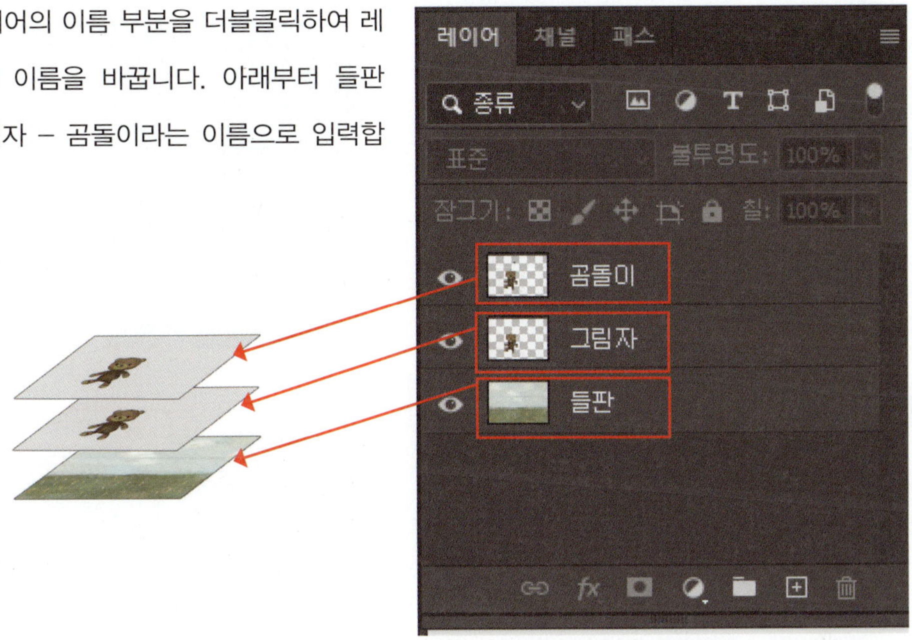

06 그림자 레이어에 있는 곰돌이의 색깔을 검은색으로 바꿔 진짜 그림자처럼 만들어보겠습니다.

❶ 레이어 패널의 그림자 레이어를 클릭하고

❷ 그 자리에서 마우스 오른쪽 버튼을 클릭합니다.

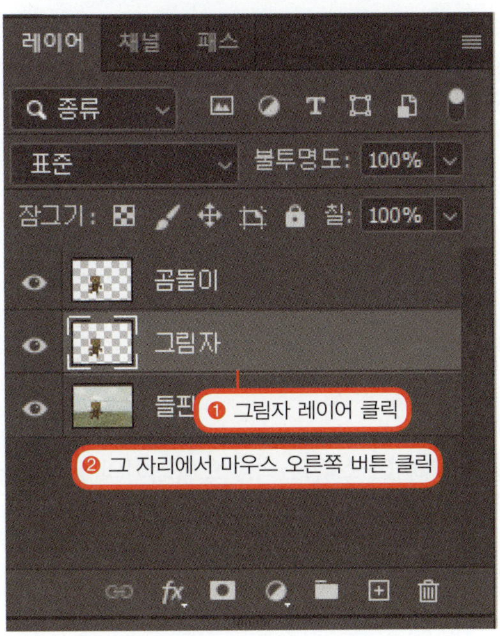

07 팝업창 맨 위에 있는 혼합옵션을 클릭합니다.

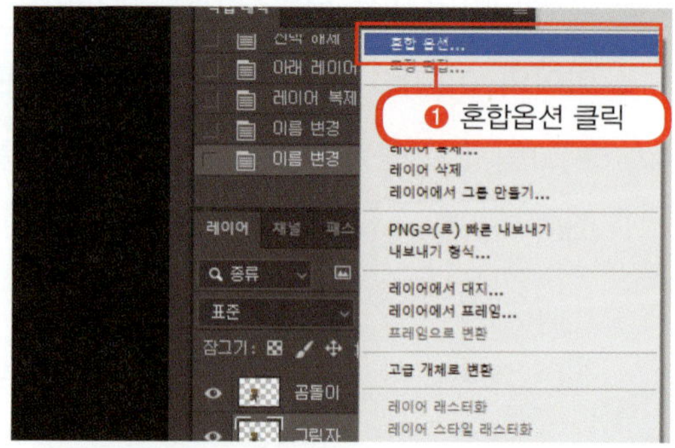

08 레이어 스타일 도구상자에서

❶ [색상 오버레이]를 클릭하고

❷ 색상 BOX를 클릭합니다.

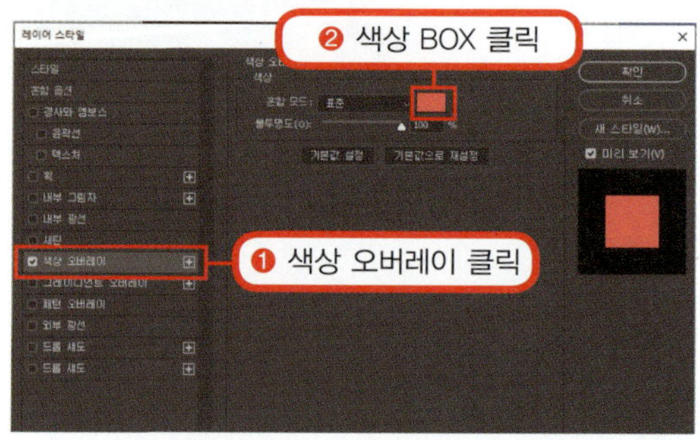

09 색상피커에서 그림자 색깔로 사용하기 위해

❶ 검정에 가까운 색깔을 클릭하여 선택하고

❷ 확인을 클릭합니다.

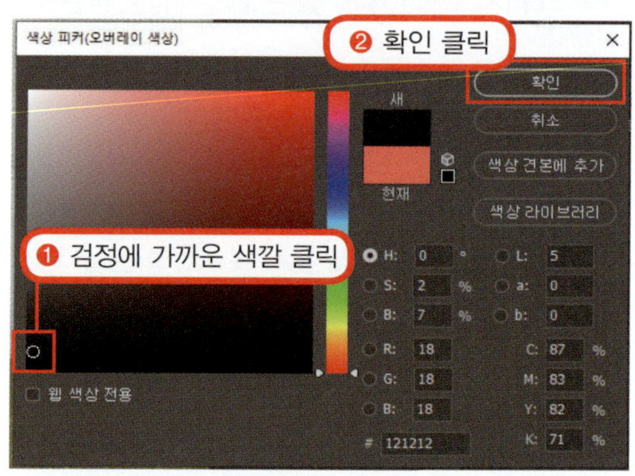

10 레이어 스타일 색상 오버레이의 색상이 검정으로 바뀐 것을 확인하고

❶ 확인을 클릭합니다.

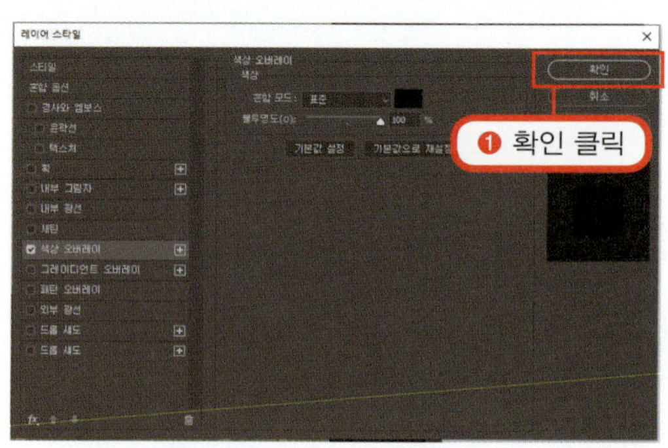

11 곰돌이를 조금 움직여 그림자 레이어의 색상이 검정 색으로 잘 적용되었는지 확인합니다.

❶ 도구상자에서 이동 도구를 클릭하고

❷ 마우스 포인터를 곰돌이에 대고 클릭하여 살짝 옆으로 이동시켜 곰돌이 레이어 밑의 그림자 레이어가 검은색으로 변한 것을 확인합니다.

이 작업을 할 때 포토샵 CS6에서는 레이어 패널에서 '곰돌이' 레이어를 클릭한 후 움직여주어야 합니다. 포토샵 CC 2020에서는 화면에서 곰돌이를 클릭하면 자동으로 해당 레이어가 활성화되어 레이어 이동 없이 작업이 가능합니다.

12 곰돌이와 똑같은 모양으로 서 있는 그림자를 눕혀보겠습니다.

❶ 그림자 레이어를 클릭하여 활성화합니다.

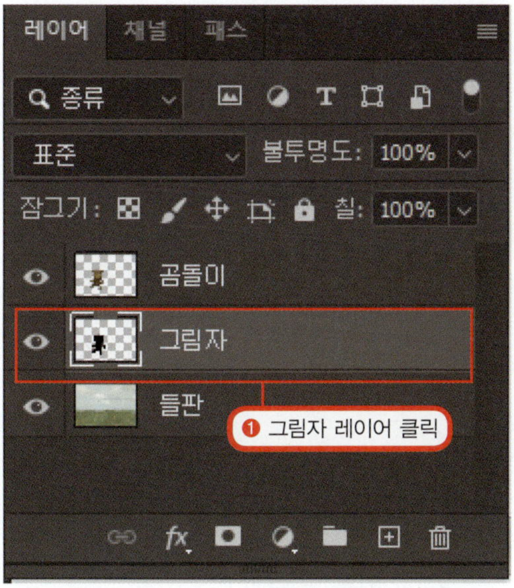

13 그림자를 눕히기 위해 자유변형 명령을 실행합니다.

❶ [편집]을 클릭하고
❷ [자유변형]을 클릭합니다.
❸ 그림자 주변이 자유변형 상태로 변한 것을 확인합니다.

> 자유 변형은 말 그대로 자유자재로 개체를 변화시킬 수 있는 것을 말합니다. 자유 변형 명령은 자주 사용하기 때문에 단축키를 알아두는 것이 유용합니다.
> **Ctrl+T**를 누르면 개체가 자유 변형 상태로 변합니다.

14 자유 변형 상태에서 4개의 모서리를 움직여 모양을 자유롭게 변형합니다.

❶ Ctrl을 누른 상태에서 모서리를 클릭하고
❷ 계속 클릭한 채 드래그하여 원하는 위치에 모서리를 끌어내립니다.

15 자유 변형 상태에서 4개 모서리를 차례대로 적절히 이동시켜 잘 눕혔는지 확인 후 Enter 키를 누릅니다.

16 가위로 자른 듯한 그림자의 경계를 부드럽게 만들어 보겠습니다.

❶ 메뉴표시줄의 [필터] 메뉴를 클릭하고

❷ [흐림 효과]를 클릭하고

❸ [가우시안 흐림 효과]를 클릭합니다.

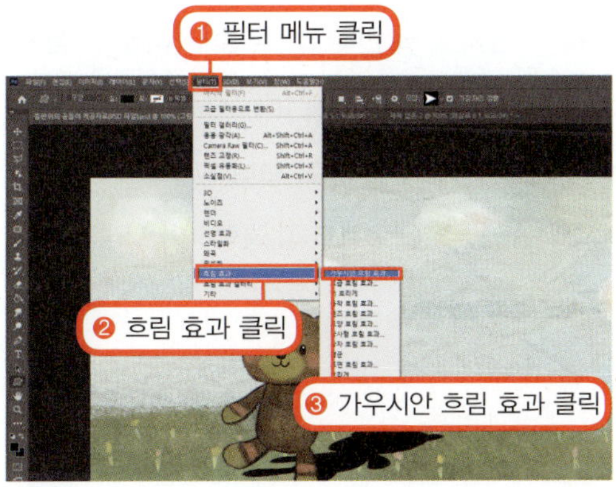

17 가우시안 흐림 효과 대화상자에서 가장자리의 흐림 반경을 조절하여 자연스러운 가장자리를 만듭니다.

❶ 반경을 4픽셀 정도로 조절하고

❷ 확인을 클릭합니다.

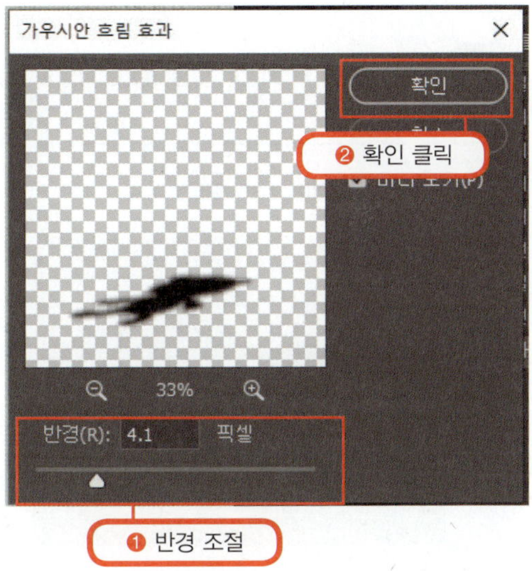

18 그림자를 투명하게 표현합니다.

❶ 레이어 패널에서 불투명도를 40% 정도로 조절하고 이미지를 확인합니다.

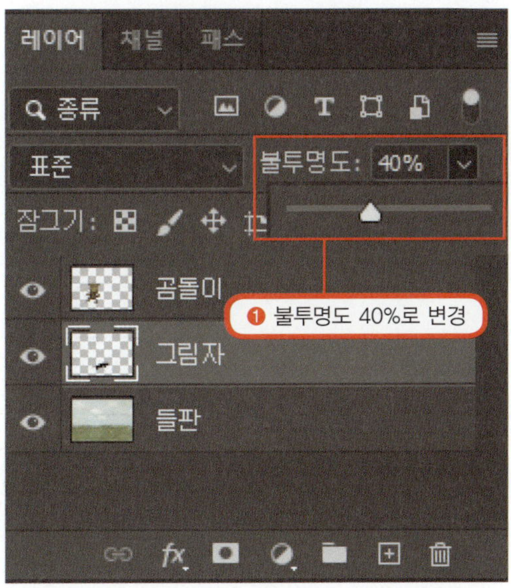

19 그림자를 확인하고 [파일]-[다른 이름으로 저장]에서 저장합니다.

❶ 파일 메뉴를 클릭 합니다.

❷ 다른 이름으로 저장 클릭하여 저장합니다.

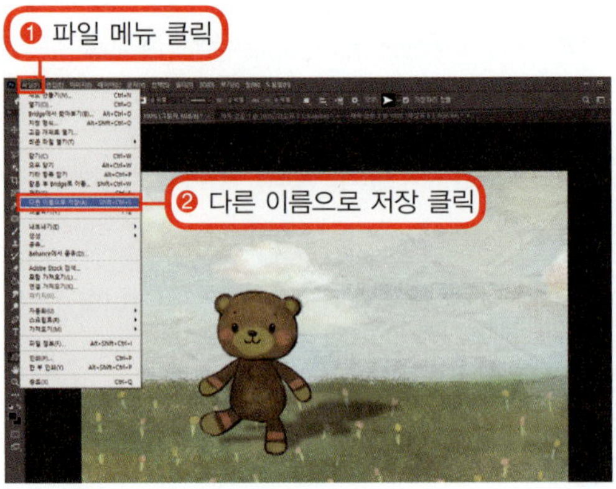

그림자 생성 후 배경이 있는 JPEG 파일과 배경 없는 PNG 파일로 저장하여 사용할 수 있습니다.

배경이 있는 JPEG 파일	배경이 없는 PNG 파일

1. [파일]-[다른 이름으로 저장]을 클릭합니다 2. JPEG 형식으로 저장합니다.	1. 레이어 패널에서 '들판 레이어'왼쪽의 눈 모양을 클릭하여 화면에서 안 보이게 만듭니다. 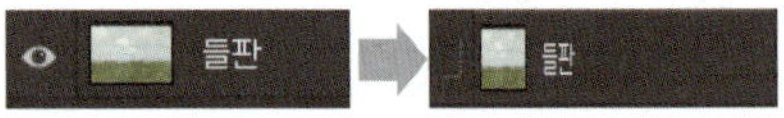 2. 메뉴 표시줄의 [이미지]-[재단]을 눌러 개체의 크기에 맞춰 이미지를 잘라줍니다. 3. [파일]-[다른 이름으로 저장]을 클릭합니다. 4. PNG 형식으로 저장합니다.

(6) 클리핑 마스크를 씌워보아요

포토샵에서 사용하는 클리핑 마스크는 일정한 도형, 모양, 폰트 등의 개체 안에 이미지를 넣는 작업을 말한다. 아래 그림 3-3과 같이 풀밭 배경의 사진을 달팽이 모양 안에, 유아의 얼굴 사진을 낙서처럼 그린 동그라미 안에, 흘러내린 물감 사진을 유아가 만든 고슴도치 모양 안에 쏙 넣어 그 모양 안에서만 보일 수 있게 마스크를 씌우는 것이라고 생각하면 된다.

그림 3-3 포토샵에서 사용하는 클리핑 마스크

클리핑 마스크는 유아교육에서 매우 유용하게 사용될 수 있다. 그림 3-4와 같이 교실 앞에 붙여놓을 반 친구들 소개 게시판을 포토샵으로 디자인할 때, 유아의 얼굴을 동그라미나 하트 등의 모양으로 오려 사용하고자 할 때, 혹은 그림 3-5처럼 동화 장면의 일부를 유아의 얼굴과 함께 합성하고자 할 때 등 여러 용도로 활용할 수 있다.

클리핑 마스크는 생각보다 매우 간단한 작업으로 관련된 기술만 간단히 익혀두면 실습을 할 때 그리고 졸업 후 유아교사가 되었을 때 유용하게 쓸 수 있다. 다음의 실습을 통해 충분히 이해할 수 있도록 한다.

그림 3-4 클리핑 마스크를 이용하여 작업한 게시판의 예

그림 3-5 클리핑 마스크로 동화와 유아 사진을 합성한 예

실습해 보아요

사용자 정의 모양에는 잔디배경을, 브러시로 그린 모양에는 유아 얼굴을 클리핑 마스크로 씌워봐요

1. 실습 시작 전에 유아 얼굴 JPEG 파일을 1장 준비합니다.
2. 포토샵을 열어 인쇄용 A4 사이즈의 배경을 새로만들기 합니다.
3. 새로 만들기한 배경 위에 도형 1개를 만듭니다.
4. 클리핑 마스크로 겹칠 '예제소스 3-1-7'을 불러와 3의 배경으로 옮깁니다.
5. 클리핑 마스크 효과를 적용합니다.
6. 새 레이어를 추가하여 그 위에 브러시 도구로 비정형화된 모양을 만들어 색칠해 봅니다.
7. 클리핑 마스크로 겹칠 유아얼굴 JPEG 파일을 불러와 6의 배경으로 옮깁니다.
8. 유아의 얼굴에 브러시 도구로 만든 모양을 씌워 다시 한번 클리핑 마스크 효과를 적용합니다.
9. JPEG, PNG, PSD 형식으로 저장해 봅니다.

01 [파일]–[새로 만들기]를 클릭합니다.

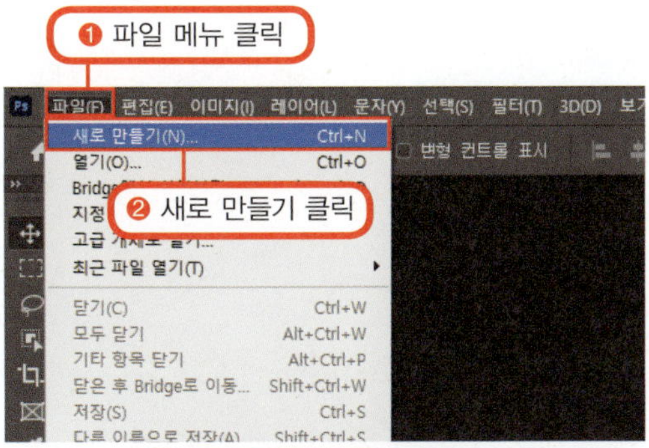

02 [새로 만들기] 대화상자에서

❶ 상단의 [인쇄]를 클릭하고

❷ 용지는 A4를 클릭하고

❸ 오른쪽 하단의 [만들기]를 클릭합니다.

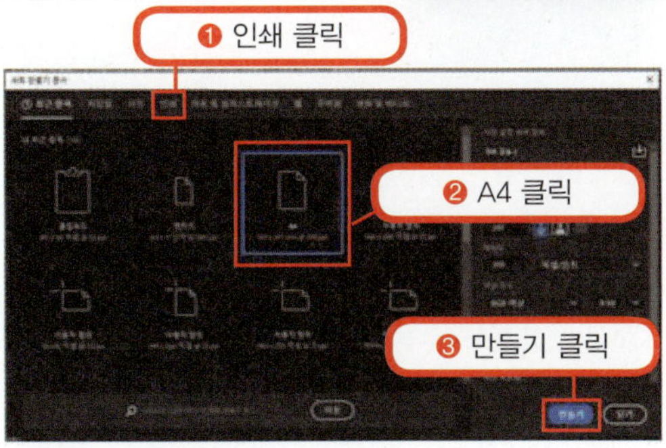

03 세로로 세워져 있는 캔버스를 가로로 눕혀 작업하기 편하게 만듭니다.

❶ 메뉴 표시줄의 [이미지]를 클릭하고
❷ [이미지 회전]을 클릭하고
❸ [90°시계방향]을 클릭합니다.

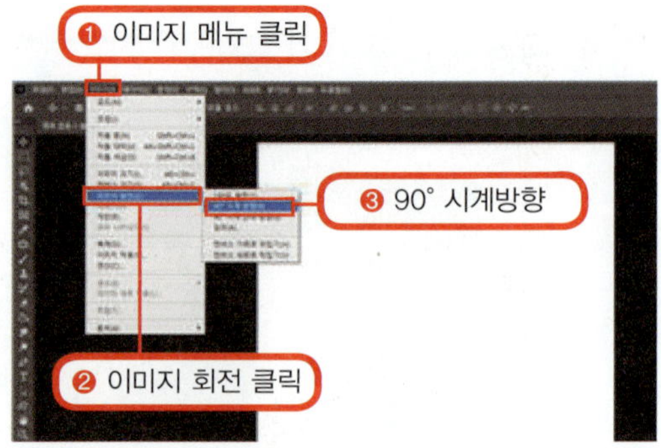

04 오른쪽 하단의 레이어 패널에서 새 레이어 생성 단추를 클릭하여 투명한 레이어 1이 생긴 것을 확인합니다.

❶ 레이어 패널 하단의 [새 레이어 생성 단추]를 클릭하여 '레이어 1'이 생성되면
❷ '레이어 1'글자를 더블클릭하여 레이어 이름을 '모양'로 수정하고
❸ 레이어 이름이 잘 바뀌었는지를 확인합니다.

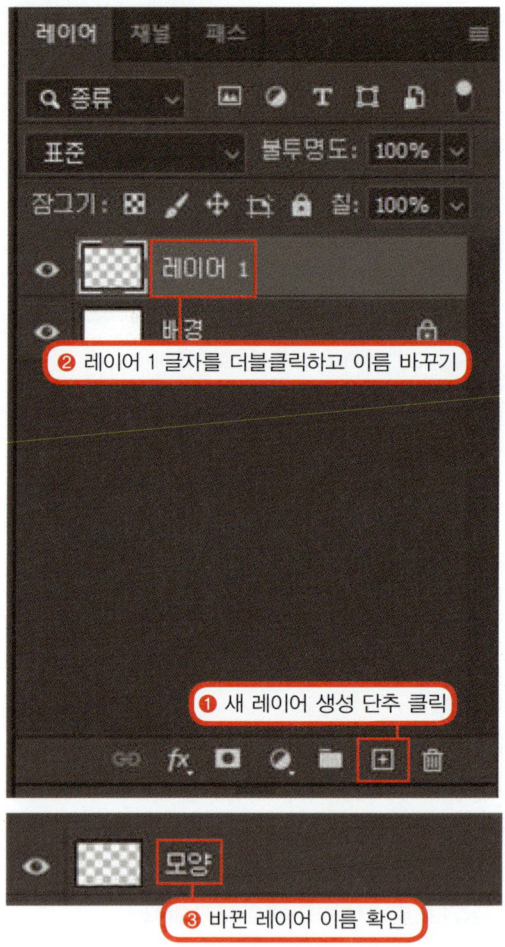

05 도구상자에서 사용자 정의 모양 도구를 클릭합니다.

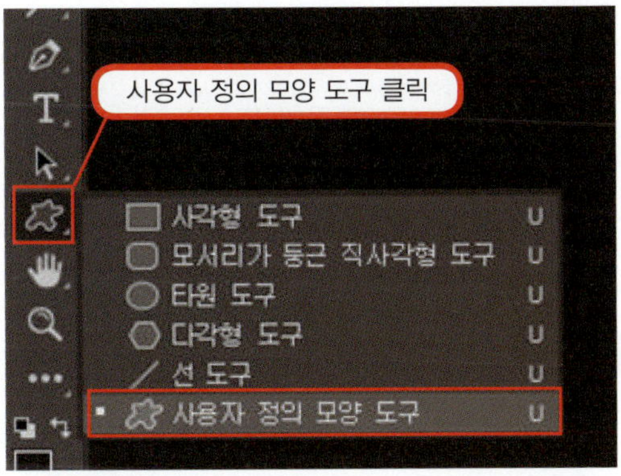

> 대표 도구가 사용자 정의 모양 도구로 되어 있지 않다면 도구상자 오른쪽 아래에 있는 모양을 길게 눌러 사용자 정의 모양 도구를 클릭하면 됩니다.

06 옵션바에서 원하는 모양을 고릅니다.

❶ 옵션바의 우측에 있는 모양에서 를 클릭하고

❷ 여러 가지 모양 중에서 클리핑 마스크에 사용하고 싶은 모양을 골라 클릭합니다.

> 클리핑 마스크에 사용할 모양을 고를 때 모양의 흰색 부분에만 이미지가 들어가는 것이니 흰색의 범위가 넓은 모양을 고르는 것이 좋겠지요.
>
> 

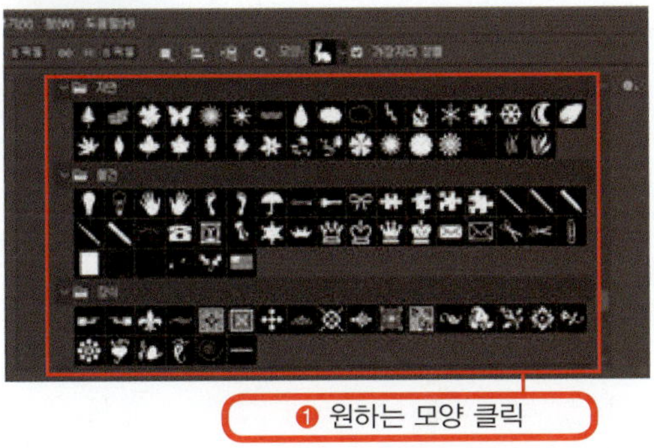

07 캔버스 위에 원하는 크기만큼 드래그하여 모양을 만듭니다.

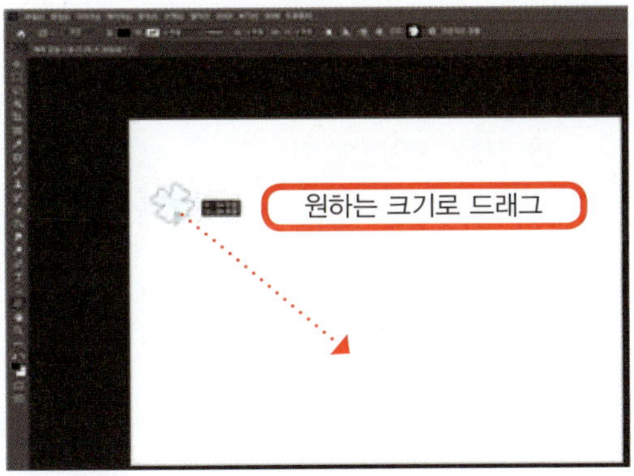

> 마우스 클릭 버튼을 떼고 모양을 원하는 위치로 움직이고 싶으면 도구상자의 이동 도구 를 클릭한 후 움직일 수 있어요.

08 이동 도구 를 클릭하거나 Enter를 눌러 파란 점으로 찍힌 표시를 없애줍니다.

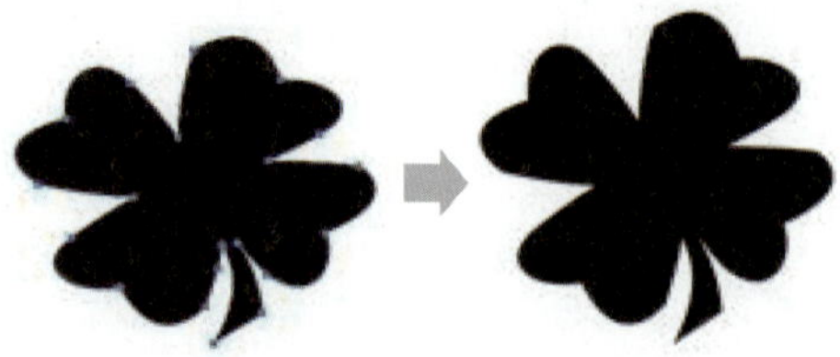

09 클로버 모양 안에 다른 이미지를 넣어보겠습니다. 이를 위해 클로버 모양 안에 넣을 이미지를 불러옵니다.

❶ [파일]–[열기]에서 '예제소스 3–1–7' 파일을 불러옵니다.

❷ 화면 상단에 2개의 파일이 차례대로 배치된 것을 볼 수 있습니다.

10 불러온 '예제소스 3–1–7' 파일을 팝업창으로 만들겠습니다.

❶ 상단에 배치된 '예제소스 3–1–7' 파일을 클릭한 상태에서 드래그합니다.

11 '예제소스 3–1–7' 파일이 팝업창으로 변한 것을 확인합니다.

12 도구상자에서 '이동 도구'를 클릭합니다.

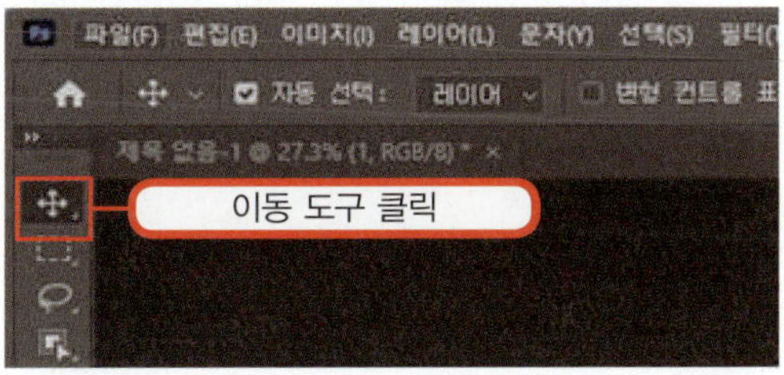

13 '예제소스 3-1-7'의 잔디배경 이미지를 클로버 모양이 있는 파일로 옮깁니다.

❶ 팝업창으로 떠 있는 '예제소스 3-1-7' 이미지를 클릭한 상태에서 '클로버 모양이 있는 파일' 쪽으로 포인터를 드래그합니다.

14 이미지가 잘 이동했는지 확인하고 팝업창으로 떠 있는 '예제소스 3-1-7' 파일을 제거합니다.

❶ 클로버 모양이 있는 파일에 잔디 배경 이미지가 겹쳐졌는지 확인하고

❷ 팝업창으로 떠 있는 '잔디 배경' 파일을 X 클릭하여 제거합니다.

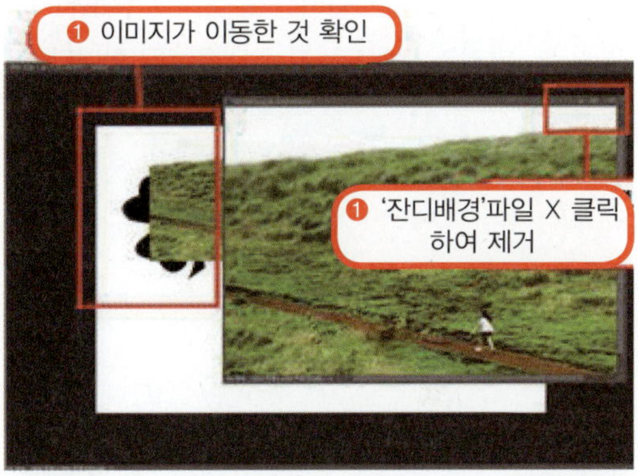

15 클로버 모양이 있는 파일에 잔디 배경 이미지가 겹쳐있는 것을 확인하고 레이어 상태도 함께 확인해야 합니다.

❶ 잔디 배경 레이어가 '모양' 레이어 위에 위치해 있는지를 확인합니다.

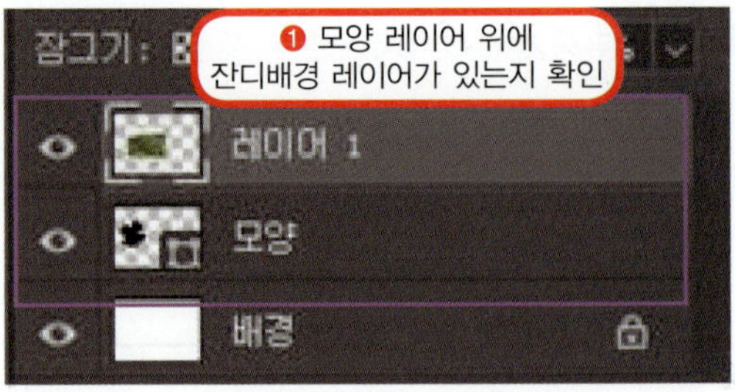

16 클로버 안에 잔디 배경이 완전히 들어가는지 확인하기 위해 잔디 배경 레이어의 투명도를 80% 정도로 조절합니다.

❶ 잔디 배경 레이어(레이어 1)을 클릭하여 활성화시켜

❷ 불투명도를 80% 정도로 조절하고

❸ 잔디 배경 레이어가 투명해져 클로버 이미지와 겹쳐지는지 상태를 확인합니다.

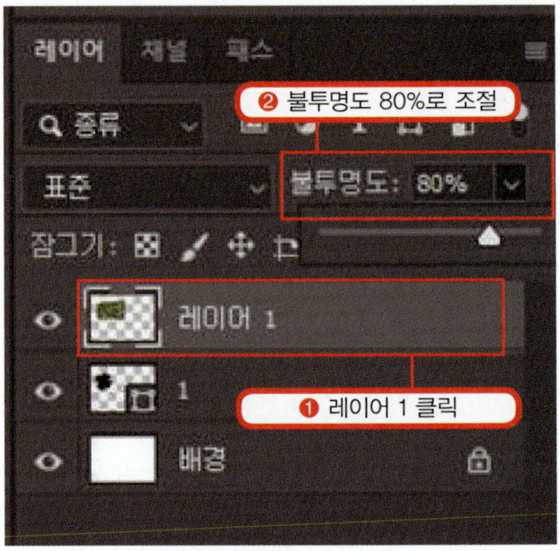

17 클로버 모양과 잔디 배경이 완전히 겹쳐지도록 만들기 위해 잔디 배경(레이어 1)에 자유 변형 명령을 실행합니다.

❶ 자유 변형 단축키 Ctrl+T를 눌러 잔디배경(레이어 1)이 자유 변형 상태로 변한 것을 확인하고

❷ 이미지의 한쪽 모서리를 드래그하여 클로버 모양과 완전히 겹치도록 확대합니다.

18 클로버와 잔디 배경이 완전히 합쳐진 것을 확인하고 Enter를 눌러 자유 변형을 해제합니다.

19 클리핑 마스크를 실행합니다.

❶ '모양' 레이어와 '레이어 1' 사이에 마우스 포인터를 가져다 대면 (손 모양 아이콘) 포인터가 나타나는 것을 확인합니다.

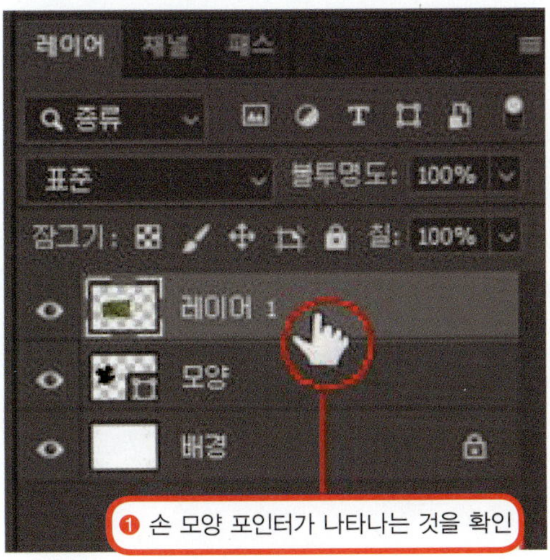

❷ ❶의 상태에서 Alt를 누른 상태에서 포인터의 모양이 에서 ↓□모양으로 바뀌면 클릭합니다.

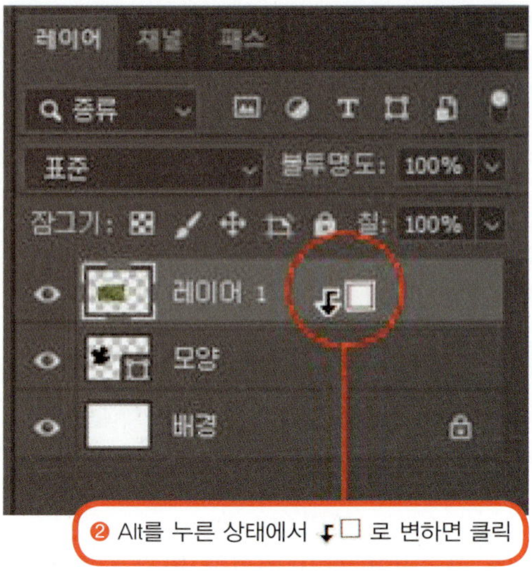

20 잔디 배경인 '레이어 1'이 '모양' 레이어에 속하게 된 것을 확인합니다.

21 레이어 패널에서 '모양' 레이어에 속한 레이어인 '레이어 1'의 불투명도를 100%로 변경합니다.

❶ '레이어 1'을 클릭하고

❷ '레이어 1'의 불투명도를 100%로 변경합니다.

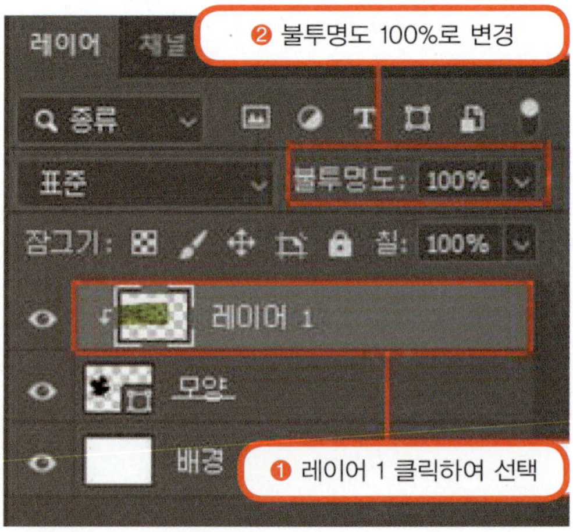

22 클리핑 마스크 결과물을 확인합니다.

23 이어서 브러시로 그린 모양 안에 클리핑 마스크 효과를 적용하여 유아의 사진을 넣어보겠습니다.

❶ 레이어 패널 하단의 [새 레이어 생성 단추]를 클릭하여 '레이어 2'가 생성되면

❷ '레이어 2' 글자를 더블클릭하여 레이어 이름을 '브러시'로 수정하고

❸ 레이어 이름이 잘 바뀌었는지를 확인합니다.

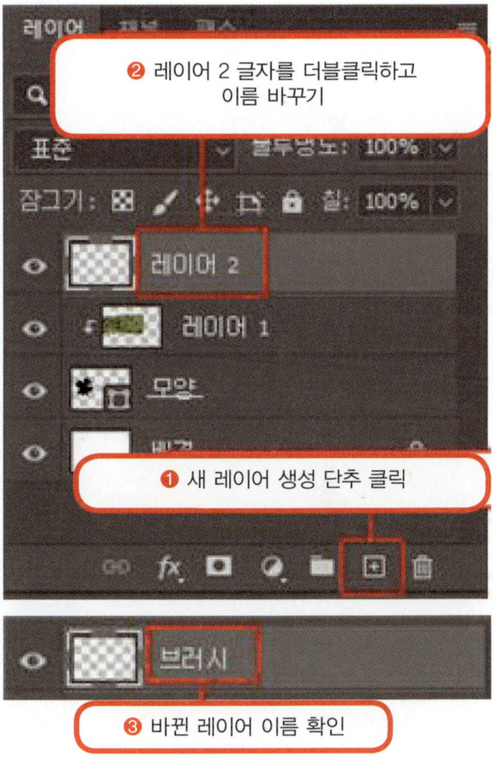

24 브러시 도구의 크기와 종류를 설정합니다.

❶ 도구상자의 브러시 도구를 클릭하고

❷ 옵션바에서 클릭하여 브러시의 크기와 종류를 선택합니다.

25 브러시를 이용하여 색칠하듯이 원하는 모양을 그려봅니다.

> 클리핑 마스크 효과를 적용할 것이므로 브러시의 색깔은 중요하지 않아요. 색칠하듯이 모양을 채워나가며 자연스럽게 그리는 것이 중요합니다.

26 [파일]–[열기]에서 유아의 얼굴 사진을 불러옵니다.

27 10번과 같이 상단에 배치된 '유아 사진' 파일을 클릭한 상태에서 드래그하여 팝업창으로 만듭니다.

28 도구상자의 [이동 도구]를 클릭하고 '유아 사진'에 대고 드래그하여 브러시 그림이 있는 파일에 가져다 대어 파일을 이동시킵니다.

29 팝업창으로 떠 있는 '유아 사진' 파일을 X 클릭하여 제거하고, 이동시킨 유아 사진을 브러시 그림과 겹칩니다.

30 레이어 패널에서 유아 사진(레이어 2)의 불투명도를 조절하고 이동 도구를 클릭하여 브러시 레이어와 얼굴 부분을 잘 맞춥니다.

> 유아 사진의 크기를 변경하고자 한다면 Ctrl+T로 자유 변형 명령을 하여 모서리를 드래그합니다.

31 19번~20번 순서를 참고하여 유아얼굴이 브러시 레이어에 속하도록 클리핑 마스크 효과를 적용합니다.

32 레이어 2(유아 얼굴 레이어)의 불투명도를 100%로 변경합니다.

33 클리핑 마스크 결과물을 확인하고 [파일]–[다른 이름으로 저장]에서 JPEG 형식으로 저장합니다.

클리핑 마스크 효과 적용 후 배경이 없는 PNG 파일과 포토샵에서 다시 활용할 수 있는 PSD 파일로 저장할 수 있습니다.

배경이 없는 PNG 파일	포토샵에서 다시 활용 가능한 PSD 파일

1. 클리핑 마스크 효과 적용 후 제일 아래 있는 배경 레이어의 눈 표시를 클릭하여 보이지 않게 만듭니다.  2. [파일]-[다른 이름으로 저장]을 클릭하여 PNG 형식으로 저장합니다.	1. [파일]-[다른 이름으로 저장]을 클릭하여 PSD 형식으로 저장합니다. 2. 차후에 다시 불러와 다른 유아나 다른 자연의 모습 등으로 클리핑 마스크 효과를 줍니다.

2. 파워포인트

파워포인트는 학교나 회사에서 발표나 강의 등을 위한 프레젠테이션 도구로 가장 많이 활용되고 있다. 특히 2020년 감염병이 전 세계에 유행하면서 학교의 비대면 온라인 교육에서 파워포인트 없이는 수업이 되지 않을 정도로 중요한 부분을 차지하는 프로그램이 되었다. 파워포인트가 이렇게 널리 사용되고 있는 것은 멀티미디어 자료의 삽입과 편집이 수월하여 누구나 손쉽게 사용할 수 있고, 적은 노력으로도 매력적이고 완성도 있는 결과물을 얻을 수 있기 때문이다.

유아교육기관에서도 유아의 다양한 놀이를 지원하고 배움으로 확장하는 과정에서 파워포인트가 유용하게 사용되고 있다. 특히 파워포인트는 문자와 사진, 그림, 소리, 동영상, 애니메이션 등의 멀티미디어를 활용하여 다양한 효과를 줄 수 있어 유아들의 흥미와 관심을 쉽게 끌어낼 수 있다. 또한 파워포인트를 제작하여 유아들과 큰 모니터 화면으로 함께 공유할 수 있어 유아-교사, 유아-유아, 유아-자료 간의 쌍방향 간 소통이 원활히 이루어질 수 있다.

또한 파워포인트가 교수자료로 사용될 때 수업의 과정과 내용을 간결하게 구조화할 수 있다. 그리고 유아들이 주도적으로 참여하여 학습의 방향을 결정하고 쉽게 수정하며 학습을 확장해 나가도록 한다. 예를 들어 2장에서 다루었던 **그림 3-6**처럼 유아들이 애니메이션 캐릭터와 자신들의 그림을 이용하여 새로운 애니메이션 동화를 제작할 수도 있고, **그림 3-7**처럼 파워포인트의 그리기 기능을 활용하여 파워포인트에서 직접 동시의 의성어나 노랫말을 바꿔 마우스를 이용하여 그 자리에서 직접 써 볼 수도 있다. 혹은 **그림 3-8**과 같이 파워포인트를 이용하여 자신만의 움직이는 이모티콘을 만들고 어울리는 효과음을 넣어보는 등 유아가 학습을 주도적으로 실행할 수 있다.

그림 3-6
유아들이 제작한 애니메이션 동화

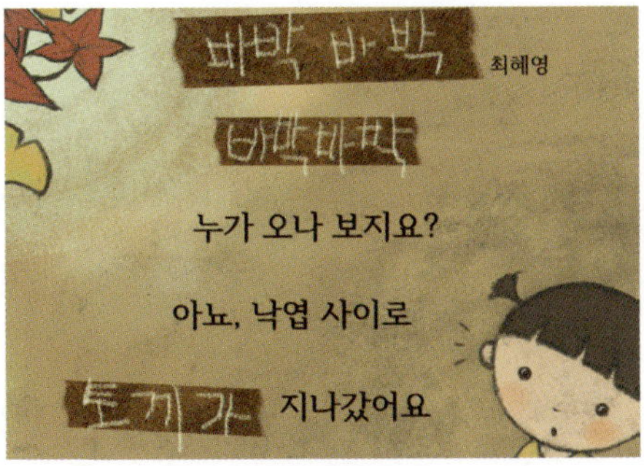

그림 3-7
그리기 기능으로 유아들이 개작한 동시

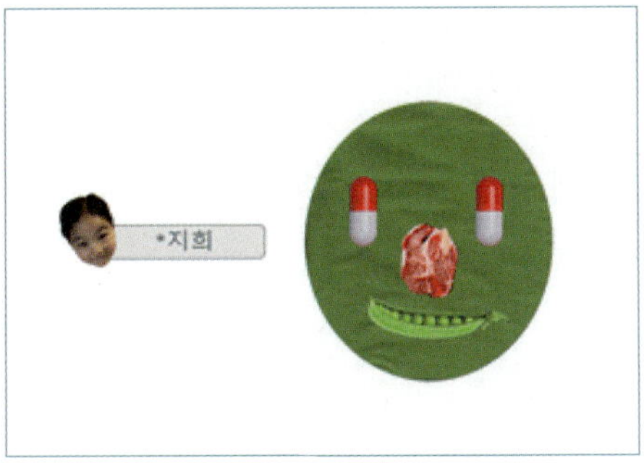

그림 3-8
유아가 만든 움직이는 이모티콘

1) 파워포인트의 화면구성

❶ **빠른 실행 도구 모음**: 자주 사용하는 기능을 빠르게 실행하기 위해 사용자가 다른 기능을 추가하거나 필요 없는 기능을 제거하여 세팅한 도구 모음

❷ **제목표시줄**: 파일의 이름을 보여줌

❸ **리본메뉴**: 리본 탭 메뉴를 선택하면 이와 연결된 리본의 기능이 달라짐

❹ **슬라이드/개요 창**: 슬라이드 창은 사용자가 작성한 모든 슬라이드가 작은 사이즈의 슬라이드로 보이며, 개요 창은 각 슬라이드의 제목과 내용을 함께 텍스트로 보여줌

❺ **슬라이드 편집 창**: 슬라이드의 내용을 편집하는 작업공간

❻ **슬라이드 노트 입력 창**: 슬라이드의 내용을 설명하거나 사용자가 참고할 내용을 입력하는 창

❼ **상태표시줄**: 현재 작업상태에 대한 정보를 보여줌

❽ **화면보기 단추**: 기본, 여러 슬라이드, 읽기 전용, 슬라이드쇼로 화면보기를 선택할 수 있음

❾ **슬라이드 확대/축소**: 슬라이드 편집 창의 슬라이드 크기를 확대 · 축소할 수 있음

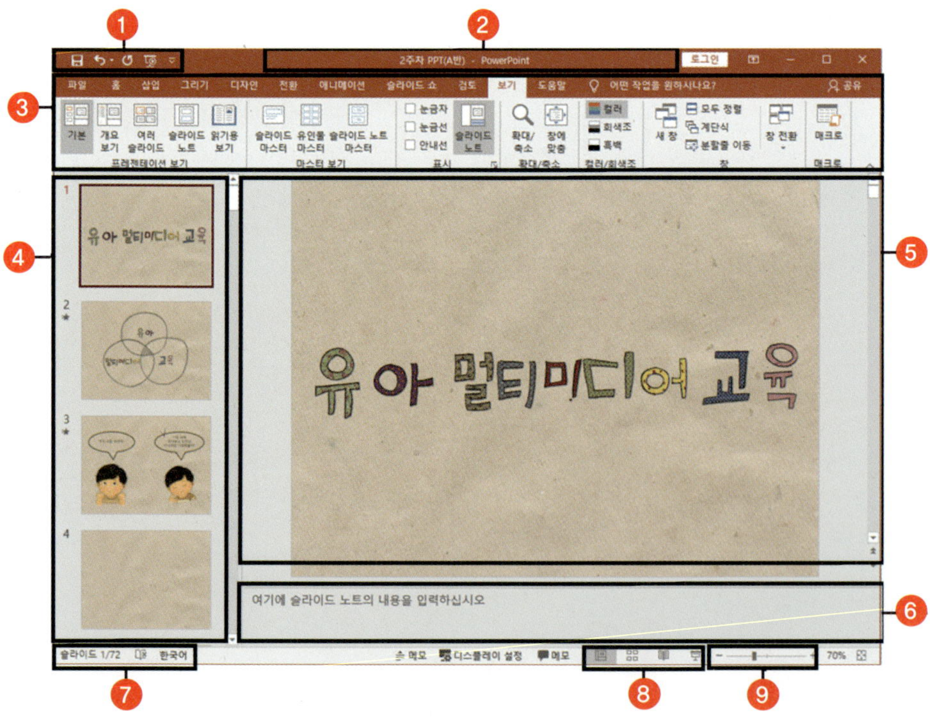

2) 파워포인트를 활용한 교육자료 만들기

유아들과의 활동 시 파워포인트의 활용은 매우 유용하다. 왜냐하면 파워포인트는 다양한 유형의 멀티미디어가 조화를 이루는 교육자료를 만들 수 있게 구성되어 있으며, 수업의 내용과 과정을 간편하게 구조화할 수 있기 때문이다.

그러나 파워포인트의 내용이나 사용된 자료들이 유아들의 수준에 적합하지 않을 경우 오히려 유아-교사, 유아-유아 간의 순조로운 상호작용을 방해하고, 집중력을 떨어뜨릴 수도 있다. 따라서 교사는 파워포인트를 활용한 교육자료를 제작할 때 어떻게 구성할 것인지 내용과 순서를 결정하고, 이에 적합한 자료를 찾아 구성할 수 있어야 한다. 이를 위해 파워포인트를 제작하기에 앞서 활동계획안과 연계되는 파워포인트 스토리보드를 먼저 계획해 보는 것이 도움 된다.

스토리보드는 영화나 광고, 애니메이션과 같은 영상물을 제작하기 위해 간단히 스케치하여 만드는 것을 말한다(위키백과). 파워포인트 스토리보드는 일정한 주제와 내용에 따라 각 슬라이드에 어떤 내용을 어떻게 배치하여 담을 것인지 간단히 적은 자료라고 할 수 있다.

유아교육기관에서 교사가 파워포인트를 이용하여 활동자료를 제작할 때 유아교육에 적합한 스토리보드를 작성하기 위해서는 다음과 같은 사항을 고려해야 한다(정은이, 2015).

첫째, 파워포인트의 디자인과 글자의 크기, 서체 등이 유아의 수준에 적합해야 한다.

유아를 대상으로 파워포인트를 제작할 때에는 너무 화려한 디자인의 배경보다는 차분한 색감의 배경을 사용하여 유아들이 배경보다 주제와 내용에 집중할 수 있도록 한다. 또한 대집단이 함께 감상할 때 모두 잘 보이는 글자의 크기와 색깔을 선택하고, 한글을 이제 접하기 시작하는 유아들이 바른 서체를 익힐 수 있는 글꼴을 사용하는 것이 좋다.

둘째, 파워포인트의 내용이 유아의 연령과 주제에 맞게 선정되어야 한다.

만 3세 유아의 경우 파워포인트에서 문자보다는 그림이나 사진, 영상 위주로 구성하는 것이 좋고, 연령이 높아질수록 문자와 사진, 그림을 조합하고 심화된 내용을 담아 유아의 경험이 확장되도록 돕는다.

셋째, 유아의 수준에 적합한 멀티미디어가 선택되어야 한다.

너무 자극적이거나 유아가 이해하기에 어려운 자료보다는 유아들의 궁금증을 유발하거나 호기심을 확장해줄 수 있는 자료를 선택해야 한다.

넷째, 주제와 내용에 필요한 정도의 애니메이션, 효과음을 사용해야 한다.

파워포인트 교육자료 제작 시 애니메이션, 화면전환, 효과음 등을 지나치게 사용하면 유아들이 주제와 내용에 집중하기보다는 자극적인 효과에만 흥미를 가질 수 있으므로 유의해야 한다.

다섯째, 유아-교사, 유아-유아, 유아-자료 간의 상호작용이 가능하도록 파워포인트를 제작해야 한다.

파워포인트에서 교사가 일방적으로 자료를 배치하여 제시하는 것이 아니라 유아들이 클릭하거나 퀴즈를 맞히는 등 참여할 수 있는 요소가 포함되는 것이 좋다.

여섯째, 하나의 슬라이드 안에 너무 많은 내용을 한꺼번에 담지 않도록 한다.

너무 많은 내용을 한꺼번에 담으면 유아들의 흥미가 떨어질 수 있고, 주제에 대해 이해하기 어려울 수 있다. 따라서 유아들이 어떤 주제에 대해 차근차근 접근하여 이해할 수 있도록 슬라이드에 담을 내용을 적절히 분배해야 한다.

다음의 활동계획안 예시에 따라 파워포인트 스토리보드를 채워보도록 하자.

유아들과 함께 나무에서 자라는 과일과 땅에서 자라는 과일에 대해 알아보는 활동을 파워포인트 자료로 진행하려고 합니다. 계획안과 스토리보드의 일부를 보고 다음 스토리보드를 직접 채워보세요. 정답은 없으니 자유롭게 만들어 보세요.

계획안 일부	파워포인트 스토리보드	
1. 여러 가지 과일들의 이름과 생김새를 퀴즈로 알아본다. – (과일의 일부를 보며) 이것은 어떤 과일일까? – 왜 그 과일이라고 생각했니? – 정말 그 과일인지 함께 확인해 보자.		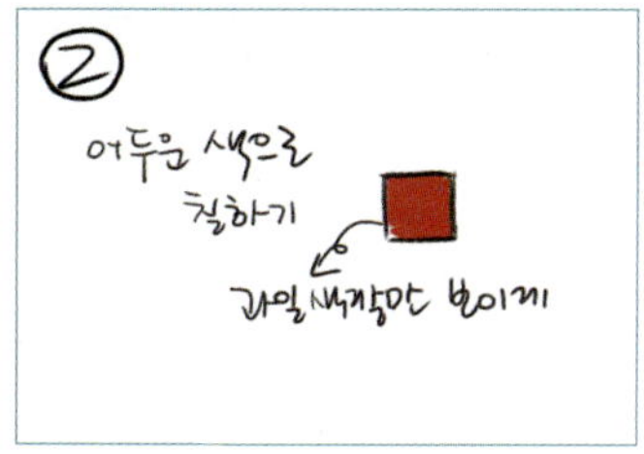
	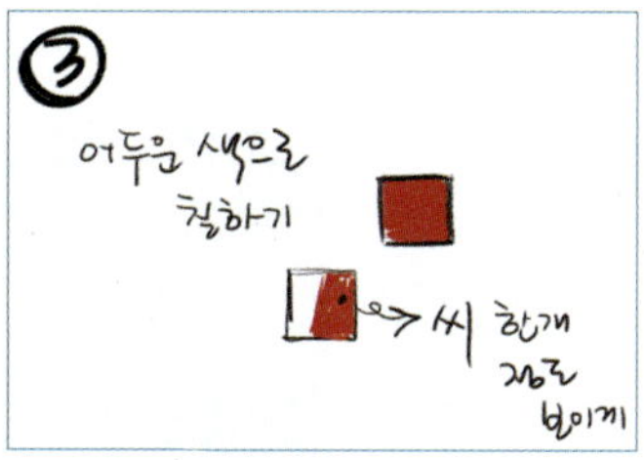	
2. 나무에서 자라는 과일과 땅에서 자라는 과일로 나누어 본다. – 이 과일은 땅에서 자랄까, 나무에서 자랄까? – 정말 땅에서 자라는지 함께 볼까? – 너희 말대로 이 과일은 땅에서 자라는구나!	①	②
	③	④

3) 파워포인트 활용하기

(1) 도형병합

파워포인트의 도형병합은 서로 겹쳐있는 두 개의 도형을 통합, 결합, 조각, 교차, 빼기로 원하는 형태의 새로운 도형을 만드는 기능이다.

도형병합 기능을 이용하면 교육자료로 활용할 간단한 그림을 그릴 수도 있고, 부분만 보고 전체를 맞춰보는 퀴즈를 내는 등의 용도로 사용할 수 있다.

그림 3-9
도형병합을 이용하여 그림을 그린 예

QR 3-2-1

그림 3-10
도형병합을 이용하여 퀴즈를 낸 예

QR 3-2-2

실습해 보아요

1. 파워포인트를 엽니다.
2. 리본메뉴 중 [삽입]-[도형]에서 원 모양 2개를 불러와 서로 겹칩니다.
3. 원 모양 2개를 동시 선택한 후 [서식]-[도형병합]-[통합]을 클릭하여 두 도형을 합칩니다.
4. 계속 원 모양을 복사하여 원하는 모양을 만들고 전체 선택하여 도형병합을 합니다.
5. 그림 서식에서 나무를 [그림 또는 질감 채우기]로 채웁니다.
6. [파일]-[다른 이름으로 저장]에서 파일이름을 입력하여 저장합니다.

01 파워포인트에서 새 프레젠테이션을 만듭니다.

❶ 새로 만들기에서 [새 프레젠테이션]을 클릭합니다.

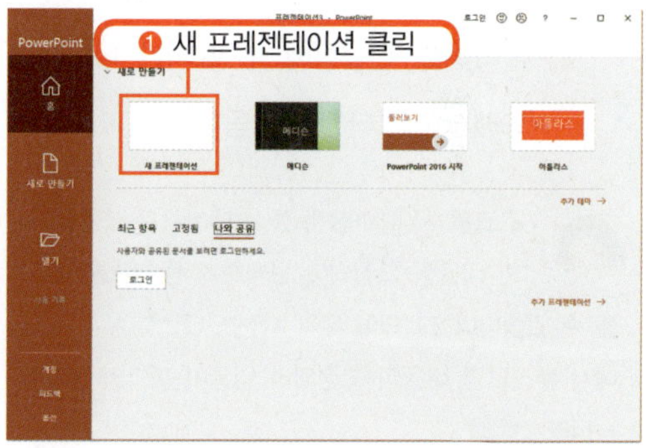

02 슬라이드 크기를 표준으로 바꿉니다.

❶ 리본메뉴의 [디자인]을 클릭하고

❷ 화면 오른쪽의 [슬라이드 크기 ▼]를 클릭하고

❸ [표준(4:3)]을 클릭합니다.

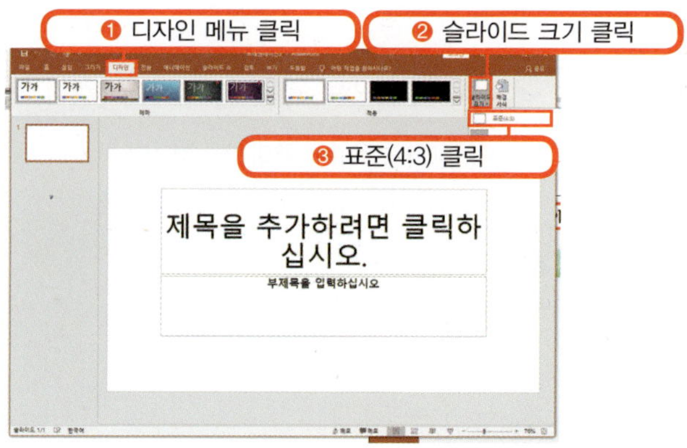

03 타원을 삽입합니다.

❶ 리본메뉴의 [삽입]을 클릭하고

❷ [도형]을 클릭하고

❸ 타원 모양을 클릭합니다.

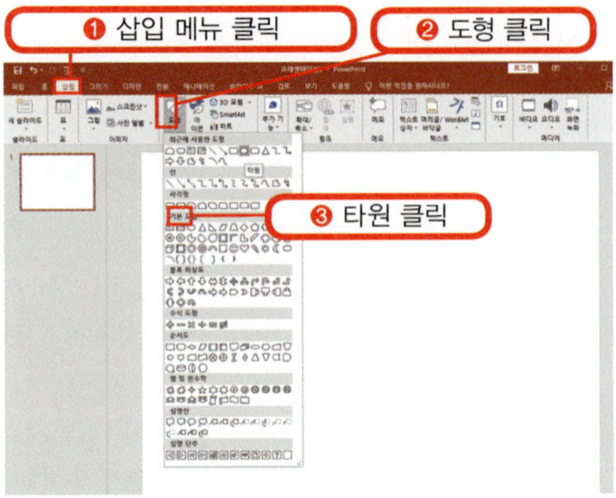

04 슬라이드 편집창에 원하는 크기만큼 타원을 만듭니다.

❶ 슬라이드 편집창에 ＋ 표시가 나타나면 드래그하여 타원을 만듭니다.

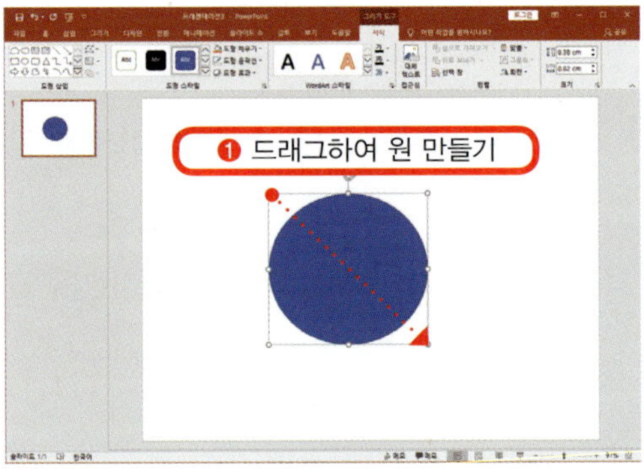

스크롤 시 Shift를 누른 상태에서 스크롤을 하면 비율이 고정되어 완벽하게 동그란 원을 만들 수 있습니다. 그 외에 유아 사진도 Shift를 누른 상태에서 불러오면 비율이 고정되어 얼굴이 찌그러지지 않습니다.

05 03의 방법으로 원을 한 개 더 불러와 기존의 원과 겹치는 곳에 놓습니다.

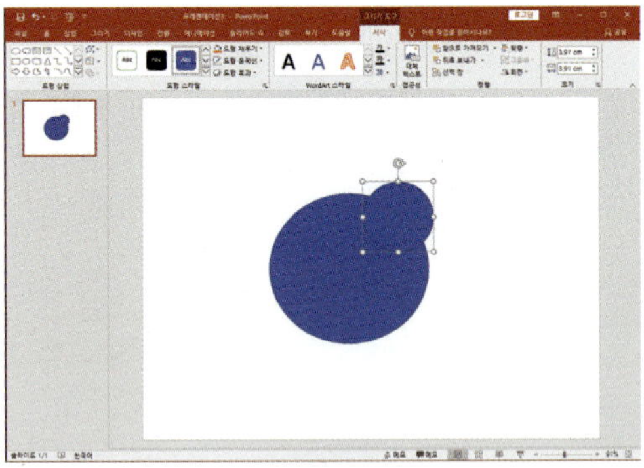

두 개의 도형이 서로 겹치는 부분이 있어야 '도형병합'이 가능합니다.

06 두 개의 원을 동시 선택합니다.

❶ 작은 원을 클릭하여 선택합니다.

❷ Shift를 누른 상태에서 큰 원을 클릭하여 동시 선택합니다.

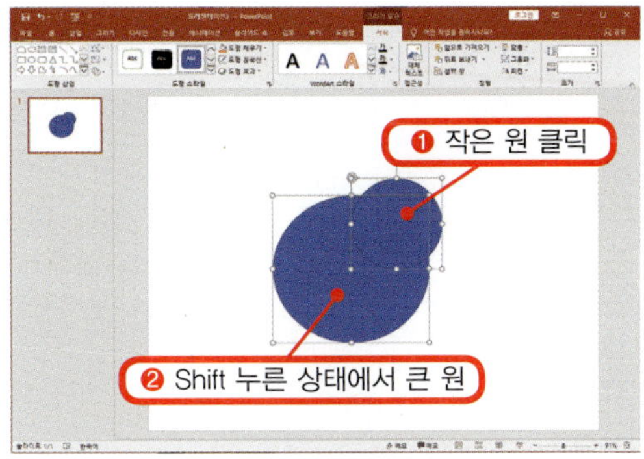

07 도형병합 탭에서 [통합]을 선택하여 두 원을 하나의 도형으로 만듭니다.

❶ 리본메뉴에서 [서식]을 클릭하고

❷ 왼쪽에 위치한 [도형 병합]을 클릭하고

❸ [통합]을 클릭합니다.

❹ 두 개의 원이 하나로 합쳐진 것을 확인합니다.

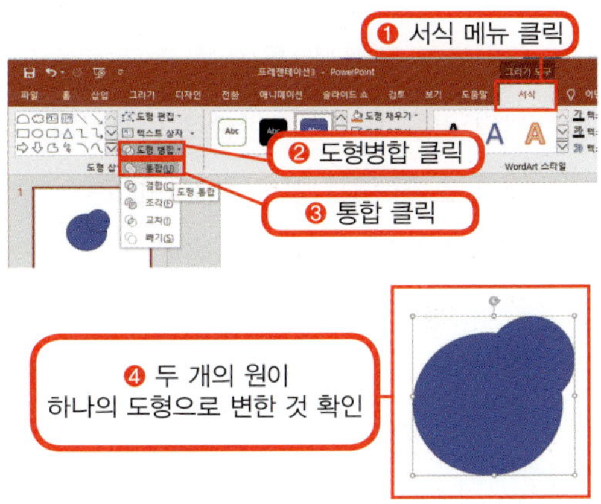

08 여러 개의 원을 쉽게 복사하여 여러 개를 만듭니다.

❶ 삽입한 타원을 클릭한 상태에서 원하는 위치로 드래그하여 복사본을 만듭니다. 이 작업을 계속 반복하여 나무를 완성해 나갑니다.

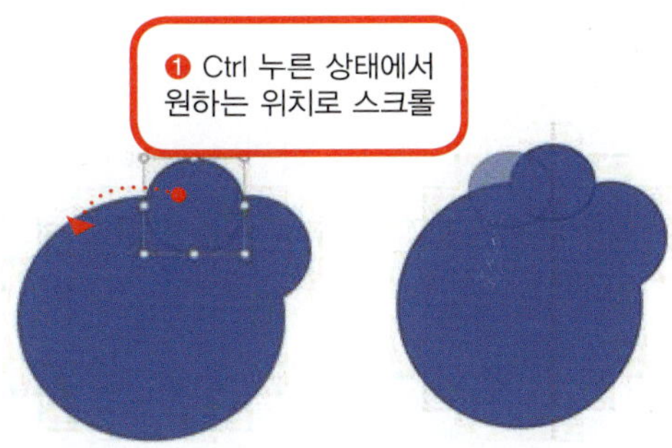

09 타원들이 겹쳐져 완성한 나무의 범위를 한꺼번에 드래그 합니다.

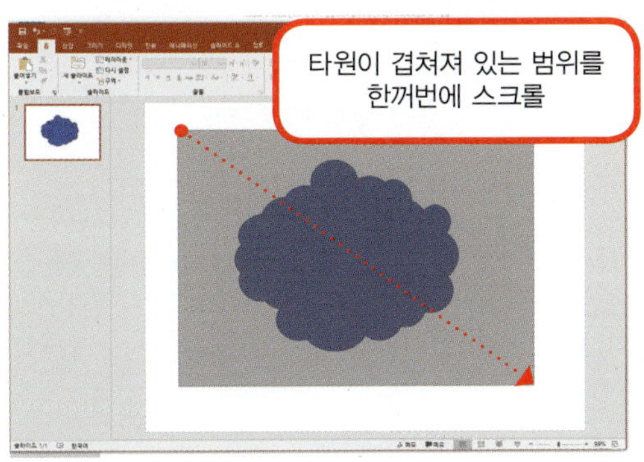

10 한꺼번에 모든 타원이 선택된 것을 확인합니다.

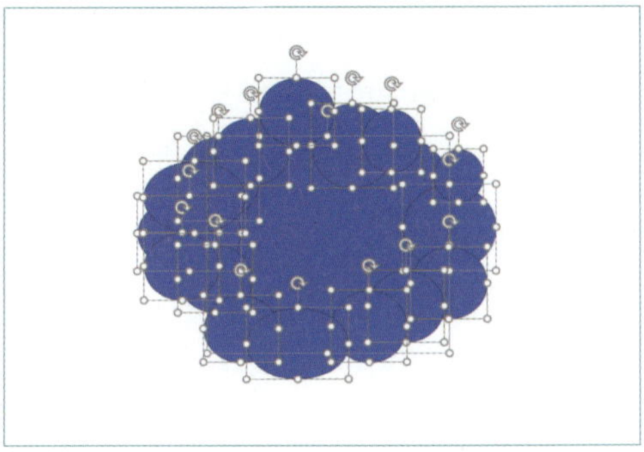

11 도형병합 탭에서 [통합]을 선택하여 여러 개의 원을 하나의 도형으로 만듭니다.

❶ 리본 메뉴에서 [서식]을 클릭하고

❷ 왼쪽에 위치한 [도형병합]을 클릭하고

❸ [통합]을 클릭합니다.

❹ 여러 개의 원이 하나로 합쳐진 것을 확인합니다.

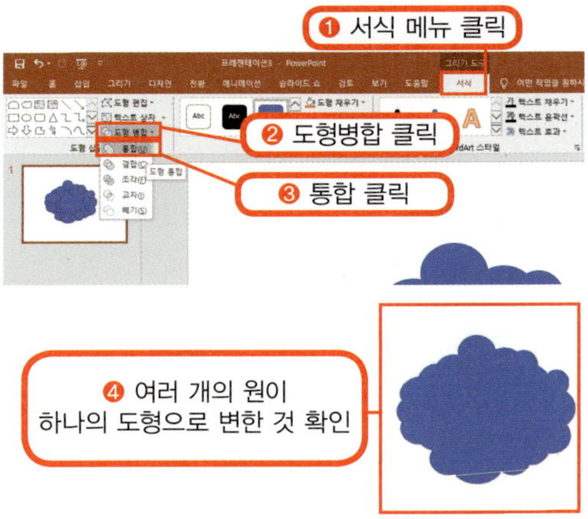

12 도형의 색과 질감을 바꿔보겠습니다.

❶ 도형에 대고 오른쪽 마우스 버튼을 클릭하고

❷ 대화상자에서 [도형서식]을 클릭합니다.

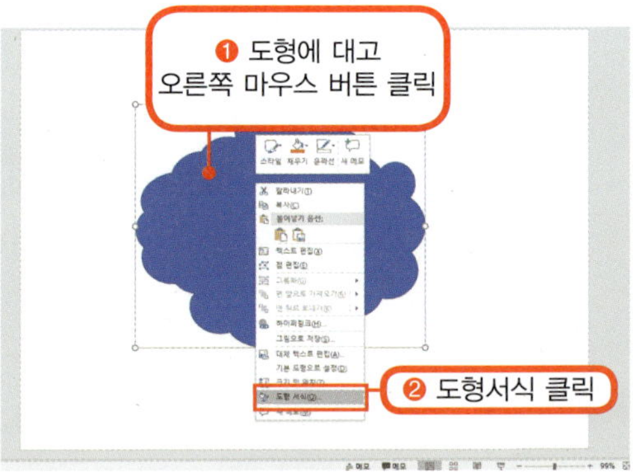

13 그림서식 상자에서 원하는 질감을 선택하여 채웁니다.

❶ 오른쪽의 그림서식에서 페인트통 모양의 채우기 를 클릭하고
❷ [그림 또는 질감 채우기]에 체크하고
❸ [질감] 아이콘 을 클릭하고
❹ 원하는 질감을 선택하여 클릭합니다.
❺ 채우기 밑에 있는 선 메뉴에서 [선 없음]에 체크합니다.

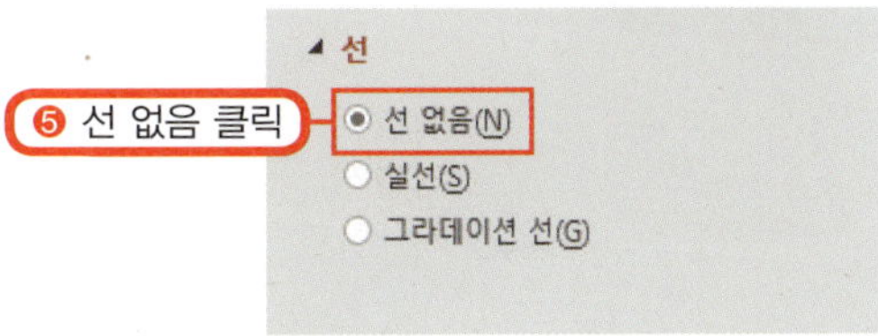

14 또 다른 도형을 이용하여 나무의 밑 부분을 만듭니다.

❶ 리본메뉴에서 [삽입]을 클릭하고
❷ [도형]을 클릭하고
❸ [직사각형] 클릭 후 드래그하여
❹ 적당히 배치합니다.

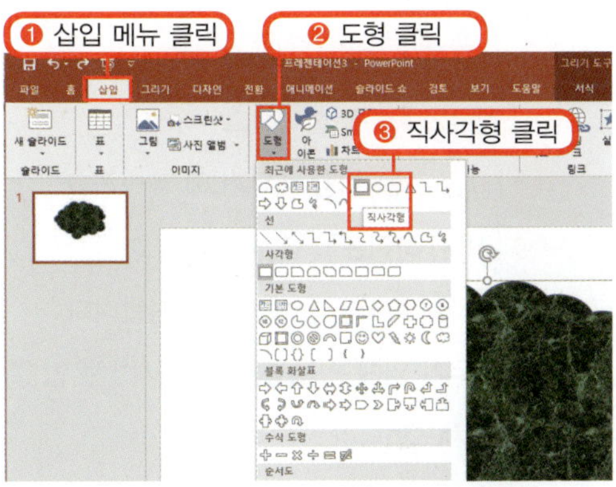

15 도형의 각 모서리를 움직여 원하는 모양을 만듭니다.

❶ 도형을 선택한 상태에서 [도형 편집]을 클릭하고

❷ [점 편집]을 클릭하고

❸ 각 모서리를 클릭한 상태에서 드래그하여 원하는 모양을 만듭니다.

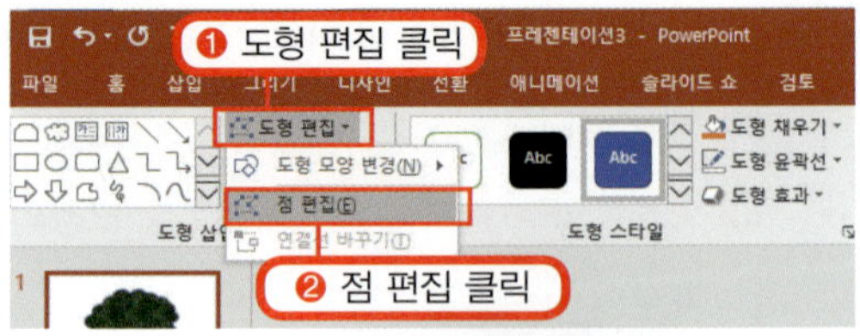

16 그림서식 상자에서 원하는 질감을 선택하여 채웁니다.

❶ 오른쪽의 그림서식에서 페인트통 모양의 채우기 를 클릭하고

❷ [그림 또는 질감 채우기]에 체크하고

❸ [질감] 아이콘 을 클릭하고

❹ 원하는 질감을 선택하여 클릭합니다.

❺ 채우기 밑에 있는 선 메뉴에서 [선 없음]에 체크합니다.

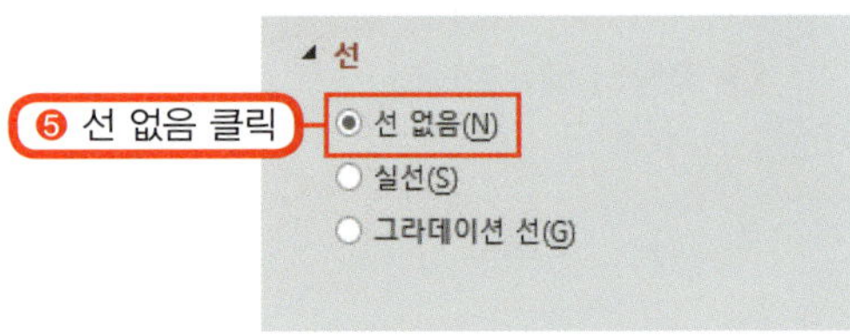

17 나무 밑 부분을 맨 뒤로 보내어 나무 그림을 완성합니다.

❶ 도형에 대고 오른쪽 마우스 버튼을 클릭하고

❷ 팝업창에서 [맨 뒤로 보내기]를 클릭하여 나무 밑 부분을 뒤로 보내어 완성합니다.

18 나무 완성 후 더하고 싶은 부분을 도형으로 더 그릴 수 있습니다.

실습해 보아요

QR 3-2-3

1. 파워포인트를 열어 '예제소스 3-2-1' 사진을 불러옵니다.
2. 보여주고 싶은 부분만 원하는 모양의 도형으로 채웁니다.
3. 화면 전체를 덮는 직사각형 모양을 만듭니다.
4. 두 개의 도형을 선택하고 [도형병합]-[결합]을 클릭하여 원하는 부분만 보이게 합니다.
5. 애니메이션 효과를 줍니다.

01 새 프레젠테이션을 불러와 슬라이드 크기를 표준으로 바꿉니다.

❶ 리본메뉴의 [디자인]을 클릭하고
❷ 화면 오른쪽의 [슬라이드 크기 ▼]를 클릭하고
❸ [표준(4:3)]을 클릭합니다.

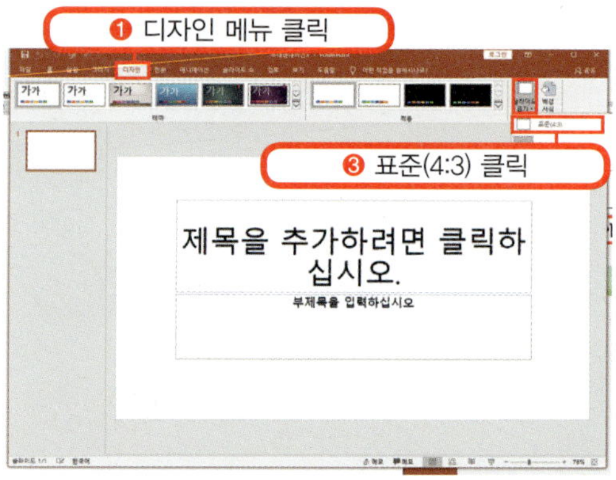

02 예제소스 3-2-1을 슬라이드 편집창에 불러옵니다.

❶ 리본 메뉴의 [삽입]을 클릭하고
❷ [그림]을 클릭하고
❸ [이 디바이스]를 선택하여 예제소스 3-2-1을 불러옵니다.

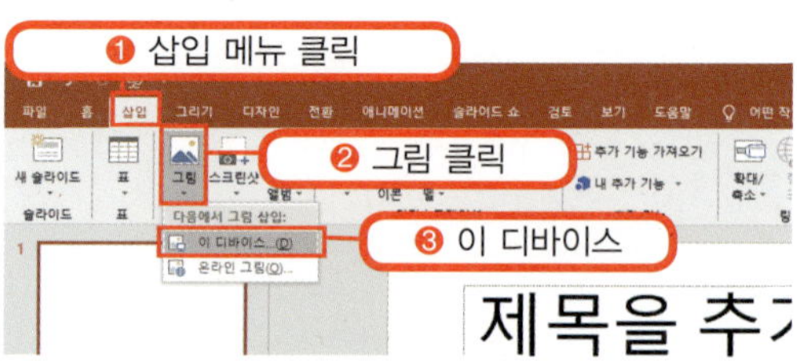

03 불러온 노을 사진을 슬라이드 편집창에 꽉 차게 드래그합니다.

04 보여주고 싶은 부분을 원하는 도형으로 드래그합니다.

❶ 리본 메뉴 중 [삽입]을 클릭하고
❷ [도형]을 클릭하고
❸ 원하는 도형을 선택하여
❹ 보여주고 싶은 부분에 드래그하여 도형을 생성합니다.

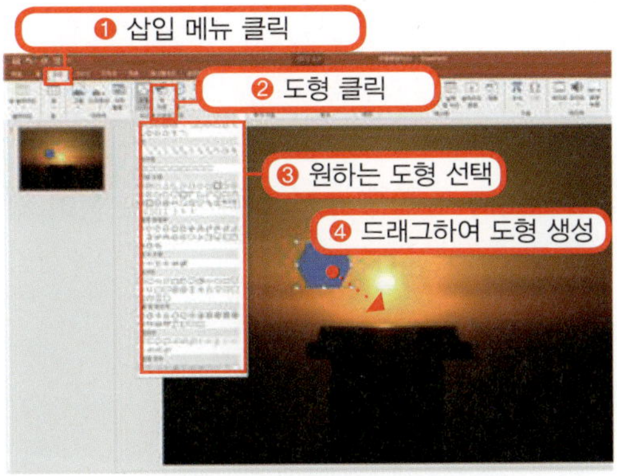

05 화면 전체를 덮을 직사각형을 선택합니다.

❶ 리본 메뉴 중 [삽입]을 클릭하고
❷ [도형]을 클릭하고
❸ 직사각형을 선택합니다.

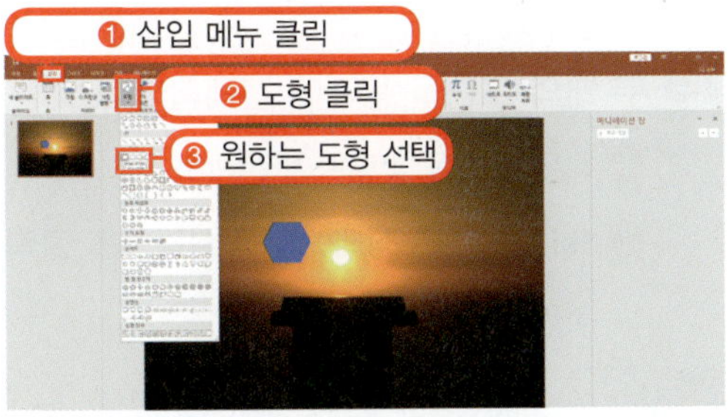

06 화면 전체를 채우는 직사각형을 드래그하여 생성합니다.

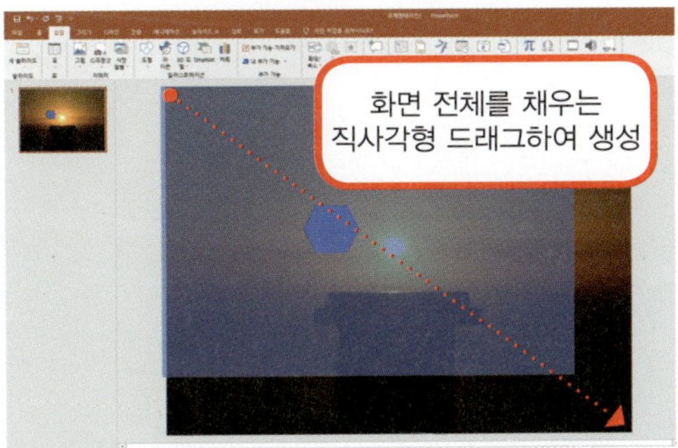

07 제일 앞에 생성된 직사각형을 뒤로 보냅니다.

❶ 화면에 대고 오른쪽 마우스 버튼을 클릭하여 팝업창을 불러오고
❷ [맨 뒤로 보내기]를 클릭한 다음
❸ [뒤로 보내기]를 클릭합니다.

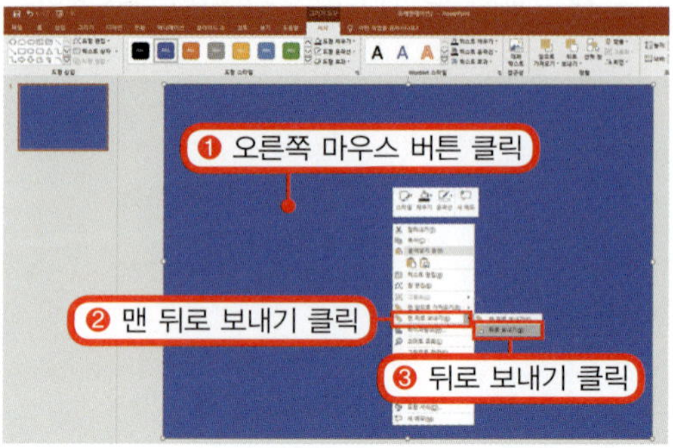

> [맨 뒤로 보내기]를 클릭하면 노을 사진 뒤로 도형이 숨어버리니 주의하세요.

08 보여주고 싶은 부분 위에 만든 도형이 제일 위에 있는 것을 확인합니다.

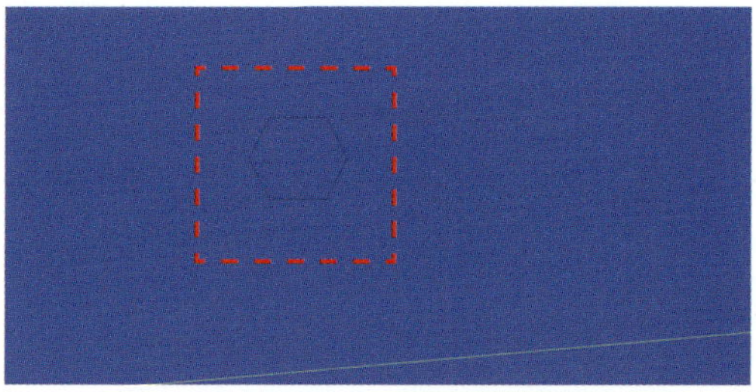

09 두 개의 도형을 동시에 선택합니다.

❶ 작은 도형을 클릭하여 선택하고
❷ Shift를 누른 상태에서 직사각형을 클릭하여 동시 선택합니다.

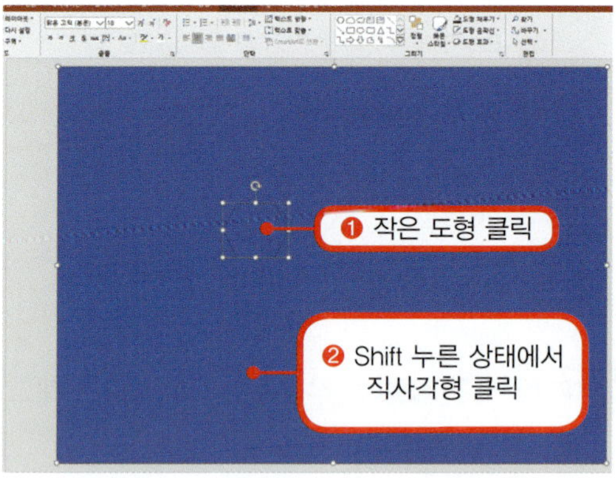

> 두 개의 도형이 동시에 선택되어 있어야 도형 병합이 활성화되니 꼭 확인하세요.

10 도형병합에서 결합을 선택합니다.

❶ [서식]에서 [도형병합]을 클릭하고

❷ [결합]을 선택하여 클릭합니다.

❸ 노을 사진의 일부만 보이도록 도형병합이 잘 되었는지 확인합니다.

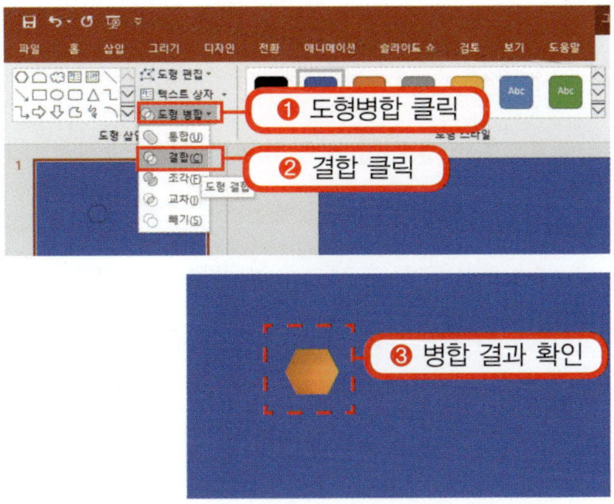

11 병합한 도형의 색깔을 바꿉니다.

❶ [서식]-[도형 채우기]에서 노을의 색깔을 돋보이게 할 수 있는 도형의 색깔을 골라 클릭합니다.

❷ [도형 윤곽선]에서 [윤곽선 없음]에 체크합니다.

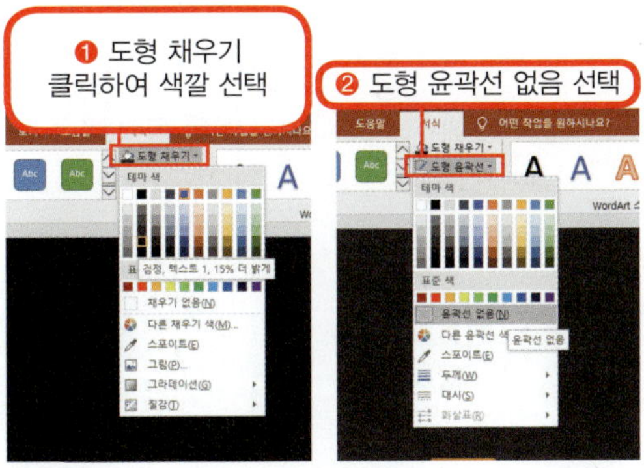

12 화면 상단에 '나는 무엇일까요?'라는 텍스트를 넣어보겠습니다.

❶ 리본메뉴의 [삽입]을 클릭하고

❷ [텍스트 상자]를 클릭하고

❸ [가로 텍스트 상자 그리기]를 선택합니다.

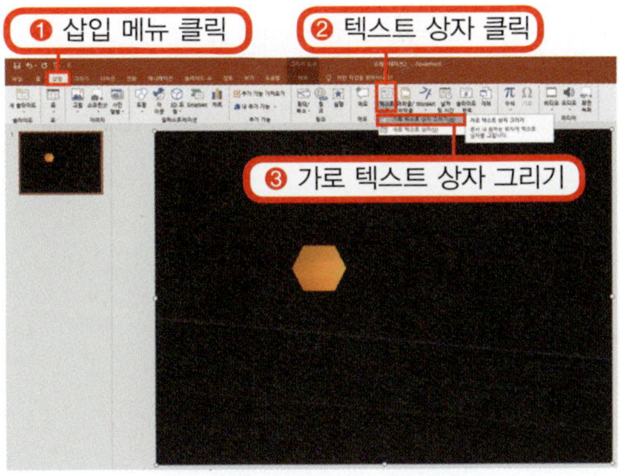

13 텍스트를 입력하고 글씨체와 크기, 색상을 선택합니다.

❶ 화면 상단을 클릭하여 커서가 생기면 '나는 무엇일까요?' 텍스트를 입력하고

❷ 텍스트를 드래그하여 선택하고 [홈] 탭에서 글씨체와 크기, 색상을 선택합니다.

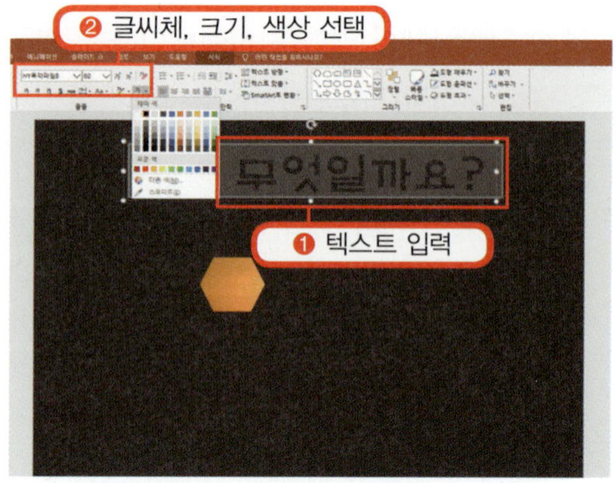

14 텍스트에 애니메이션 효과를 줍니다.

❶ 텍스트를 클릭하여 선택하고

❷ 리본메뉴의 [애니메이션]을 클릭합니다.

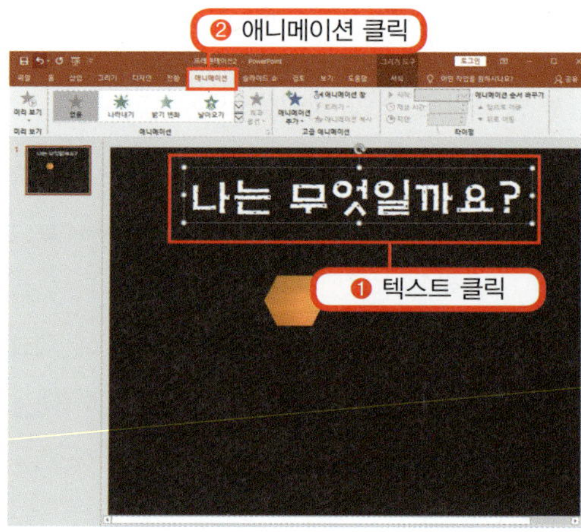

15 '나는 누구일까요' 텍스트가 강조될 수 있는 여러 효과 중 한 가지를 골라 클릭합니다.

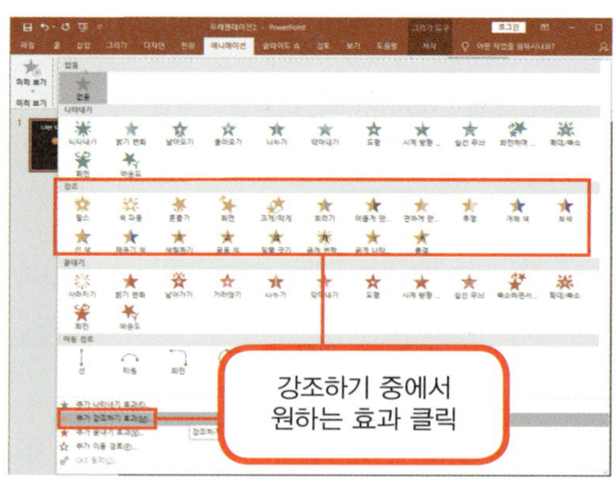

16 애니메이션 효과를 넣으면 생성되는 애니메이션 창에 텍스트에 넣은 효과가 제대로 적용되었는지를 확인합니다.

❶ [애니메이션]-[애니메이션 창]을 클릭하여

❷ 텍스트에 적용된 효과를 확인합니다.

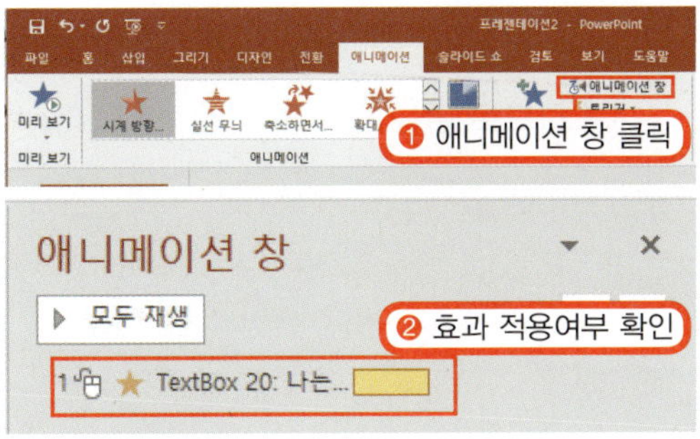

17 병합한 도형에 효과를 줍니다.

❶ 병합한 도형을 선택한 후 [애니메이션]을 클릭하고

❷ 끝내기 효과 중 마음에 드는 효과를 클릭합니다.

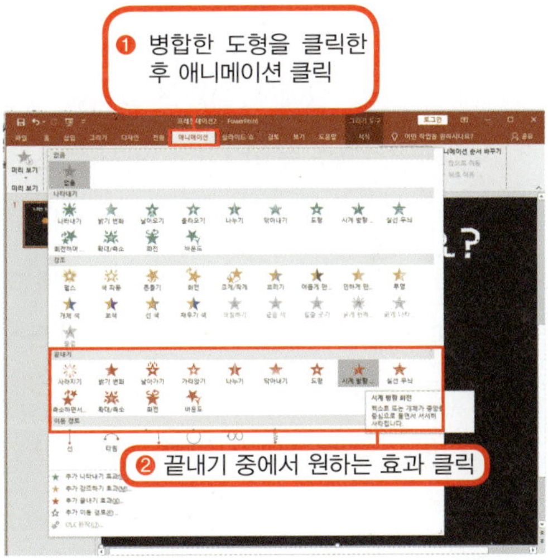

18 병합한 도형이 사라지면서 노을 사진이 보일 때 텍스트가 사라지도록 효과를 적용합니다.

❶ 텍스트를 클릭하고 [애니메이션] 메뉴에 있는 [애니메이션 추가]를 클릭합니다.

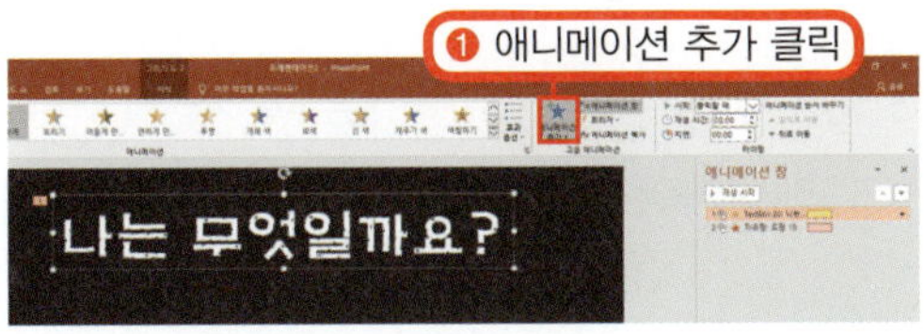

19 노을 사진이 나타나면서 텍스트가 사라져야 하므로 끝내기 효과를 선택합니다.

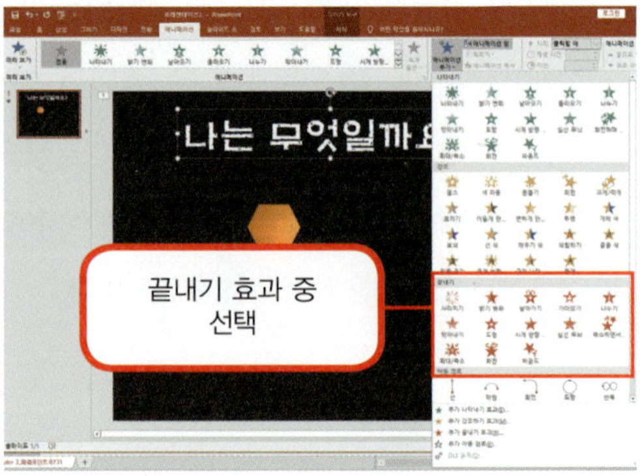

20 애니메이션 창에서 적용된 효과를 한 번 더 확인하고 노을이 나타나면서 텍스트가 바로 사라지도록 효과를 적용합니다.

❶ 3개의 애니메이션 효과 확인 후 3번째 효과 설명한 부분에 오른쪽 마우스 버튼을 클릭하고

❷ [이전 효과와 함께 시작]을 클릭합니다.

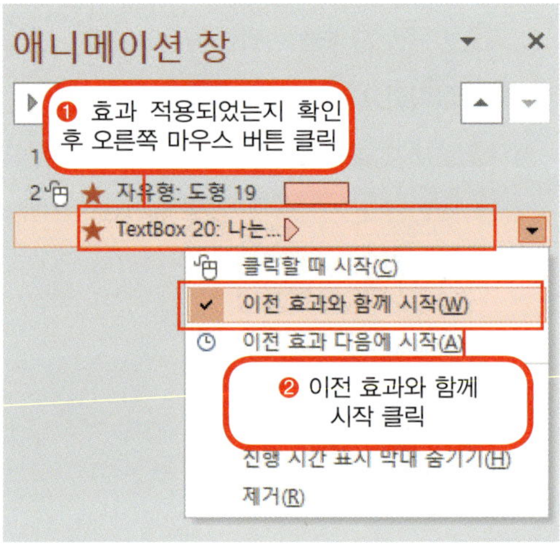

21 왼쪽 상단에 미리보기를 클릭하여 적용한 애니메이션 효과를 확인하고 저장합니다.

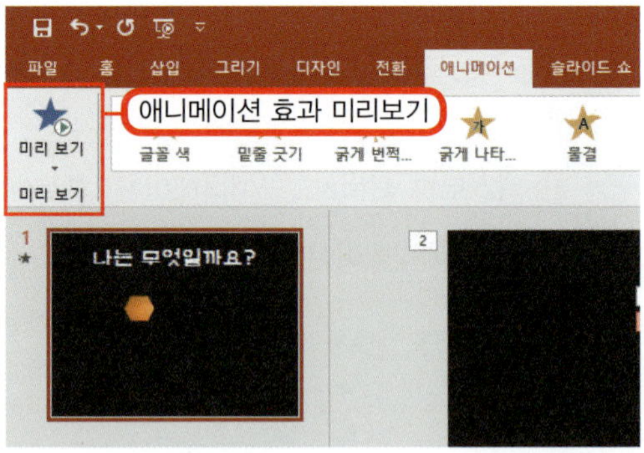

(2) 배경 제거

파워포인트의 배경 제거는 사진이나 그림에서 원하는 부분만 잘라내고 배경은 제거하는 기능이다. 포토샵의 배경 제거에 비해 정교함이 떨어지고 가장자리가 울퉁불퉁하지만 빠르게 작업해야 할 경우나 멀리서 보여주기 위한 용도로 짧은 시간 동안 사용할 때에는 유용하다.

배경 제거 기능을 이용하여 다른 이미지와 합성하거나 개체에 애니메이션 효과를 넣을 때 배경이 없으므로 좀 더 자연스러운 결과물이 완성된다.

그림 3-11
배경 제거하여 서로 다른 이미지를 합성한 예

그림 3-12
유아의 사진에서 배경 제거 후
활동에 얼굴을 활용한 예

실습해 보아요

1. 파워포인트를 열어 '예제소스 3-2-2'를 엽니다.
2. 배경 제거 기능을 이용하여 보관할 영역과 제거할 영역을 설정해 나갑니다.
3. 변경내용 유지를 클릭하여 배경을 제거하고 원하는 개체만 남깁니다.
4. 오른쪽 마우스 버튼을 눌러 PNG 형식으로 저장합니다.

01 새 프레젠테이션을 불러옵니다.

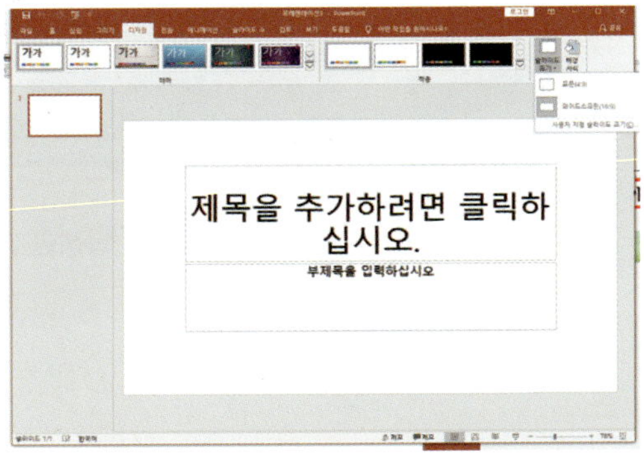

02 예제소스 3-2-2를 슬라이드 편집창에 불러옵니다.

❶ 리본 메뉴의 [삽입]을 클릭하고

❷ [그림]을 클릭하고

❸ [이 디바이스]를 선택하여 예제소스 3-2-2를 불러옵니다.

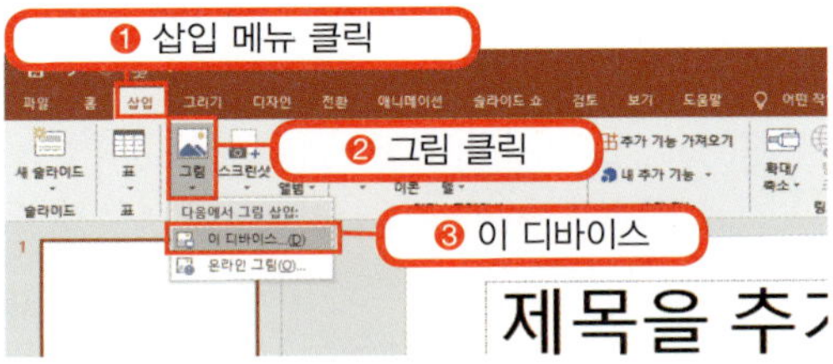

03 이미지를 클릭하고 화면에 꽉 차게 드래그합니다.

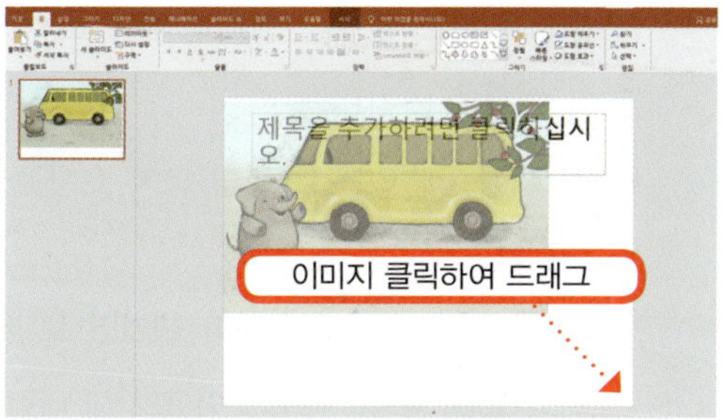

04 배경 제거를 클릭합니다.

❶ 리본 메뉴의 [서식]을 클릭하고

❷ 화면의 좌측에 있는 [배경 제거]를 클릭합니다.

05 배경 제거 화면으로 전환된 것을 확인합니다. 제거되는 영역은 보라색으로 표시되어 있습니다.

06 보관하고 싶은 영역과 제거할 영역을 그리듯이 표시해 나갑니다.

❶ 좌측 상단에 있는 [보관할 영역 표시]를 클릭하고

❷ 슬라이드 편집창에 펜툴이 생기면 보관하고 싶은 영역을 그리듯이 표시해 나갑니다.

07 보관할 영역과 제거할 영역이 모두 표시되면 [변경 내용 유지]를 클릭합니다.

08 제거된 투명 배경을 자르기 기능을 이용하여 잘라줍니다.

❶ 리본 메뉴의 [서식]에서 [자르기]를 클릭하고

❷ 자르기 표시가 생기면 코끼리의 크기에 맞게 드래그하고

❸ 빈 공간을 클릭하여 선택을 해제합니다.

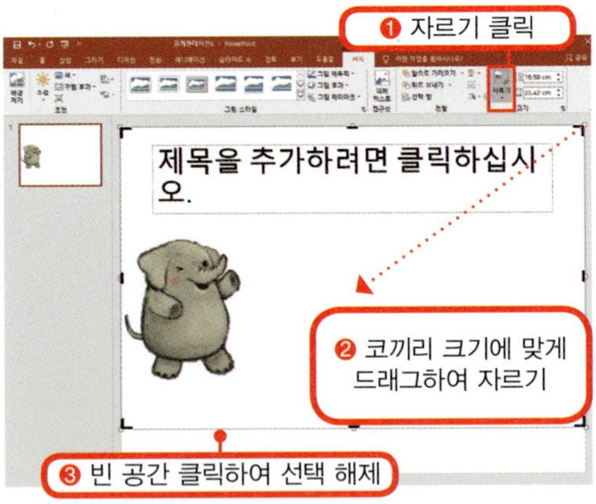

09 이미지를 PNG 형식으로 저장합니다.

❶ 코끼리 이미지에 대고 오른쪽 마우스 버튼을 클릭하여 팝업창을 열고

❷ [그림으로 저장]을 클릭합니다.

❸ 다른 이름으로 저장 대화상자에서 파일 형식을 PNG에 체크하고

❹ [저장]을 클릭합니다.

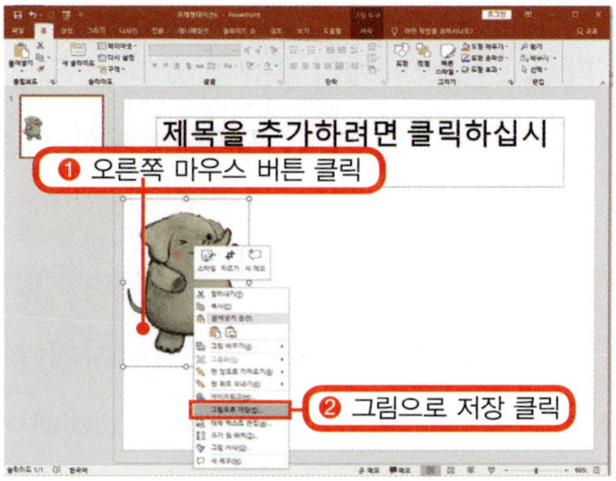

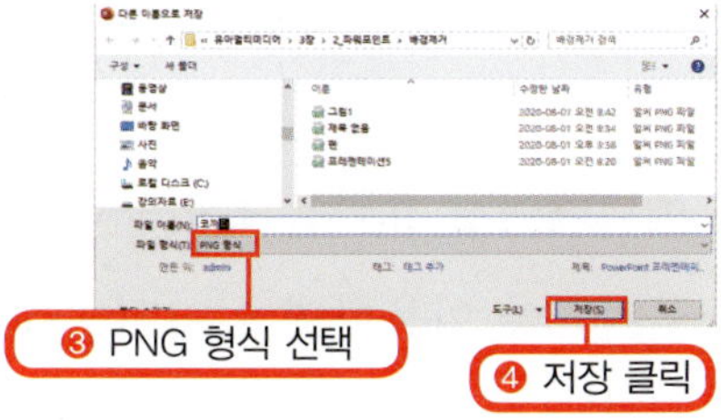

(3) 애니메이션 효과

파워포인트의 애니메이션 효과는 도형, 텍스트, 그림, 차트 등의 여러 요소에 움직임과 소리효과를 주어 프레젠테이션을 보다 생동감 있게 만드는 것이다. 애니메이션 효과는 교육에 있어서 시각과 청각을 동시에 충족시킬 수 있어 멀티미디어의 장점을 극대화하는 가장 주요한 효과라 볼 수 있다.

그러나 애니메이션 효과가 지나치게 적용될 경우 오히려 핵심 주제에 집중하기 어려우므로 청중과 학습자의 입장을 고려하여 교육의 효과가 극대화될 수 있는 정도의 애니메이션 효과를 적용하는 것이 좋다.

애니메이션 효과는 유아들이 만든 작품에 움직임과 소리효과를 주어 흥미를 더하고, 교육자료를 이용하여 이야기 나눌 때 순차적으로 보여주고 강조해야 할 부분을 효과적으로 강조할 수 있어 교육 활동을 더욱 풍성하게 할 수 있다.

그림 3-13
유아가 만든 이모티콘에 애니메이션 효과를 적용한 예

QR 3-2-4

그림 3-14
파워포인트 동시판에 애니메이션 효과를 적용한 예

QR 3-2-5

실습해 보아요

QR 3-2-6

1. 파워포인트의 [파일]-[열기]에서 '예제소스 3-2-3'을 엽니다.
2. 토마토에 나타내기, 강조, 끝내기 효과를 주어 누가 토마토를 먹었는지 알아맞히는 애니메이션 효과를 적용해 봅니다.

01 [파일]-[열기]에서 예제소스 3-2-3을 불러옵니다.

02 토마토에 애니메이션 효과를 주기 위해 토마토 이미지를 클릭합니다.

03 토마토가 화면에서 안 보이다가 나타나는 '나타내기' 효과를 적용합니다.

❶ 리본 메뉴의 [애니메이션]에서 표시를 클릭하여 애니메이션 창을 열고

❷ [나타내기] 효과 중 마음에 드는 효과를 클릭합니다.

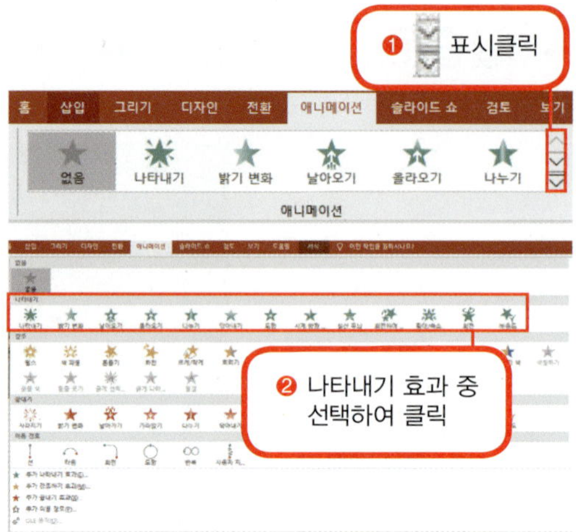

애니메이션의 종류는 크게 4가지입니다. 프레젠테이션의 순서와 내용에 따라 효과를 사용해 보세요

애니메이션 효과	애니메이션 효과의 내용	각 효과의 종류
나타내기	안 보이던 개체가 다양한 움직임을 보이면서 나타나는 효과	나타내기, 밝기 변화, 날아오기, 올라오기, 나누기
강조	슬라이드에 보이는 개체에 펄스, 흔들기, 회전 등의 움직임을 주어 강조하는 효과	펄스, 색 파동, 흔들기, 회전, 크게/작게
끝내기	슬라이드에서 보이던 개체가 사라지기, 날아가기, 닦아내기 등의 움직임을 보이며 사라지는 효과	사라지기, 밝기 변화, 날아가기, 가라앉기, 나누기
이동경로	선, 도형, 사용자 지정 등으로 경로에 따라 개체가 움직이는 효과	선, 타원, 회전, 도형, 반복, 사용자 지정...

04 내가 선택한 효과가 잘 적용되었는지 확인합니다.

❶ 리본 메뉴의 [애니메이션]에서 [애니메이션 창]을 클릭하고

❷ 화면의 오른쪽에 생긴 애니메이션 창에서 효과가 목록에 떴는지 확인합니다.

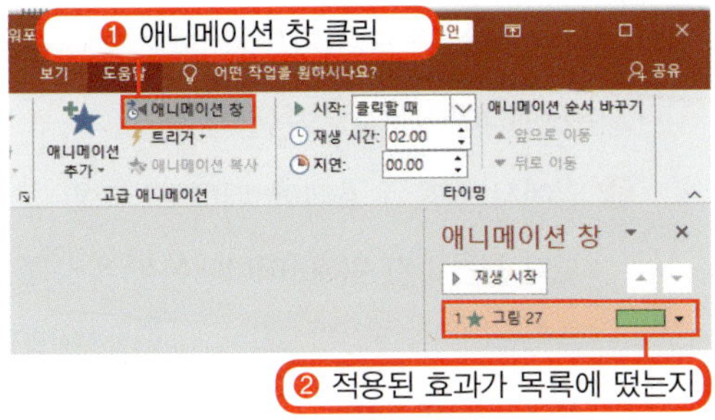

05 토마토가 5마리 동물들의 입을 왔다 갔다 하는 애니메이션을 적용해 보겠습니다.

❶ 앞에서 토마토에 적용한 효과에 더해 또 다른 효과를 적용하기 위해 [애니메이션 추가]를 클릭합니다.

❷ 이동경로의 [사용자 지정]을 클릭합니다.

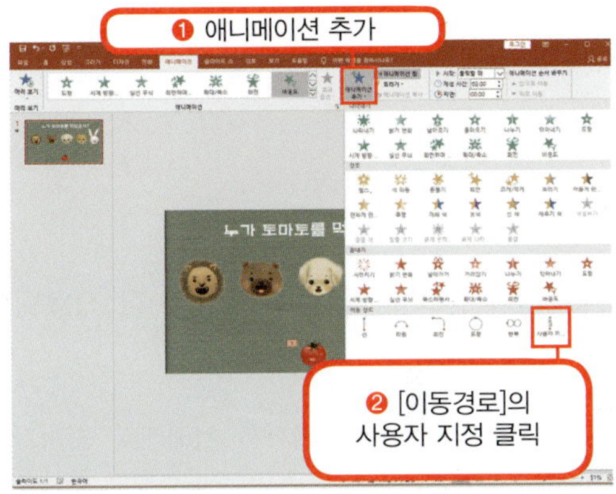

06 토마토가 동물들의 입으로 올라와서 여기저기로 이동하는 애니메이션을 만듭니다.

❶ 옆의 이동경로와 같이 동물들의 입 위를 여기저기로 이동하는 사용자 지정 이동 경로를 만듭니다.

❷ 사용자 지정 이동경로를 여우의 입에서 끝내며 화면을 더블클릭합니다.

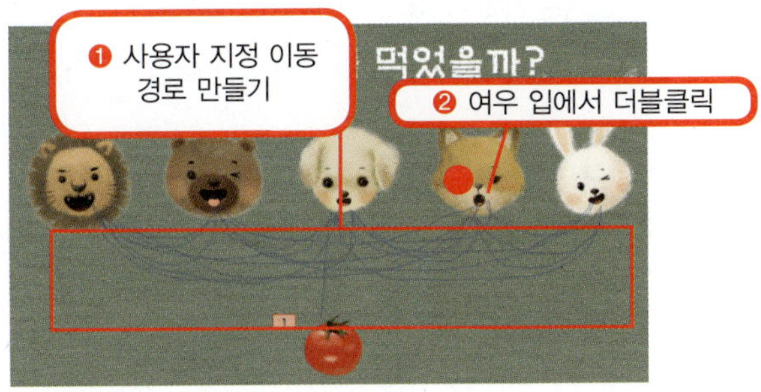

07 내가 선택한 두 번째 효과가 잘 적용되었는지 확인합니다.

❶ 토마토 옆에 2번까지 차례대로 숫자가 쓰여 있는지를 확인하고

❷ 화면의 오른쪽에 생긴 애니메이션 창에서 효과가 목록에 떴는지 확인합니다.

08 마지막으로 여우 입속으로 토마토가 사라지는 애니메이션을 적용합니다.

❶ 앞에서 적용한 효과에 더해 또 다른 효과를 적용하기 위해 [애니메이션 추가]를 클릭합니다.

❷ 끝내기의 [축소하면서 회전]을 클릭합니다.

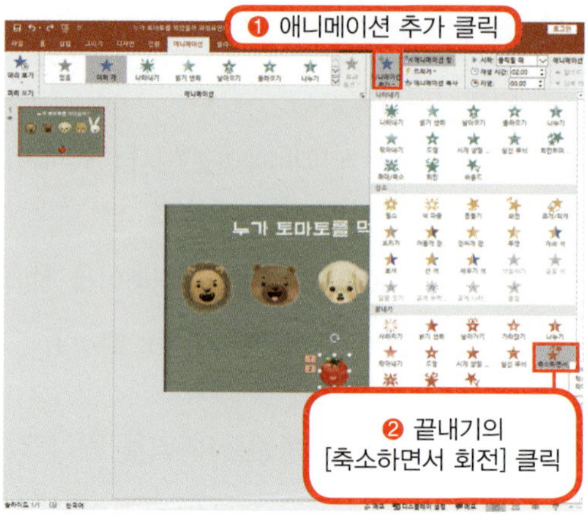

09 내가 선택한 세 번째 효과가 잘 적용되었는지 확인합니다.

❶ 토마토 옆에 3번까지 차례대로 숫자가 쓰여있는지 확인하고

❷ 화면의 오른쪽에 생긴 애니메이션 창에서 효과가 목록에 떴는지 확인합니다.

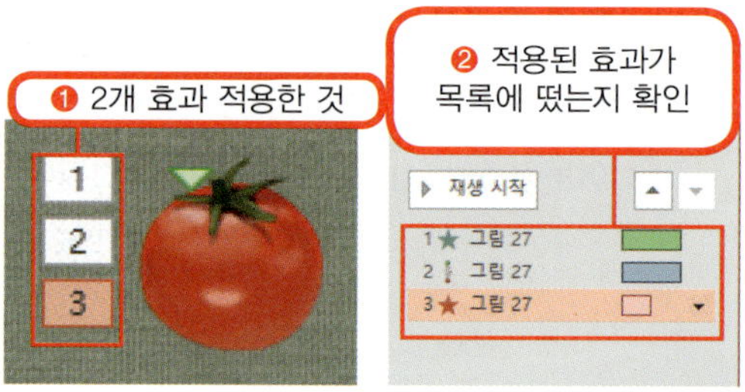

10 애니메이션 창에 떠 있는 목록에서 효과 중 1개에 소리효과를 적용합니다.

❶ 소리효과를 주고 싶은 애니메이션 목록에 대고 오른쪽 마우스 버튼을 클릭하고

❷ 효과옵션을 클릭합니다.

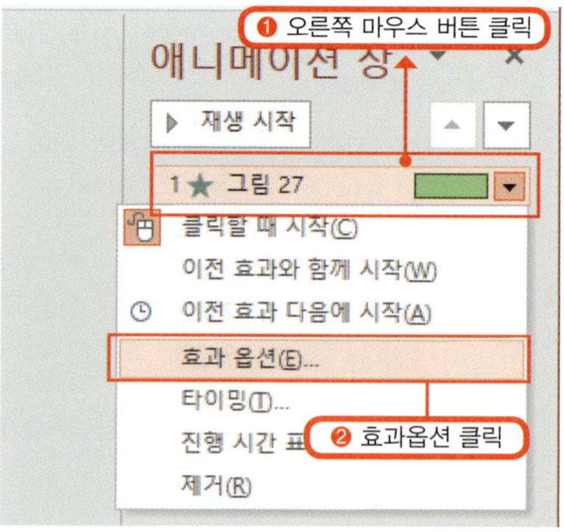

11 애니메이션 효과 추가옵션 대화상자의 '효과' 탭에서 원하는 소리를 선택하고 [확인]을 클릭하여 추가 적용합니다.

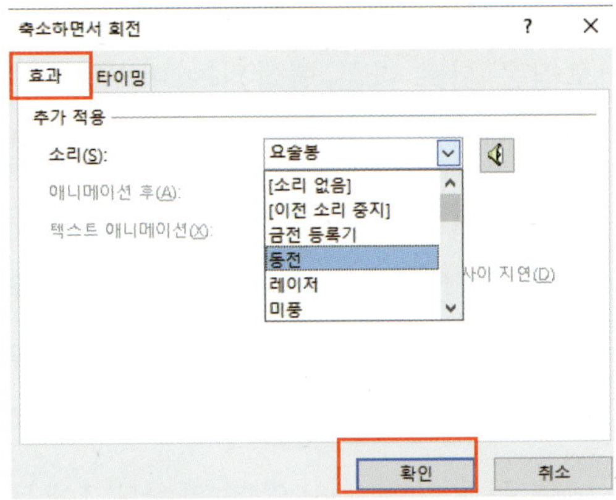

12 추가옵션 대화상자의 '타이밍' 탭에서 0.5초(매우 빠르게)를 선택하고 [확인]을 클릭하여 추가 적용합니다.

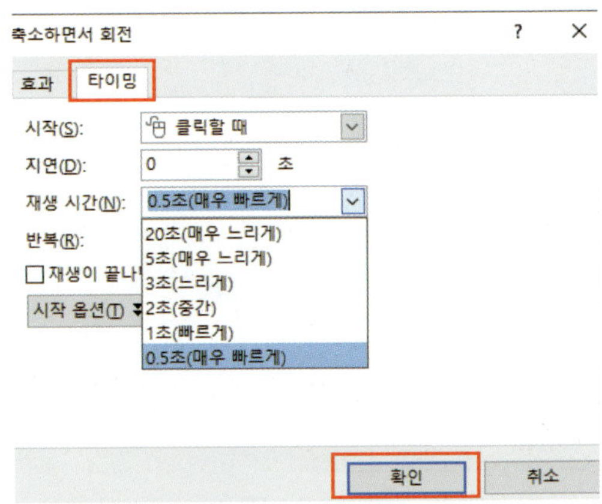

13 미리보기를 클릭하여 애니메이션 효과가 잘 적용되었는지 확인하고 저장합니다.

(4) 모핑 전환

모핑은 서로 다른 형상의 이미지를 변환할 때 그 공백을 채우기 위해 사용되는 컴퓨터 애니메이션 기법(고려대 한국어대사전)을 말한다. 파워포인트에서 모핑 전환은 슬라이드 상의 이미지나 텍스트 등이 크기와 모양을 바꾸며 이동하는 것처럼 보이는 효과를 주는 것이다. 화면상에서 애니메이션 효과와 같은 것으로 느껴지지만 애니메이션 효과가 아닌 전환 효과 중에 포함되어 있다. 파워포인트 2019 버전 혹은 Office 365용 파워포인트 버전부터 지원된다.

예를 들어 그림 3-15의 슬라이드 1에서 멀리 있는 곰이 그림 3-16의 슬라이드 2처럼 화면 가까이 다가오는 것 같은 효과를 만들고 싶을 때 모핑 전환을 이용하여 자연스럽게 쭉 미끄러지듯이 앞으로 이동하는 것처럼 만들 수 있다.

그림 3-15 슬라이드 1

그림 3-16 슬라이드 2

QR 3-2-7

실습해 보아요

QR 3-2-8

1. 파워포인트의 [파일]-[열기]에서 '예제소스 3-2-4'를 엽니다.
2. [삽입]-[그림]에서 사자, 곰, 여우, 토끼를 차례대로 불러와 모핑 전환 효과를 적용합니다.
3. 리본메뉴 중 전환에서 전환 미리보기로 효과가 잘 적용되었는지를 확인합니다.
4. 파일을 저장합니다.

01 [파일]-[열기]에서 예제소스 3-2-4를 불러옵니다.

02 모핑 전환을 하기 위해 슬라이드를 축소합니다.

❶ 파워포인트 하단 오른쪽에서 슬라이드를 60% 정도로 축소합니다.

03 '어떤 동물 친구들이 나올까요?'라는 텍스트를 슬라이드 상단에 입력합니다.

❶ 리본 메뉴의 [삽입]을 클릭하고

❷ [텍스트 상자]–[가로 텍스트 상자 그리기]를 클릭하여

❸ 슬라이드 상단에 '어떤 동물 친구들이 나올까요?'라고 입력한 후 글꼴과 사이즈, 색깔을 조정합니다.

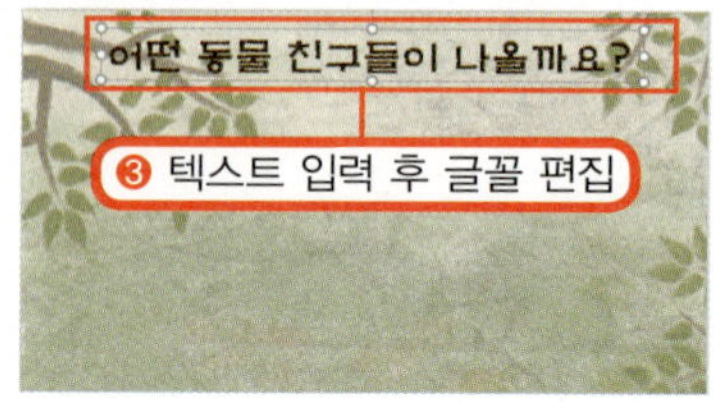

04 예제소스 3–2–5 '사자' 이미지를 불러옵니다.

❶ 리본 메뉴의 [삽입]을 클릭하고

❷ [그림]을 클릭하고

❸ [이 디바이스]를 클릭하여

❹ 저장된 예제소스 3–2–5를 불러옵니다.

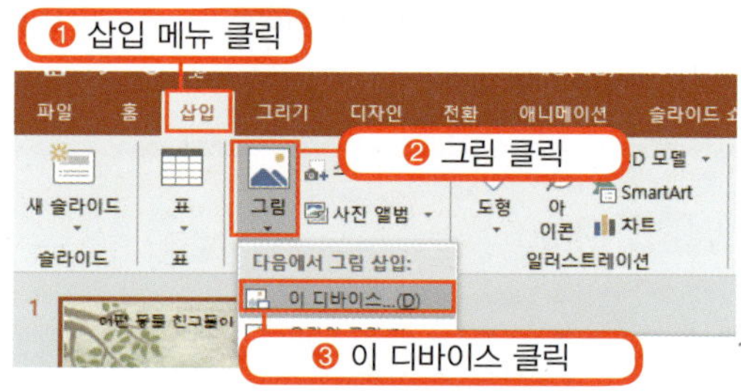

05 사자 이미지를 아주 작게 축소합니다.

❶ 사자 이미지를 선택 후 안쪽으로 드래그하여

❷ 오른쪽 화면의 그림처럼 아주 작게 축소합니다.

06 축소한 사자 이미지를 화면 밖 왼쪽으로 옮깁니다.

❶ 사자 이미지를 선택한 상태에서 드래그 하여 왼쪽 화면 밖으로 옮깁니다.

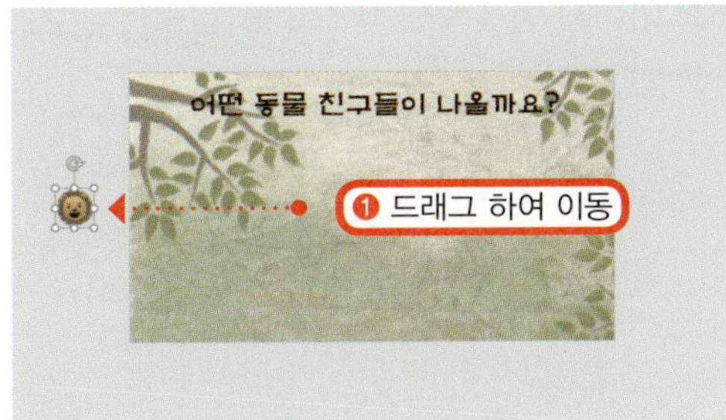

07 슬라이드를 복제합니다.

❶ 파워포인트 왼쪽의 슬라이드/개요창에 있는 슬라이드 1에 대고 오른쪽 마우스 버튼을 클릭합니다.

❷ 팝업창이 뜨면 [슬라이드 복제]를 클릭합니다.

❸ 슬라이드가 복제된 것을 확인합니다.

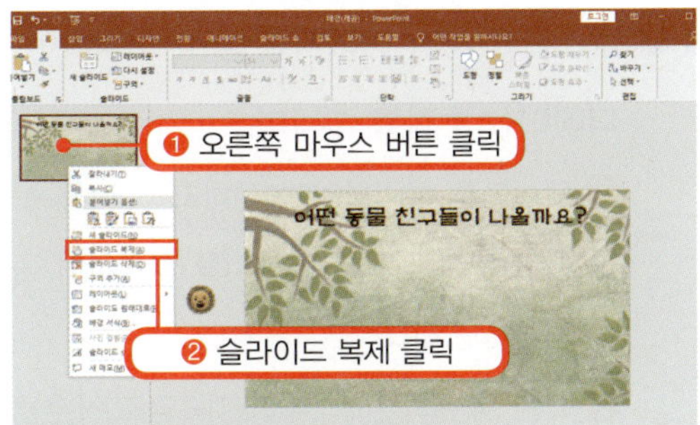

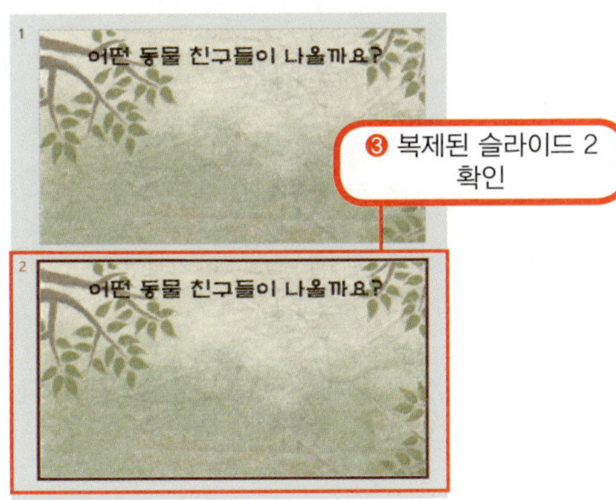

08 복제한 슬라이드에서 화면 밖의 이미지를 슬라이드 가운데로 가져와 확대합니다.

❶ 복제한 슬라이드 2에서 화면 밖에 있는 이미지를 슬라이드 가운데로 이동하여

❷ 크게 확대합니다.

09 이미지 아래쪽에 텍스트를 입력합니다.

10 텍스트와 사자 이미지를 동시 선택하여 애니메이션 효과를 줍니다.

❶ 텍스트를 클릭하여 선택하고 Shift를 누른 상태에서 사자 이미지를 클릭하여 동시 선택합니다.

❷ 리본 메뉴의 [애니메이션]–[강조]–[흔들기]를 클릭합니다.

11 슬라이드 2를 복제합니다.

❶ 슬라이드 2에 대고 오른쪽 마우스 버튼을 클릭하고

❷ 팝업창에서 슬라이드 복제를 클릭합니다.

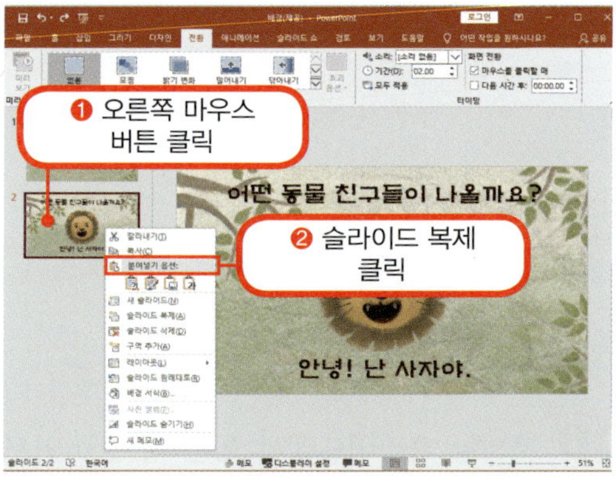

12 슬라이드 3의 텍스트를 삭제하고 사자 이미지를 오른쪽 화면 밖으로 이동시켜 축소합니다.

❶ 슬라이드 3의 텍스트를 선택하여 삭제(Delete)합니다.

❷ 사자 이미지를 오른쪽 화면 밖으로 드래그하여 이동시킨 후 축소합니다.

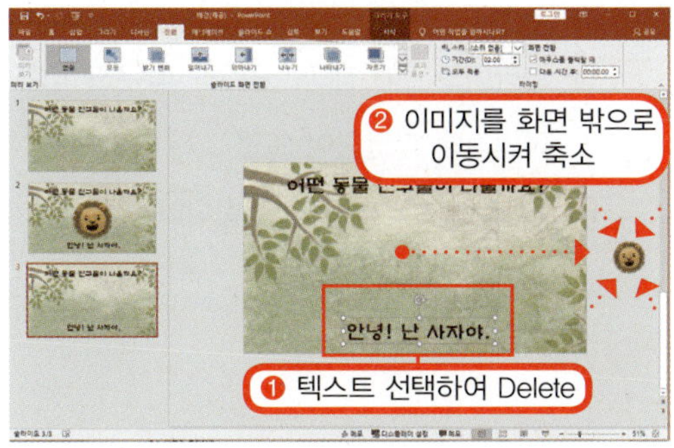

13 슬라이드 3에 예제소스 3-2-6을 불러옵니다.

❶ 리본 메뉴의 [삽입]을 클릭하고

❷ [그림]을 클릭하고

❸ [이 디바이스]를 클릭하여 예제소스 3-2-6을 열기를 클릭하여

❹ 슬라이드 3에 곰돌이 이미지가 생성되었는지 확인합니다.

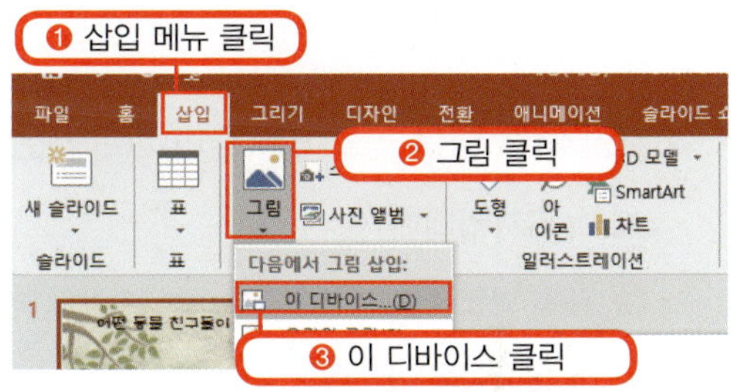

14 가운데 생성된 곰돌이를 축소한 후 드래그하여 화면 밖으로 이동시킵니다.

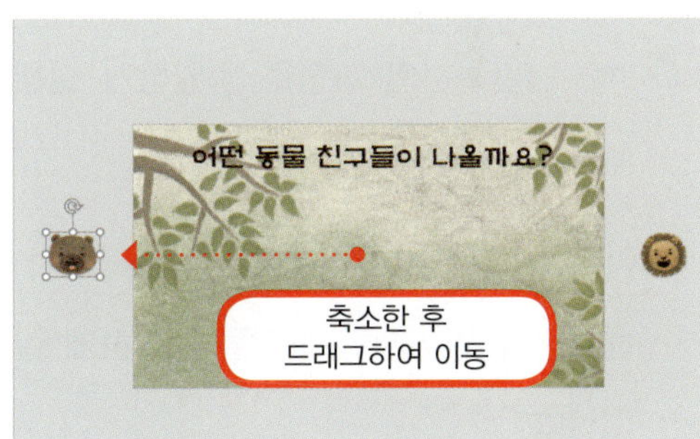

15 슬라이드 3을 복제합니다.

❶ 슬라이드 3에 대고 오른쪽 마우스 버튼 클릭하여 팝업창이 뜨면

❷ [슬라이드 복제]를 클릭합니다.

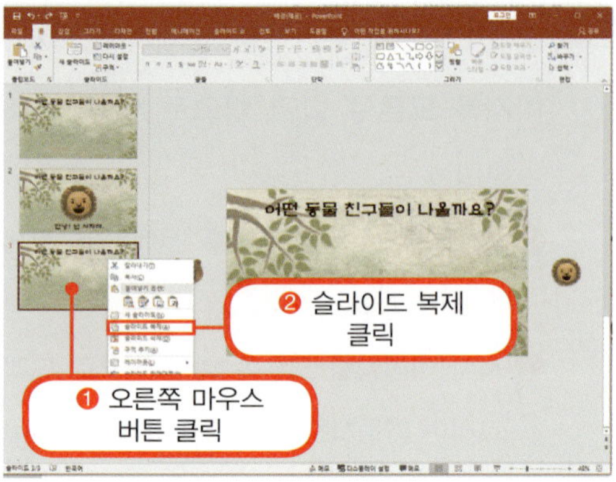

16 화면 밖에 있던 곰돌이를 슬라이드 가운데로 이동시킵니다.

❶ 왼쪽 화면 밖에 있던 곰돌이를 드래그하여 슬라이드 가운데로 이동시키고

❷ 곰돌이 이미지를 확대하고

❸ 텍스트를 입력하고

❹ 오른쪽에 있는 사자 이미지를 삭제(Delete)합니다.

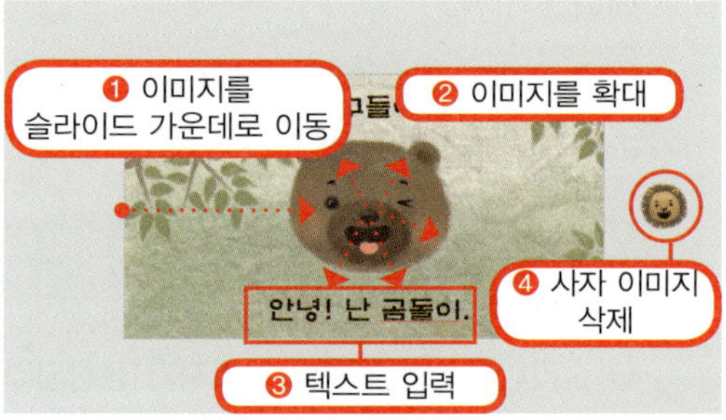

17 10~13번까지의 과정을 동일하게 실행합니다.

18 여우 이미지와 토끼 이미지를 불러오기 위해 10~17번까지의 과정을 동일하게 실행합니다.

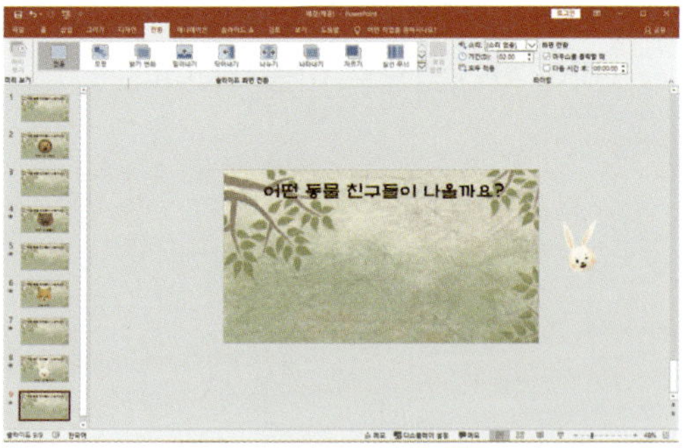

> 순서가 반복되니 모핑 전환 과정을 익히며 차근차근 실행해보세요.

19 모든 슬라이드를 전체선택합니다.

❶ 슬라이드 1을 클릭하고

❷ Shift를 누른 상태에서 마지막 슬라이드를 클릭하여 전체선택합니다.

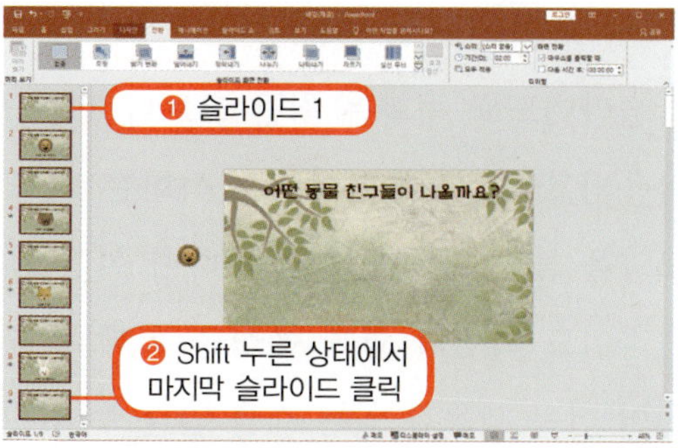

20 모핑 전환효과를 주고 슬라이드쇼로 확인합니다.

❶ 리본 메뉴의 [전환]을 클릭하고

❷ 전환효과 중 [모핑]을 클릭합니다.

❸ [슬라이드 쇼]–[처음부터]를 클릭하여 모핑 전환이 잘 적용되었는지 확인하고 저장합니다.

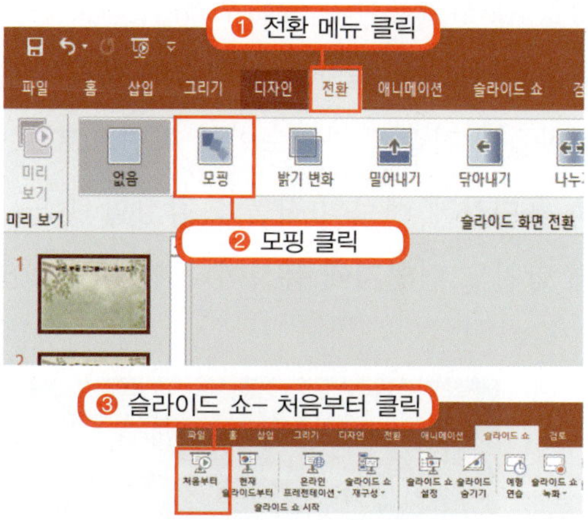

(5) 슬라이드쇼 녹화

슬라이드쇼 녹화는 최근 코로나 19로 인하여 온라인 수업에 예전보다 훨씬 더 많이 활용되고 있다. 슬라이드쇼 녹화는 발표자가 준비한 슬라이드쇼가 진행되는 동안 펜 모양을 눌러 화면에 표시를 하며 설명할 수도 있고, 음성녹음을 위한 마이크가 있다면 슬라이드 화면과 함께 음성을 함께 녹음하거나, 웹캠을 이용하여 발표자의 얼굴까지 넣어 더욱 생동감 있는 쇼를 만들 수 있다.

유아교육현장에서는 파워포인트 동화를 유아들에게 들려줄 때 슬라이드쇼 녹화로 음성을 함께 녹음하여 들려주거나, 그림 3-17과 같이 유아들이 동화를 직접 구연하는 모습을 슬라이드쇼 녹화로 촬영하여 동생반에게 들려줄 수도 있다. 혹은 그림 3-18과 같이 유아들의 작품을 파워포인트 화면으로 보여주며 작품설명을 음성이나 영상으로 넣어 더욱 흥미롭게 서로의 작품을 감상할 수도 있다. 또한 어버이날, 스승의 날에 파워포인트에 담긴 그림편지에 음성이나 영상을 넣어 편지를 제작하여 전달할 수도 있다.

그림 3-17
유아가 음성 녹화한 파워포인트 동화 예

(출처: 서울시유아교육진흥원)

QR 3-2-9

그림 3-18
유아의 작품 설명의 예

QR 3-2-10

실습해 보아요

1. 파워포인트의 [파일]-[열기]에서 예제소스 3-2-9를 엽니다.
2. [슬라이드쇼]-[슬라이드쇼 녹화]에서 작품설명 영상(자신을 유아라 생각하고)을 함께 녹화합니다.
3. [파일]-[내보내기]에서 동영상으로 내보내기 합니다.

01 [파일]-[열기]에서 예제소스 3-2-9를 불러 옵니다.

02 녹화를 위해 슬라이드쇼 녹화를 선택합니다.

❶ 리본 메뉴에서 [슬라이드 쇼]를 클릭하고

❷ [슬라이드 쇼 녹화]를 클릭합니다.

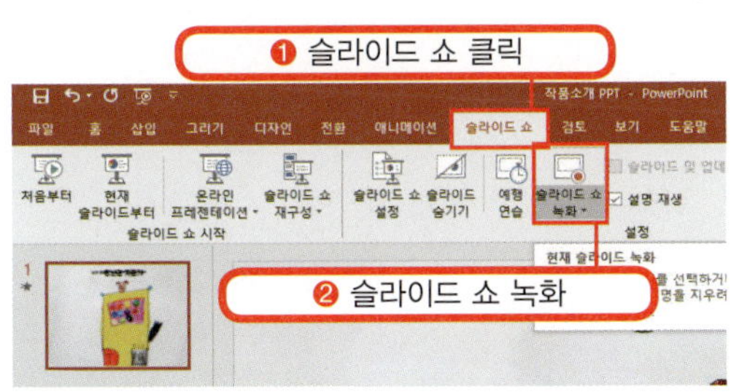

03 [현재 슬라이드 녹화]를 클릭합니다.

현재 슬라이드 녹화는 특정 슬라이드에만 필기, 음성, 영상을 추가하고 싶을 때 선택한답니다. 유아들 작품설명을 각 유아들의 영상을 녹화하여 하나로 합쳐 함께 감상하는 것으로 [현재 슬라이드 녹화]가 적절하지요.

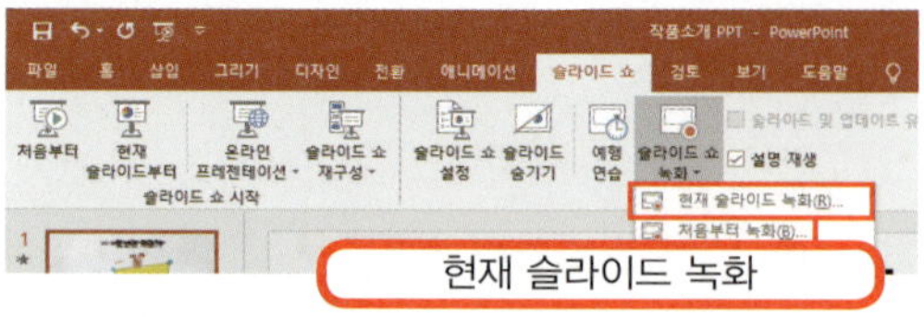

04 슬라이드 쇼 녹화 화면구성을 살펴보고 조건을 구성합니다. ❺의 마이크/ 카메라 설정에서 마이크와 카메라를 활성화하세요.

슬라이드 쇼 녹화 화면을 간략히 살펴봐요

❶ 녹음/ 녹화, 중지, 재생 버튼: **녹음/녹화버튼**을 눌러 음성 및 영상을 녹화하고, **중지 버튼**을 눌러 기록 중에 중지할 수 있으며, **재생버튼**으로 미리보기를 할 수 있어요.

❷ 설정 버튼: 설정된 마이크와 카메라 상태를 확인할 수 있어요.

❸ 슬라이드 넘기기 버튼: 클릭하면 이전, 혹은 다음 슬라이드로 넘어가요.

❹ 필기구: 슬라이드 쇼 녹화 중 사용할 수 있는 필기구(레이저포인터, 지우개, 펜, 형광펜)와 선택할 수 있는 색깔이 표시돼요.

❺ 마이크, 카메라, 카메라 영상 미리보기 활성화 여부: 녹화시 마이크를 사용하여 음성을 녹음할 것인지, 카메라로 영상을 함께 넣을 것인지 선택할 수 있어요.

05 마이크와 카메라를 활성화했을 때 카메라 화면이 오른쪽 하단에 생성되었는지 확인합니다.

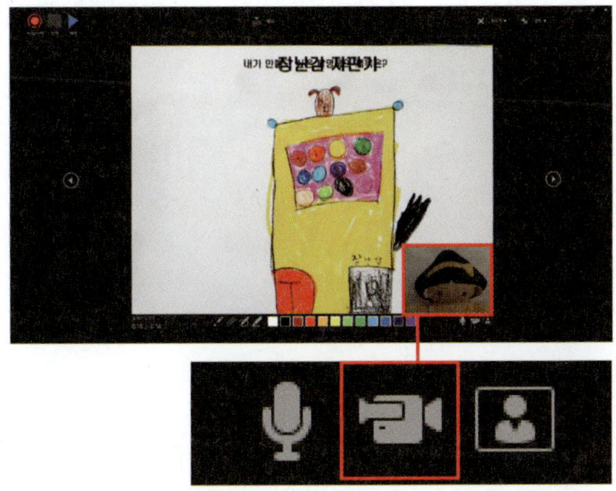

06 녹화버튼을 눌러 슬라이드쇼 녹화를 시작합니다.

❶ 왼쪽 상단의 녹음/녹화 버튼을 클릭합니다.

❷ 숫자 3, 2, 1이 차례대로 보이는 카운트다운 후 녹화가 시작됩니다.

07 원하는 대로 녹음/녹화를 진행합니다.

❶ 프레젠테이션에 적용된 애니메이션 효과를 버튼으로 넘기며 원하는 부분에 음성을 넣거나 움직임을 넣어 녹화를 진행합니다.

❷ 녹화가 끝나면 왼쪽 상단의 중지 버튼을 클릭합니다.

❸ 오른쪽 상단의 X버튼을 눌러 프레젠테이션 화면으로 나갑니다.

나레이션 예시

내가 만들고싶은 발명품은?
장난감 자판기!
이 자판기는 갖고 싶은 걸 뽑을 수 있어요

08 영상으로 저장하기 위해 [파일] 메뉴를 클릭합니다.

09 파워포인트 시작화면 왼쪽 하단의 [내보내기]를 클릭합니다.

10 내보내기에서 [비디오 만들기]를 클릭합니다.

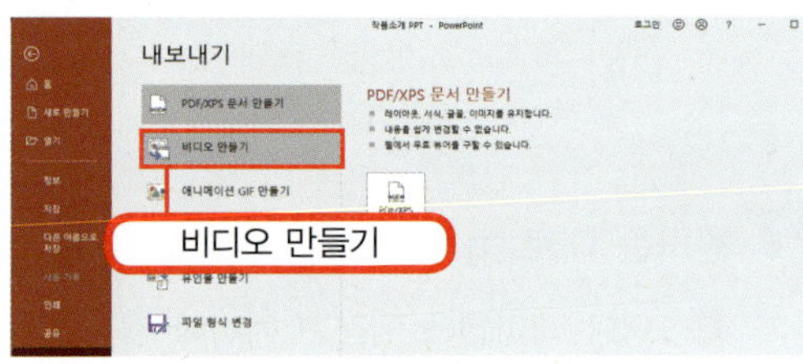

11 MPEG–4 비디오 형식으로 저장합니다.

❶ 용도에 따라 파일크기를 선택하고

❷ [비디오 만들기]를 클릭하고

❸ 파일이름을 적고 MPEG–4 형식을 선택한 뒤

❹ [저장]합니다.

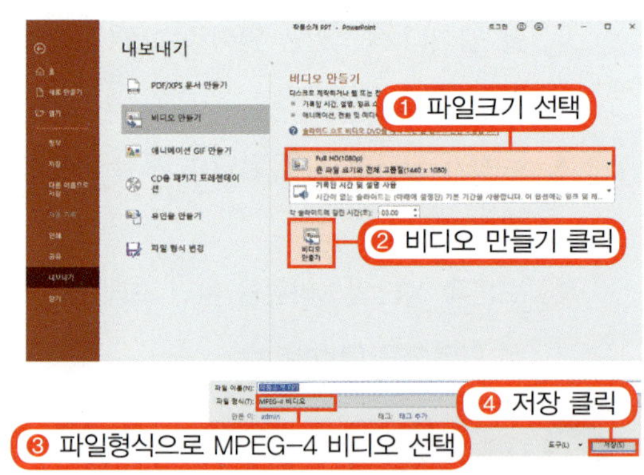

12 프레젠테이션 화면의 하단에 비디오 만드는 중 표시가 없어지면 저장이 완료됩니다.

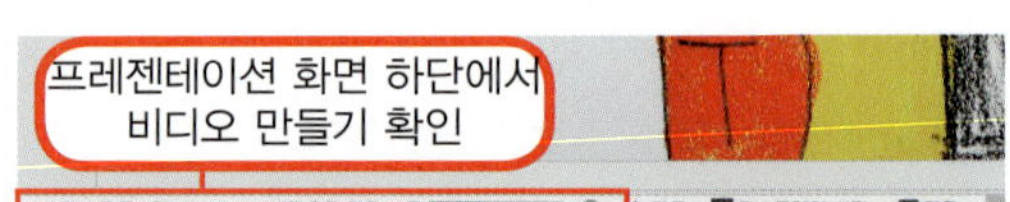

(6) 파워포인트로 홀로그램 영상 만들기

홀로그램은 2차원의 영상을 평면이 아닌 입체적으로 볼 수 있도록 만든 것을 말한다. 입체적으로 볼 수 있기 때문에 일반적 평면에서 보는 영상보다 훨씬 생동감 있고 신기한 영상을 만들 수 있다. 홀로그램은 박물관, 전시회의 설명영상, 관공서의 홍보영상, 광고홍보영상, 공연영상 등 다양한 분야에서 활용되고 있다.

유아교육기관에서는 기술적인 문제로 쉽게 활용하기 어렵지만 홀로그램이 유아들의 흥미와 호기심을 자극하고, 과학기술을 가까이 접할 수 있는 기회이므로 이러한 기술을 경험할 수 있는 기회를 제공할 필요가 있다. 스마트폰 위에 피라미드형 사각뿔을 거꾸로 올려놓고 홀로그램을 구현하는 것을 유사 홀로그램이라 한다. 파워포인트는 유아들을 촬영한 영상을 이미지처럼 편집할 수 있는 기능이 있어 홀로그램 영상으로 쉽게 만들 수 있다. 본 교재 2장 활동 20(93p)에서도 볼 수 있듯이 유아들이 몸으로 표현한 영상들을 홀로그램으로 감상하는 경우 유아들의 경험을 과학기술에 기반한 새로운 놀이와 활동으로 확장할 수 있다.

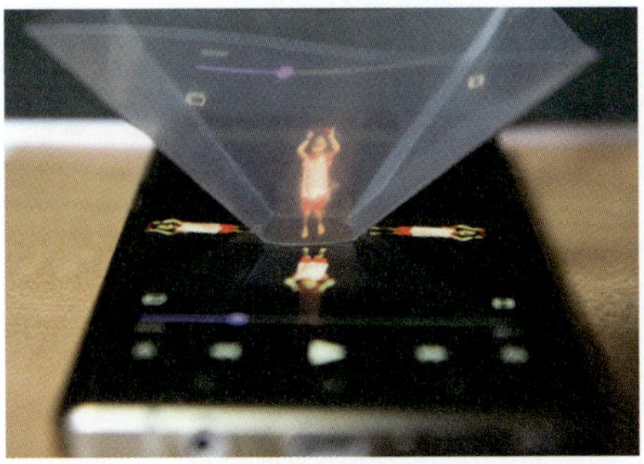

사진 3-11
유아의 표현영상이
스마트폰 홀로그램으로 구현된 예

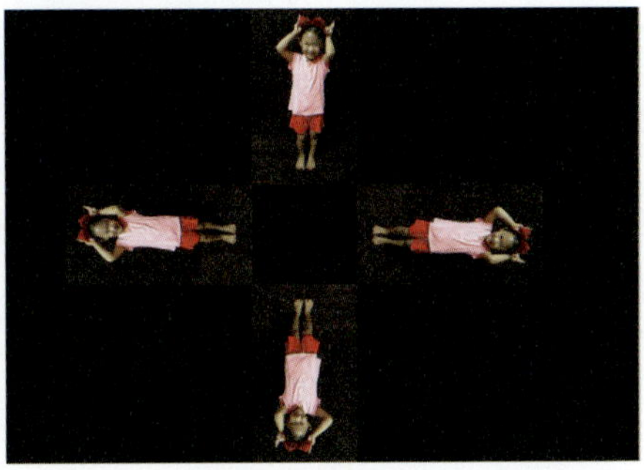

사진 3-12
파워포인트를 이용하여 만든
홀로그램 영상

실습해 보아요

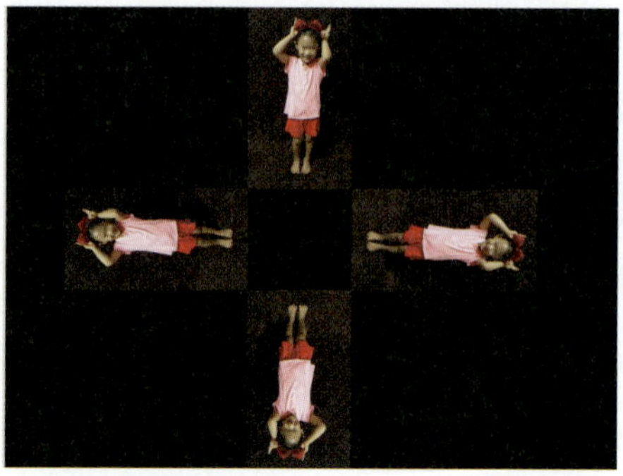

QR 3-2-11

1. 검은 배경 앞에서 동물 흉내를 내고 이를 세로로 촬영하여 저장합니다. 이때 전신이 나오는 것이 좋습니다.
2. 파워포인트에서 영상을 불러와 위의 사진처럼 편집합니다.
3. [파일]-[내보내기]에서 동영상으로 내보내기 합니다.
4. 교재에 첨부된 투명종이로 피라미드형 투명 사각뿔을 만듭니다.
5. 스마트폰에서 영상을 재생하고 사각뿔을 올려놓아 홀로그램을 감상합니다.

01 [파일]-[새로 만들기]로 새 슬라이드를 불러옵니다.

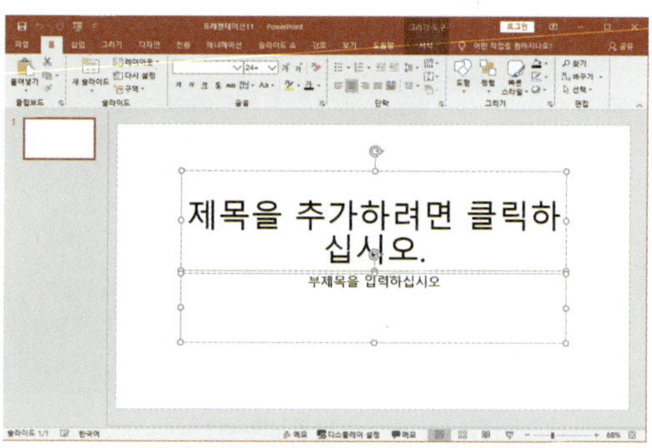

02 슬라이드 크기를 [표준]으로 설정합니다.

❶ 리본 메뉴에서 [디자인]을 클릭하고

❷ 오른쪽의 [슬라이드 크기]에서 [표준(4:3)]을 클릭합니다.

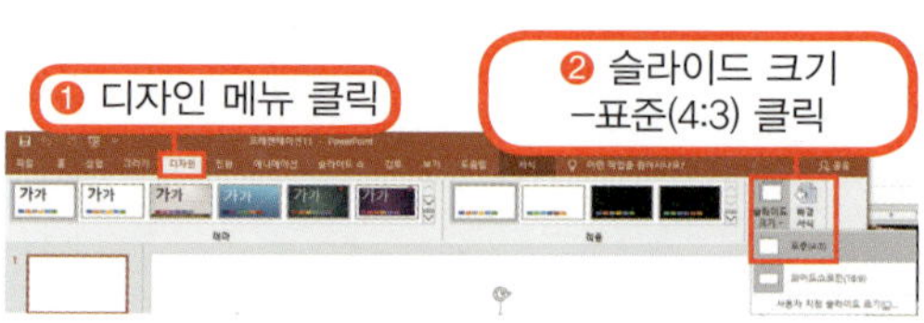

03 비디오 삽입에서 미리 촬영하여 저장해 둔 영상을 불러옵니다.

❶ 리본 메뉴의 [삽입]을 클릭하고

❷ [비디오]를 클릭하고

❸ [내 PC의 비디오]를 선택하여 저장한 영상을 불러옵니다.

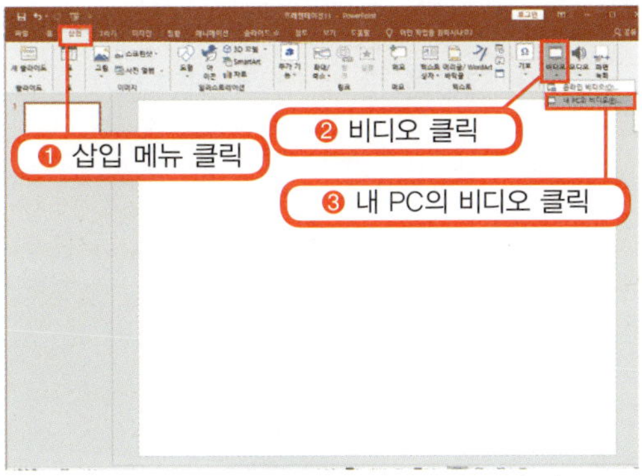

04 영상을 클릭하여 선택하고 한 쪽 모서리를 드래그하여 1/4 정도로 축소합니다.

05 Ctrl을 누른 상태에서 빈 공간으로 드래그하여 영상을 복사합니다.

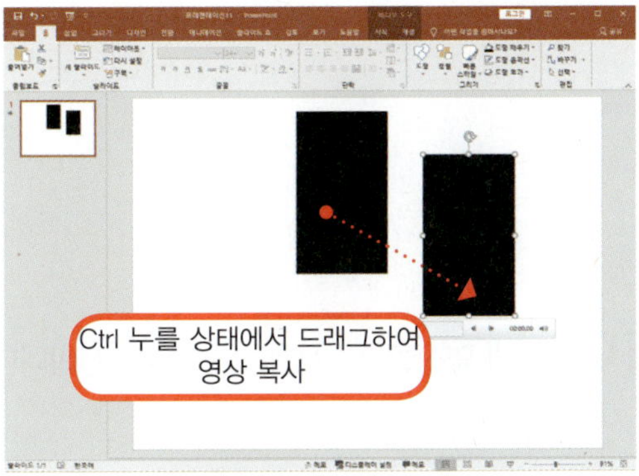

06 복사한 영상을 90° 시계방향으로 회전합니다.

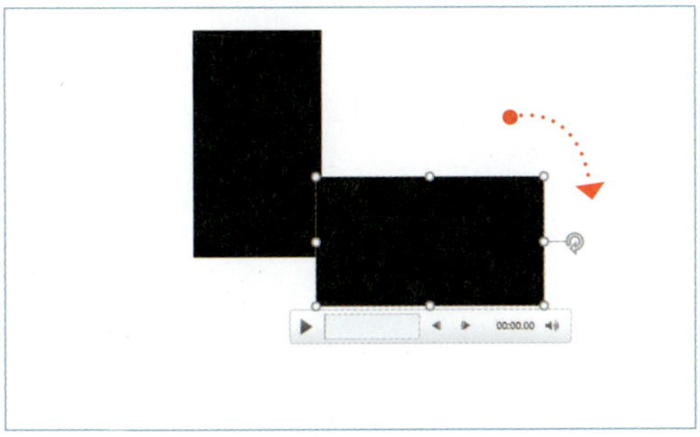

07 Ctrl을 누른 상태에서 빈 공간으로 드래그하여 영상을 한 개 더 복사합니다.

08 복사한 영상을 90° 시계방향으로 회전합니다.

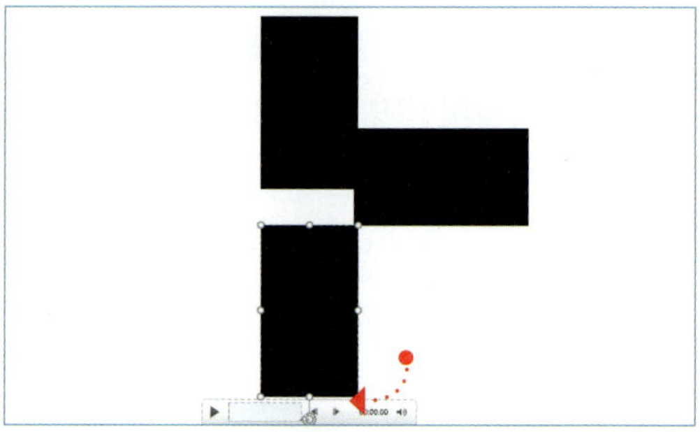

09 Ctrl을 누른 상태에서 빈 공간으로 드래그하여 마지막으로 영상을 한 개 더 복사합니다.

10 복사한 영상을 90° 시계방향으로 회전합니다.

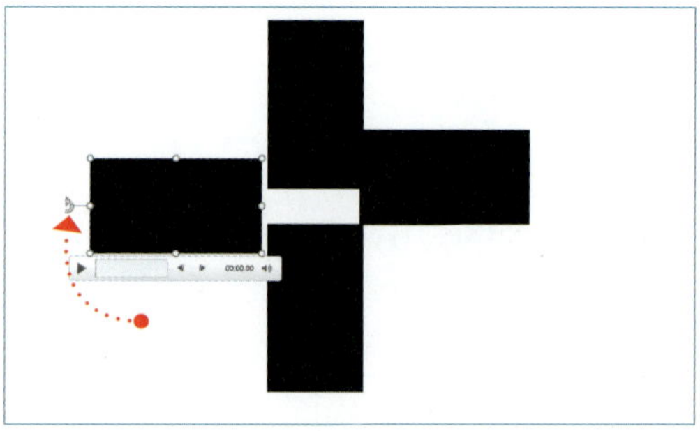

11 중앙을 정사각형 모양으로 비워두고 4개의 영상이 슬라이드에 꽉 차게 이리저리 움직여 배치합니다.

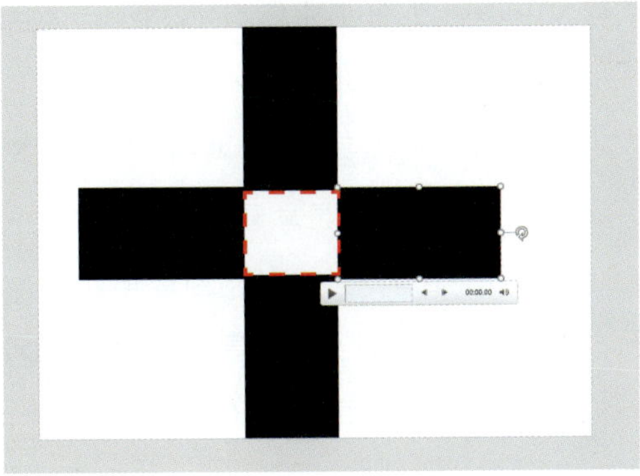

12 화면 전체를 드래그하여 4개 영상을 동시 선택합니다.

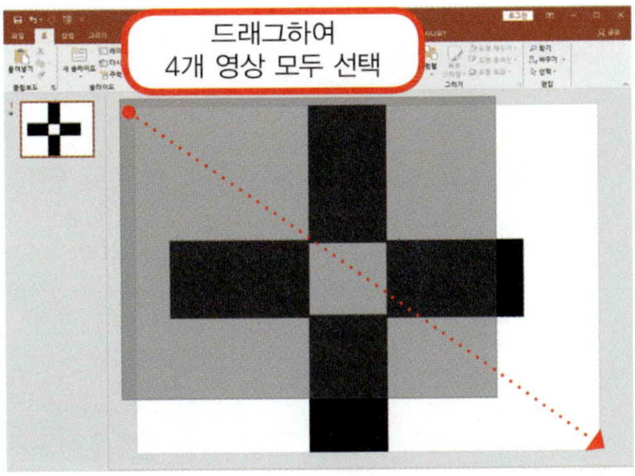

13 동시재생을 위해 오른쪽 순서대로 차례차례 클릭합니다.

❶ 리본 메뉴 중 [애니메이션]을 클릭하고

❷ ▶재생을 클릭한 후

❸ 오른쪽의 애니메이션 창을 클릭합니다.

14 오른쪽의 애니메이션 창에 4개의 목록이 생긴 것을 확인합니다.

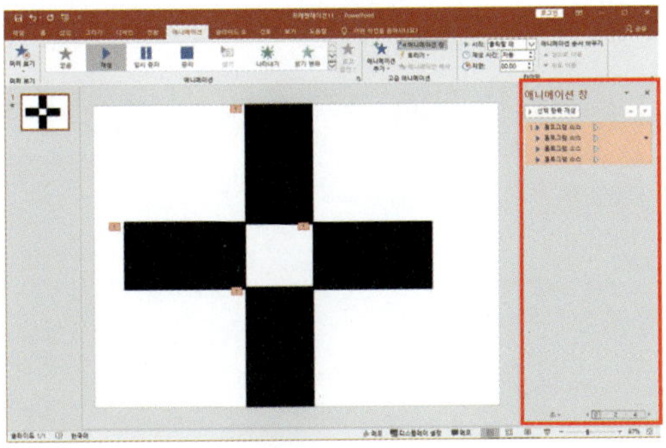

15 애니메이션 창에서 동시재생될 수 있도록 조건을 생성합니다.

❶ 4개의 재생목록 중 2번째 목록에 대고 오른쪽 마우스 버튼을 클릭합니다.

❷ [이전 효과와 함께 시작]을 클릭합니다.

❸ 3번째, 4번째 재생목록도 [이전 효과와 함께 시작]을 클릭합니다.

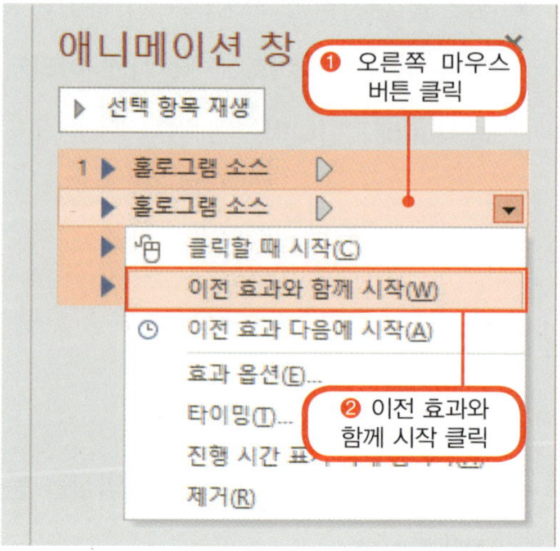

16 영상을 제외하고 모두 검은 색으로 만들기 위해 배경을 검은 색으로 채웁니다.

❶ 리본 메뉴의 [디자인]을 클릭하고

❷ 오른쪽의 [배경서식]을 클릭하고

❸ 채우기에서 [단색 채우기]를 클릭한 다음

❹ 색  을 클릭하고

❺ 검은색을 선택하여 클릭합니다.

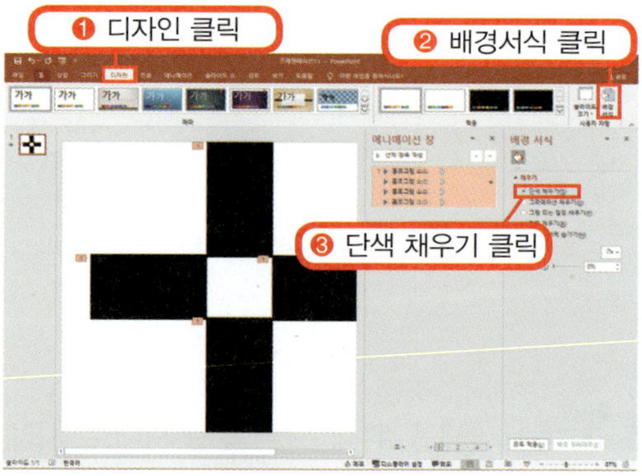

영상을 제외하고 모두 검은색이어야 유사 홀로그램 실행시 유아의 움직임이 돋보여 더 잘 보인답니다. 그래서 촬영도 검은 색 배경 앞에서, 영상도 검은 색으로 설정해야 하는 것이지요.

17 모두 완료되었으면 동영상으로 저장하기 위해 [파일]을 클릭합니다.

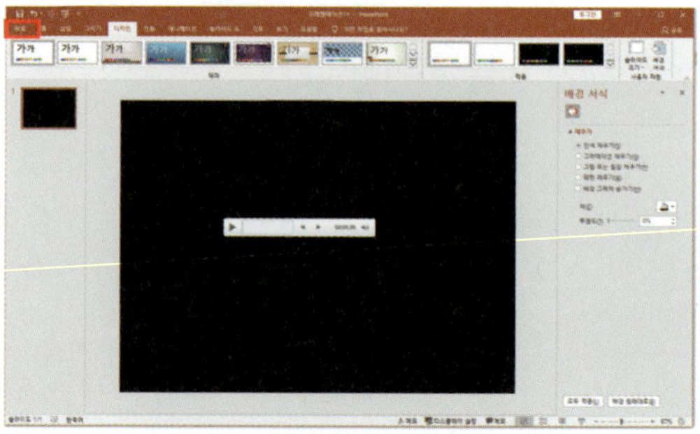

18 파워포인트 시작화면 왼쪽 하단의 [내보내기]를 클릭합니다.

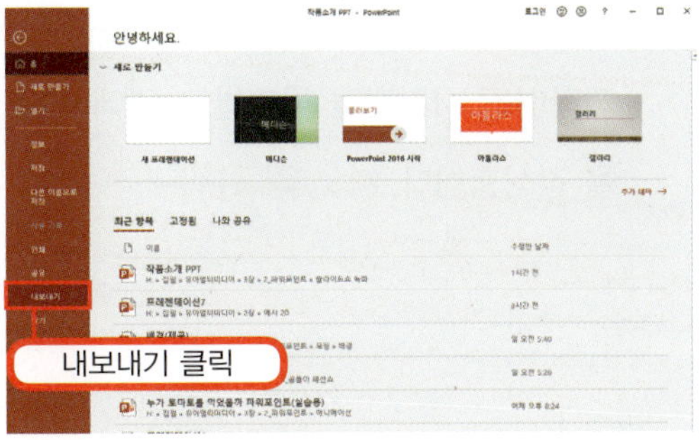

19 내보내기에서 [비디오 만들기]를 클릭합니다.

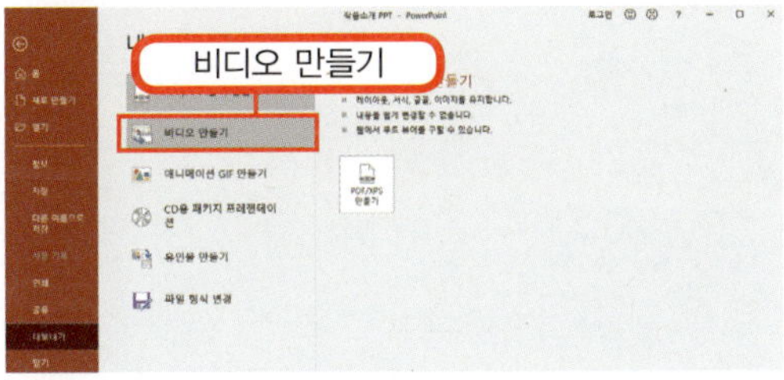

20 MPEG-4 비디오 형식으로 저장합니다.

❶ 용도에 따라 파일크기를 선택하고

❷ [비디오 만들기]를 클릭하고

❸ 파일 이름을 적고 MPEG-4 형식을 선택한 뒤

❹ [저장]합니다.

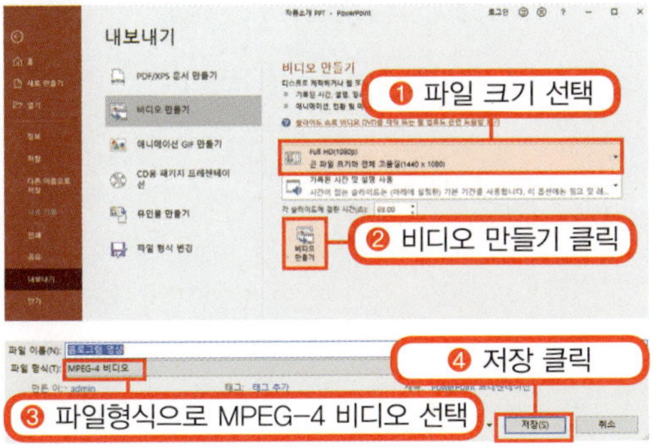

21 교재에 첨부된 전개도를 재단하여 피라미드 사각뿔을 만듭니다.

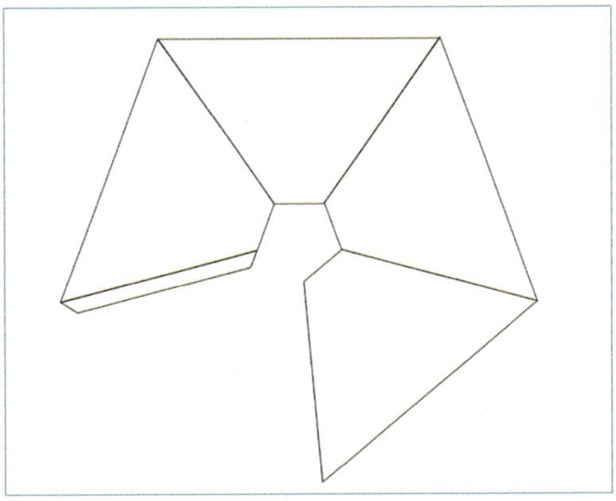

22 4개의 같은 영상 가운데 있는 정사각형에 피라미드 사각뿔을 올려놓고 옆에서 영상을 감상합니다.

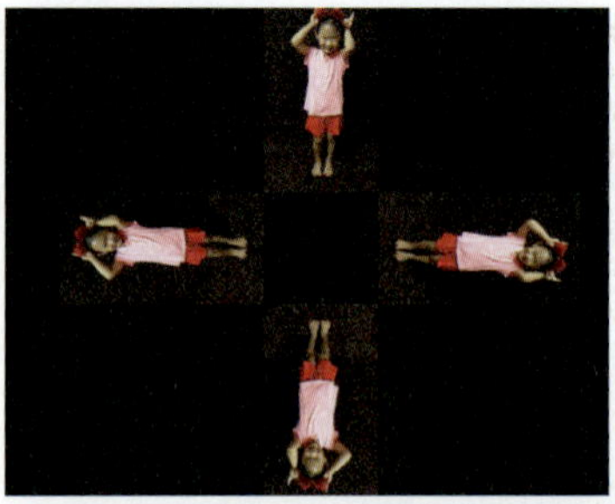

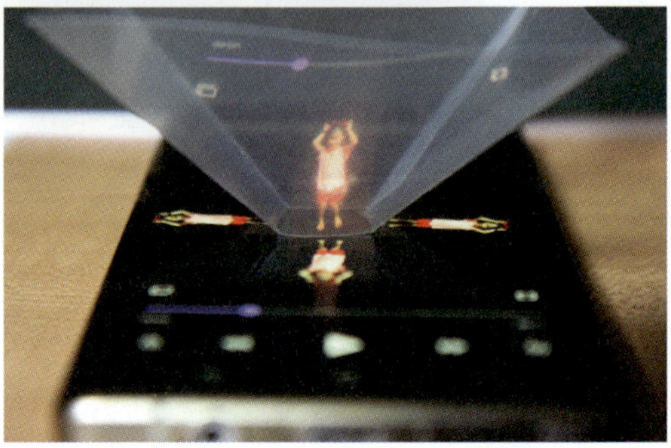

3. 애플리케이션

스마트폰이 우리 생활의 일부가 되면서 다양한 애플리케이션(App: Application)이 끊임없이 개발되고, 사라지기도 한다. 이 과정에서 모든 세대를 대상으로 한 흥미롭고 다양한 콘텐츠가 폭발적으로 증가하고 있다. 이 중에 유아를 대상으로 개발된 다양한 앱(app)들은 유아의 수준에 적합한 모바일 콘텐츠를 제공하여 놀이 도구로써의 역할을 함과 동시에 학습 매체로서의 역할 또한 함께 수행하고 있다(정수아, 김헌, 2016). 그 밖에 유아만을 대상으로 개발된 것은 아니지만 교사가 유아들과의 놀이와 활동을 위해 사용할 수 있는 앱도 있다. 교사들은 교육업무를 수행할 때 자신의 필요와 요구에 따라 다양하게 앱을 설치하여 활용할 수 있다.

본 교재에서는 유아들이 아날로그와 디지털의 조작을 적절히 활용하여 증강현실을 경험할 수 있는 퀴버(Quiver), 유아들이 재활용 재료, 블록 등으로 만든 창작물에 살아 움직이는 효과를 줄 수 있는 스톱모션 스튜디오(Stop motion studio), 교육자료 제작에 필요한 영상을 만들어주는 대표적인 앱이면서 영상합성인 크로마키가 가능한 키네마스터(KineMaster)에 대해 살펴보기로 한다.

1) 퀴버(Quiver–3D Coloring App)

Quiver는 스마트폰을 이용한 증강현실 앱이다. 보통 색칠놀이 앱이 화면을 터치하여 색을 입히는 방식과 달리 Quiver는 Quiver사에서 제공하는 홈페이지에서 도안을 다운로드하여 출력한 후 아날로그적인 방법으로 색칠하게 된다. 그다음 스마트폰의 Quiver–3D Coloring App을 통해 이를 촬영하면 색칠된 도안의 이미지들이 살아 움직이는 것처럼 보이고, 화면을 터치하여 그 이미지들을 만져주면 살아있는 것처럼 반응하기도 한다. 캐릭터를 활용하여 간단한 게임을 즐길 수도 있다. Quiver사에 제공한 무료 도안들은 자극적이지 않고, 유아들이 보기에 매력적이면서도, 자연관찰, 세계의 문화, 상상의 세계 등 다양한 주제를 다루고 있어 교육에 활용할 만한 가치가 있다.

사진 3-13 퀴버 앱을 이용하여 색칠놀이 후 증강현실 놀이하는 유아

퀴버 앱을 이용하여 색칠놀이 및 증강현실을 즐겨보고, 내가 교사라면 어떻게 수업에 활용할 것인지 생각해 보자.

실습해 보아요

출처: https://quivervision.com/

1. Quiver 홈페이지(https://quivervision.com/)에 방문하여 [coloring Pack]을 클릭합니다.
2. 마음에 드는 무료 이미지를 다운로드하여 출력합니다.
3. 그리기 도구를 이용하여 색칠놀이합니다.
4. 스마트폰에서 'Quiver-3D 컬러링 앱'을 다운로드합니다.
5. 앱을 실행하여 스마트폰 화면을 통해 내가 색칠한 그림이 살아 움직이는 것처럼 보이는 증강현실을 즐깁니다.

커버 앱을 이용하여 증강현실을 즐겨보았나요? 그럼 이제 교사가 되었을 때 이 App을 어떻게 활용하면 좋을지 아이디어를 나눠보고 아래 빈칸에 적어보세요. 단순히 유아들이 놀이할 때 색칠놀이 출력물을 내어주는 것 말고 활동에 활용할 수 있는 방법을 생각해 보세요.

☞

☞

2) 스톱모션 스튜디오(Stop Motion Studio)

스톱모션은 정지 상태의 물체(움직임이 없는 피사체)를 한 프레임마다 조금씩 이동하며 카메라로 촬영하여 피사체가 스스로 계속 움직이고 있는 것처럼 보여주는 기법이다. 스톱모션은 끊임없이 장난감을 조작하며 이야기를 만들고, 상상하며 놀이하는 유아들에게 상상을 실현시켜주는 하나의 도구가 될 수 있다. 유아들이 놀이하며 만든 이야기를 바탕으로 놀잇감을 이용하여 스톱모션을 만들거나, 유아들과 함께 알아본 주제에 관해 스톱모션 영상으로 만들 수도 있다. 더욱이 스톱모션 스튜디오(Stop Motion Studio) 앱은 **사진 3-14**와 같이 '그린 스크린'을 활용하여 내가 상상하는 곳을 불러와 피사체가 움직여 보도록 장면의 배경을 바꿀 수도 있어 이야기 만들기를 좋아하고, 상상의 세계를 즐기는 유아들에게 좋은 교수매체가 될 수 있다.

사진 3-14 그린 스크린을 이용하여 배경을 바꾼 예

그림 3-19 Stop Motion Studio 아이콘

스톱모션 스튜디오 앱은 왼쪽의 무료버전과 오른쪽의 유료버전이 있다. 유아들과 놀이하듯이 스톱모션을 활용하기 위해서는 무료버전도 무방하다. 촬영에 지속적으로 관심을 갖고 이를 활용하여 많은 작업을 수행하고 녹음까지 진행하고 싶다면 유료버전을 구입할 수도 있다.

앱을 다운로드한 다음 책상 위의 작은 물건을 한 가지 선택하여 스톱모션을 촬영하며 그 기능을 익혀보기로 하자.

그린 스크린의 배경이 될 수 있는 A3 크기의 초록색 혹은 파랑색 도화지, 부직포 등을 학생 수별로 미리 준비하면 스톱모션 스튜디오 앱을 좀 더 재미있게 즐길 수 있어요. 또한 삼각대가 있다면 함께 준비해도 좋습니다.

실습해 보아요

1. 스톱모션 스튜디오 앱을 설치합니다.
2. 책상 위에 있는 작은 물건 한 가지를 선택하고, 그린 스크린 효과를 실행해보기 위해 초록색 도화지(혹은 부직포) 도 함께 준비합니다.
3. 물건을 아주 조금씩 움직이며 촬영합니다.
4. 완성된 스톱모션을 재생해봅니다.
5. 내보내기하여 동영상을 저장합니다.

01 Stop Motion Studio의 첫 화면에서 +로 표시된 새 영화를 클릭하면 녹화가능한 화면으로 전환됩니다.

02 오른쪽 아래에 있는 물음표를 누르면 여러 가지 기능을 안내해 줍니다. 오른쪽 제일 위에 있는 카메라 버튼을 누르면 스톱모션을 촬영할 수 있는 화면으로 이동할 수 있습니다.

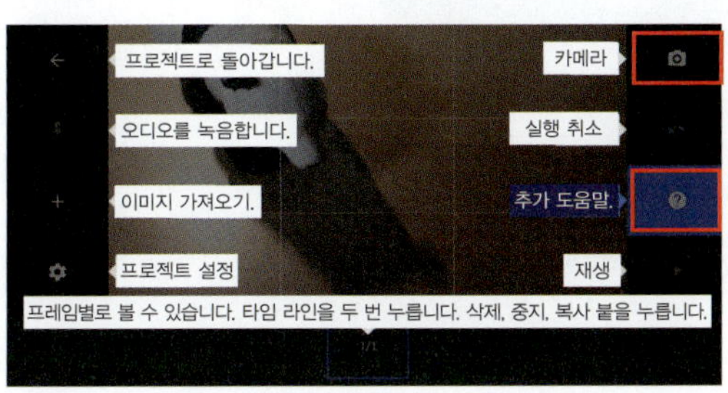

03 빨간 버튼을 누르면 촬영됩니다. 피사체를 조금씩 움직여 반복적으로 사진을 찍습니다. 화면 왼쪽의 커서를 밑으로 내리면 바로 전에 찍은 사진이 투명하게 겹쳐 보여 피사체가 얼만큼 움직였는지 알 수 있습니다.

04 빨간 버튼 밑에 버튼을 누르면 카메라 종류를 설정할 수 있고, 카메라의 종류에 따라 동영상 속도(프레임/초), 그린스크린 배경 등을 선택하여 촬영할 수 있습니다.

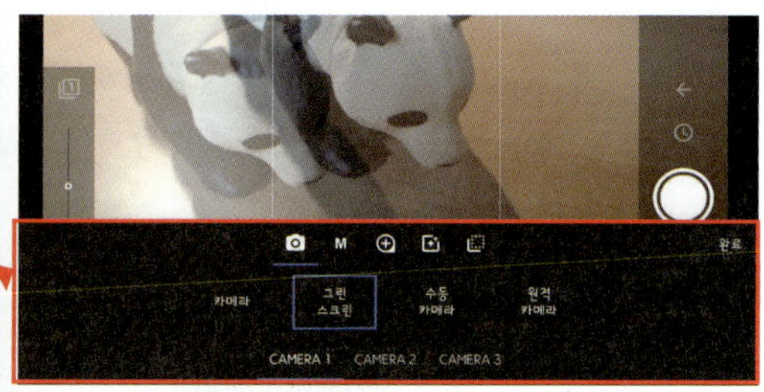

본 교재에서는 카메라 종류 중 [그린 스크린]을 선택하였습니다. 그렇게 하면 아래의 사진과 같이 하늘, 우주, 바닷 속 배경 등등 새로운 배경과 합성되어 스톱모션이 생성됩니다. 단, 초록이나 파랑색만 인식하여 배경을 바꿔주니 미리 준비한 초록, 파랑색 도화지나 부직포를 뒷배경으로 하여 촬영해야 합니다.

05 피사체를 조금씩 움직이며 촬영합니다.

촬영시 카메라가 너무 많이 움직이면 좋은 결과물을 얻을 수 없어요. 되도록 책상, 의자, 쌓아놓은 책 등에 핸드폰을 고정해 놓고 촬영하세요.

06 촬영이 끝나면 ← 버튼을 눌러 스톱모션 결과물을 확인하고 편집할 수 있는 화면으로 이동합니다.

07 오른쪽 하단의 ▶ 버튼을 눌러 스톱모션 결과물 재생해 봅니다.

08 흐름에 방해가 되는 컷이 있다면 손가락으로 터치하여 해당 컷의 편집창을 불러 삭제하거나 잘라내기 합니다.

09 스톱모션이 완성되었으면 왼쪽 상단의 ← 버튼을 눌러 내보내기 화면으로 갑니다.

10 제작한 동영상을 길게 터치하여 선택되면 에서 [동영상 내보내기]를 터치합니다.

11 [저장]을 터치한 후 파일의 이름을 입력하여 스마트폰에 저장합니다.

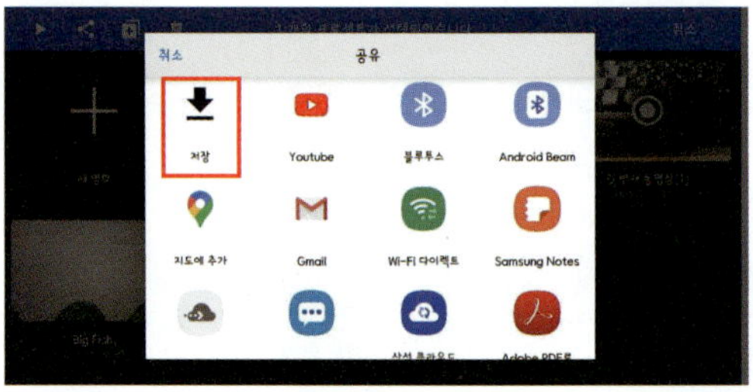

스톱모션은 여러 명이 힘을 합쳐 함께 제작하면 더욱 수월합니다. 미리 준비한 작은 피규어나 인형, 학용품, 먹다 남은 음료 등의 물건들을 이용하여 모둠별로 스톱모션을 제작해 보세요.

1. 4~5개의 모둠을 만듭니다.
2. 모둠별로 미리 준비한 작은 피규어나 인형과 필통의 학용품들, 이어폰 등 주변의 물건들을 함께 이용하여 스톱모션을 계획합니다.
3. 2분 이내의 짧은 스톱모션을 찍어봅니다.
4. 스마트폰에 저장하여 단체 채팅방에 결과물을 올려 공유합니다.

QR 3-3-1

모둠별 스톱모션 예시

※ 교수자는 촬영 결과물 모두를 한 번에 감상할 수 있도록 간단한 영상을 제작하여 학생들과 공유할 수 있습니다.

※ 스톱모션을 유아교육기관에서 어떻게 활용하면 좋을지에 관한 예시가 2장의 '레고가 움직여요'(p.50) 에 제시되어 있으므로 다시 한번 복습하며 스톱모션 활용방안에 대해 이야기 나눠볼 수 있습니다.

3) 키네마스터

키네마스터(KineMaster)는 스마트폰에서 사용할 수 있는 동영상 편집 앱이다. 전문가 수준의 편집 기능을 모두 갖추었음에도 불구하고 초보자가 사용하기에 불편함이 없으며, 구독하지 않아도 로그인 없이 체험판의 사용이 가능하다. 다만 유료로 사용할 경우 오른쪽 상단에 있는 워터마크가 제거되고, 오버레이, 비쥬얼 효과, 다양한 효과음과 무료 음악 등을 모두 이용할 수 있어 영상의 질을 높일 수 있다.

그림 3-20
키네마스터 아이콘

키네마스터의 기본 화면구성을 살펴보면 다음과 같다.

☞ 키네마스터 앱을 실행하면 제일 처음 나오는 화면
☞ 왼쪽의 중앙에 있는 + 버튼을 터치하면 편집가능한 화면으로 이동함

☞ 영상편집 화면의 기본구성

❶ **액션바:** 프로젝트 설정, 내보내기 및 공유, 캡처 등을 할 수 있음

❷ **타임라인:** 미디어, 텍스트, 오디오, 음성 등 영상의 모든 요소가 시간에 따라 줄지어 있음

❸ **미디어 휠:** [미디어]는 단색배경과 스마트폰에 저장된 다양한 미디어를 불러올 수 있고, [오디오]는 저장된 음악, 효과음, 녹음 등을 불러올 수 있으며, [음성]은 시작버튼을 눌러 바로 녹음할 수 있음. [레이어]를 터치하면 **사진 3-15**와 같이 기본 미디어 위에 또 다른 미디어, 효과, 오버레이, 텍스트, 손글씨를 쌓아 겹치고자 할 때 사용함.

미디어 휠에서 가운데 빨강 버튼을 터치하면 **사진 3-16**과 같이 영상 편집 중 사진을 촬영할 수 있는 카메라와 영상을 찍을 수 있는 캠코더 버튼이 있음

사진 3-15 레이어 선택 버튼

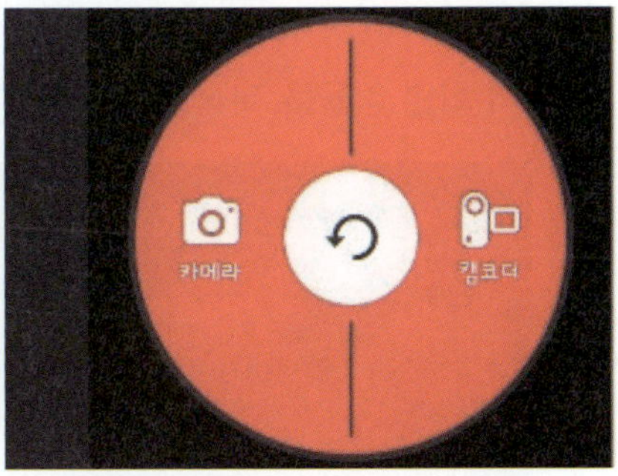

사진 3-16 편집 중 촬영 버튼

실습해 보아요

1. 키네마스터 앱을 설치합니다.
2. 앱을 열어 단색배경, 사진, 영상을 1개씩 불러옵니다.
3. 레이어를 이용하여 텍스트, 모자이크, 오버레이 등을 겹쳐 넣어봅니다.
4. 단색배경, 사진, 영상 사이사이에 장면전환효과를 넣어 완성합니다.
5. 내보내기를 하여 동영상을 저장합니다.

01 키네마스터 앱을 실행하여 가운데 +버튼을 터치합니다.

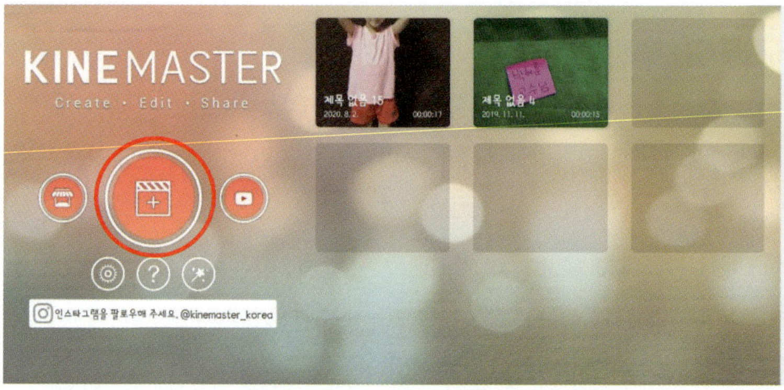

02 프로젝트의 화면 비율을 제작할 자료에 맞게 설정하여 터치합니다.

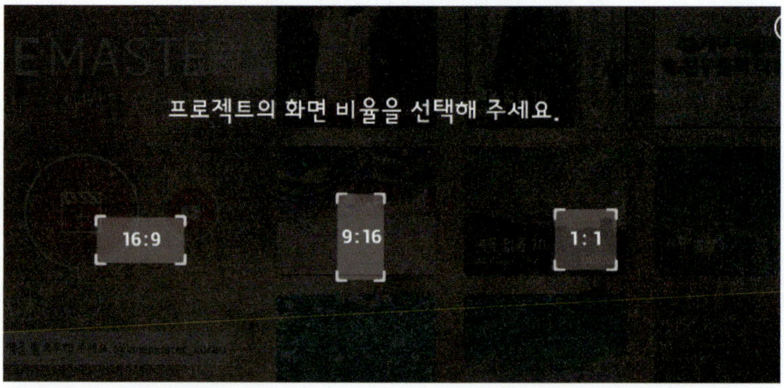

03 미디어 휠 위쪽에 있는 [미디어]를 클릭하면 나오는 미디어 브라우저에서 단색배경, 사진, 영상 등의 미디어를 선택하여 터치합니다. **단색배경 1개, 사진 1개, 짧은 동영상 1개**를 각각 차례대로 불러옵니다.

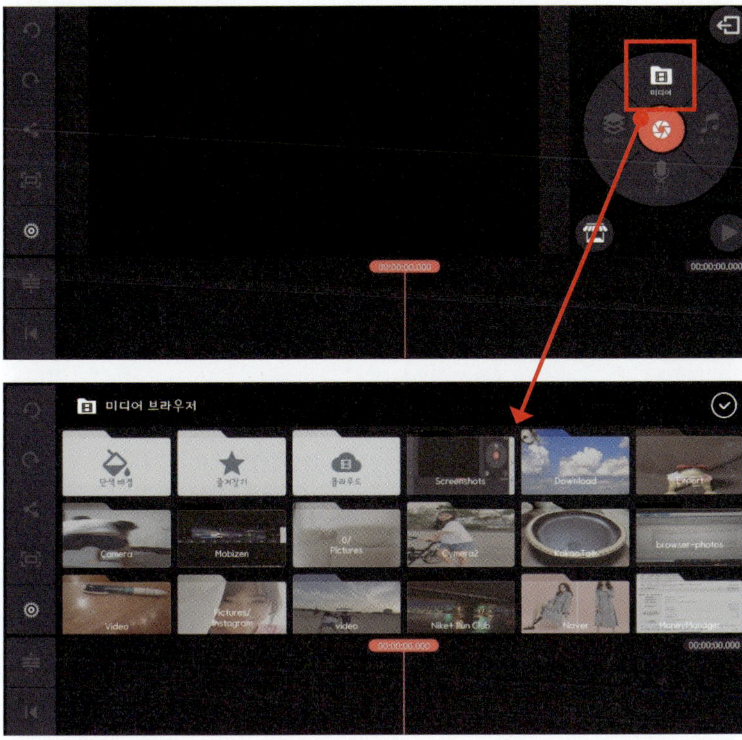

04 타임라인에 단색배경–사진–동영상 순서로 배치된 것을 확인합니다.

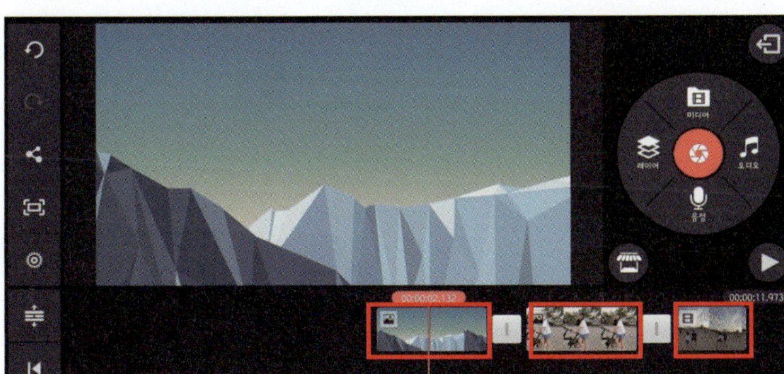

05 단색배경 위에 텍스트 레이어를 겹쳐봅니다.

❶ 단색배경이 타임라인의 시작에 위치할 수 있게 터치한 후 드래그하여 조절하고

❷ [레이어]–[텍스트]를 터치합니다.

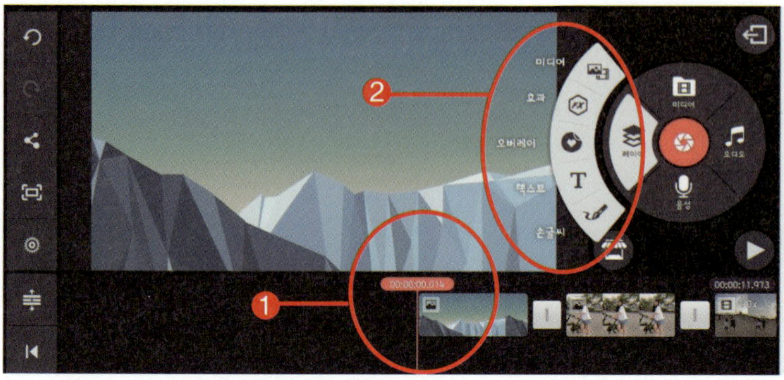

06 텍스트를 입력하고 [확인]을 터치합니다.

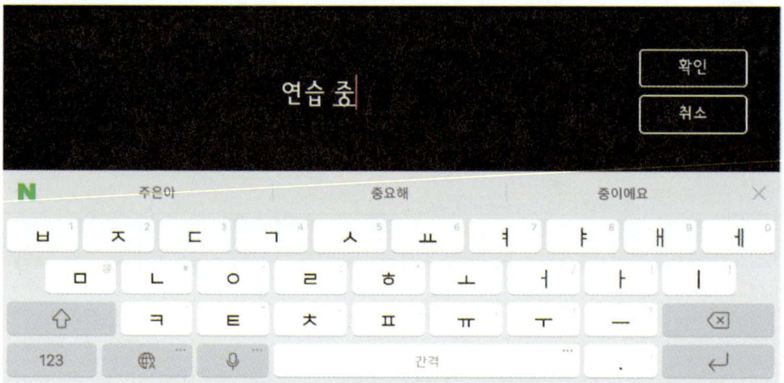

07 텍스트의 크기와 위치, 애니메이션 효과를 설정하고 버튼을 터치합니다.

텍스트에 다양한 애니메이션 효과를 적용해보고 선택합니다.

08 사진이미지의 일부에 효과를 적용합니다.

❶ 사진을 타임라인에 잘 맞추고

❷ 미디어 휠의 [레이어]–[효과]를 터치합니다.

09 사진에 원하는 효과를 적용하고 버튼을 터치합니다.

사진에 넣을 수 있는 다양한 효과를 적용해보고 선택합니다.

10 모자이크의 크기를 조절하고 타임라인에서 사진의 길이와 효과의 길이를 맞춰 재단합니다.

❶ 적용된 효과의 크기를 조절하여 효과를 적용하고 싶은 부분으로 드래그하여 옮깁니다.

❷ 타임라인에서 효과를 클릭하여 노란색 테두리로 활성화 시켜 사진이 끝나는 지점과 효과가 끝나는 지점을 맞춥니다.

> 타임라인에서 길이를 조정하거나 편집하고 싶은 사진, 영상, 효과, 텍스트 등을 터치하면 노랑색 테두리가 생기면서 활성화됩니다.

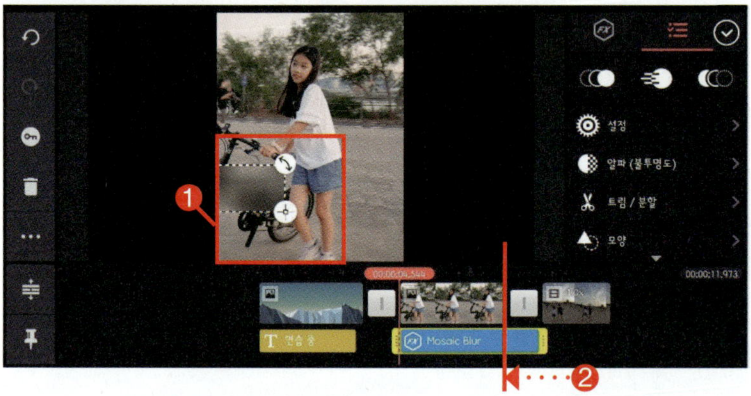

11 영상에 불꽃놀이를 오버레이 해보겠습니다.

❶ 타임라인에 영상의 시작부분을 드래그하여 잘 맞추고

❷ 미디어 휠의 [레이어]-[오버레이]를 터치합니다.

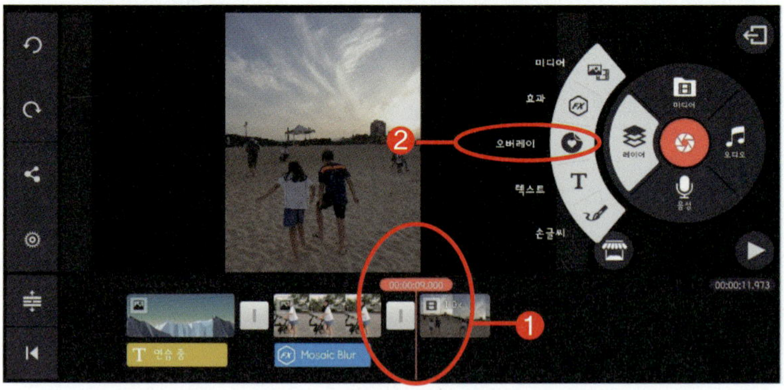

12 오버레이에서 원하는 효과를 터치하여 선택합니다.

영상에 넣을 수 있는 다양한 오버레이 효과를 적용해보고 선택합니다.

13 오버레이 효과의 크기를 조절하고 타임라인에서 영상의 길이와 오버레이의 길이를 맞춰 재단합니다.

❶ 적용된 오버레이의 크기를 조절하여 효과를 적용하고 싶은 부분으로 드래그하여 옮깁니다.

❷ 타임라인에서 오버레이를 터치하여 노란색 테두리로 활성화 시켜 영상이 끝나는 지점과 효과가 끝나는 지점을 맞춥니다.

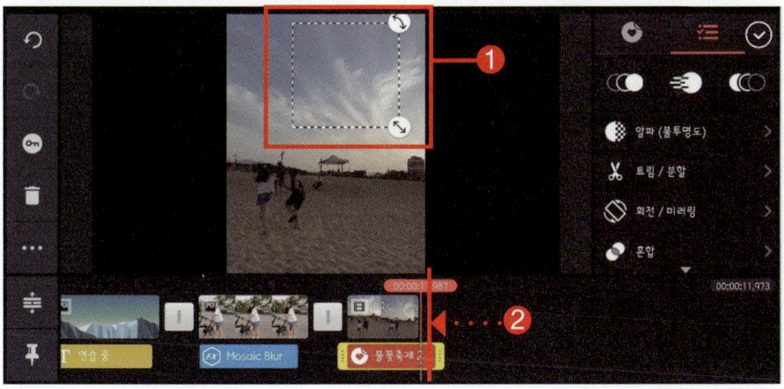

14 단색배경과 사진 사이, 사진과 영상 사이를 각각 터치하여 장면전환효과를 선택한 후 ⊙ 버튼을 터치합니다.

15 동영상이 원하는 대로 제작되었는지 확인 후 내보내기 합니다.

❶ ▶버튼을 터치하여 만든 영상을 재생해봅니다.

❷ 완성된 것을 확인하고 오른쪽 위에 있는 내보내기 버튼을 터치합니다.

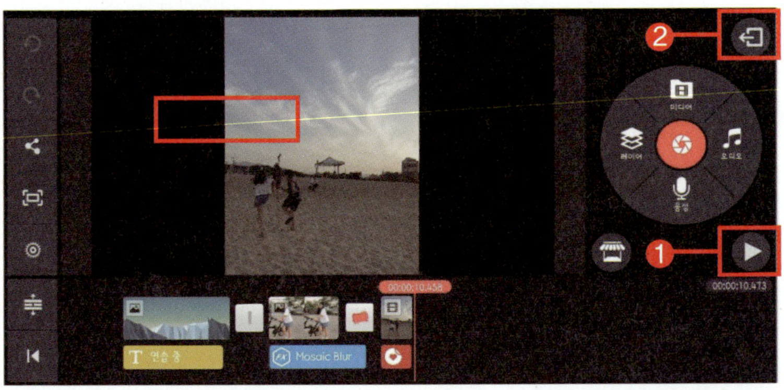

16 내보내기 화면에서 지금 만든 동영상을 터치합니다.

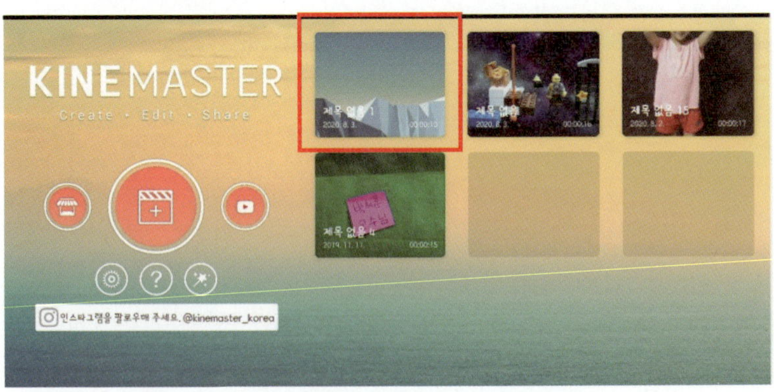

17 '제목 없음 1'이라고 되어있는 부분을 터치하여 동영상 제목을 입력하고 [확인]을 터치합니다.

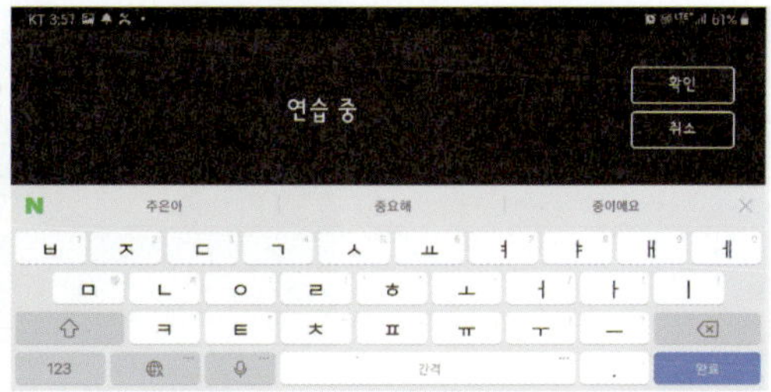

18 제목이 만들어진 것을 확인하고 내보내기 및 공유 를 터치하여 내보내기 합니다.

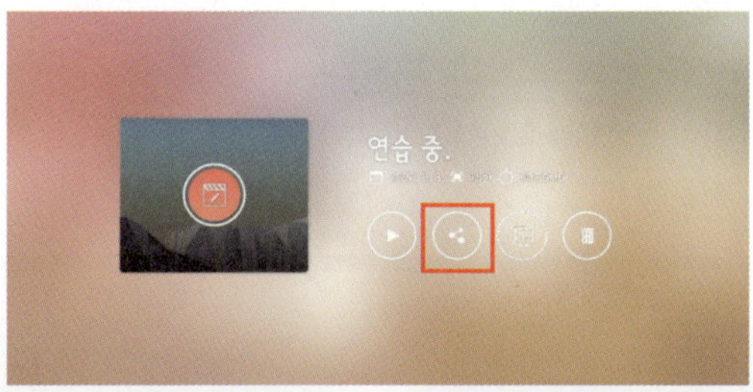

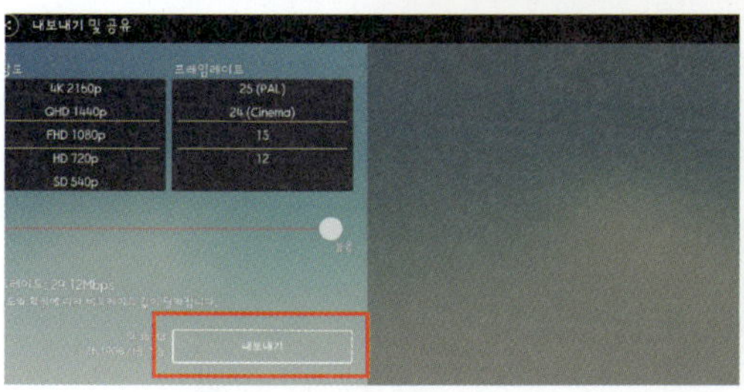

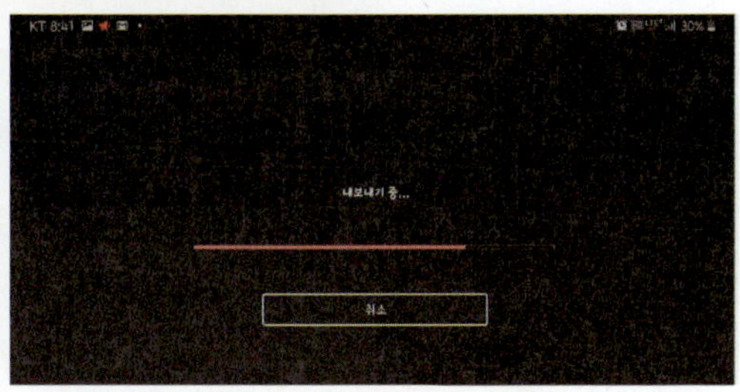

실습해 보아요

사진과 영상 크로마키 합성의 예

QR 3-3-2

1. 위의 예시를 보고 합성할만한 주변의 물건(초록이 포함되어 있지 않은 물건)들을 골라보고, 배경이 될 사진도 함께 골라봅니다.
2. 배경이 될 사진을 불러옵니다.
3. 초록색 배경 위에 합성할 물건을 올려놓고 영상을 촬영합니다.
4. 크로마키 기능을 사용하여 사진과 영상을 합성하여 완성합니다.
5. 내보내기를 하여 동영상을 저장합니다.

01 키네마스터 앱을 실행하여 가운데 +버튼을 터치합니다.

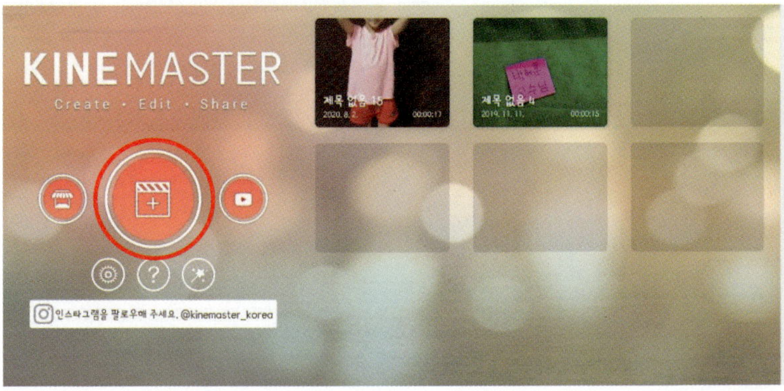

02 프로젝트의 화면 비율을 제작할 자료에 맞게 설정하여 터치합니다.

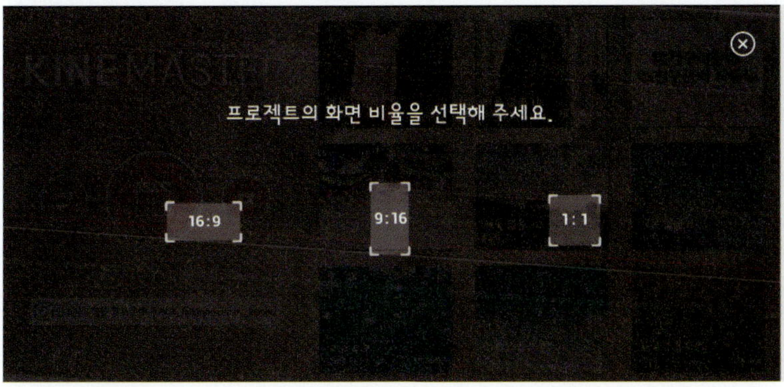

03 미디어 휠 위쪽에 있는 [미디어]를 클릭하면 나오는 미디어 브라우저에서 배경이 될 사진을 불러옵니다.

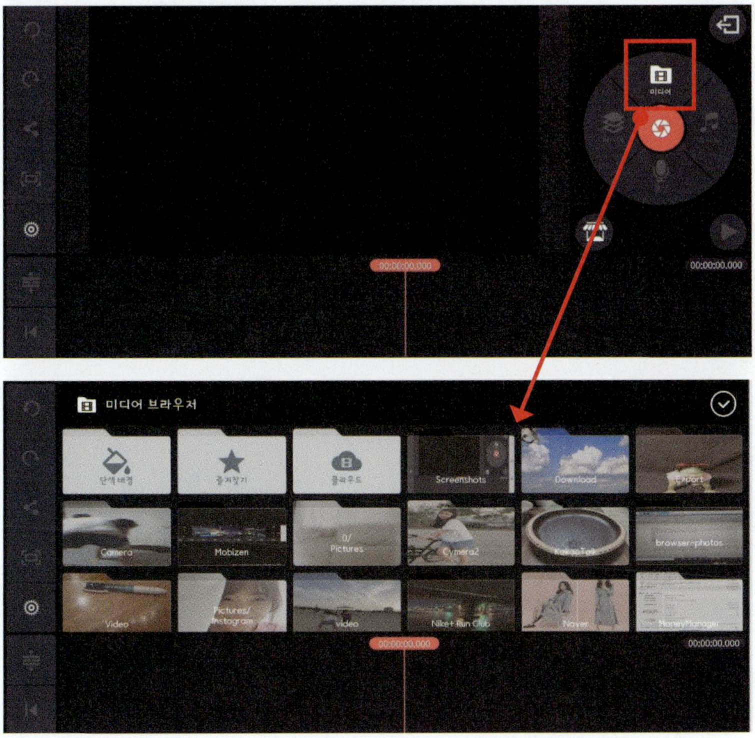

04 불러온 사진을 확인하고, 미디어 휠의 중앙에 있는 빨간 버튼을 터치합니다.

05 미디어 휠의 오른쪽에 있는 캠코더를 터치하여 촬영화면으로 이동합니다.

06 초록색 배경 위에 영상으로 찍을 물건을 올려놓고 위치를 잡습니다.

촬영하려는 물건에 초록색이 포함되어 있으면 배경과 함께 지워집니다. 물건을 고를 때 초록색 부분이 있는지 꼭 확인하세요.

07 녹화버튼을 누르고 다람쥐가 움직이는 것처럼 스마트폰을 여기저기로 움직이며 영상을 촬영합니다.

영상이 초록색 배경 안에서만 촬영되어야 피사체만 남습니다. 꼭 기억해 두세요.

08 촬영이 끝나면 나오는 아래의 화면에서 [레이어로 사용]을 선택합니다.

불러온 사진 위에 영상을 얹을 것이기 때문에 [레이어 사용]을 터치하는 것이랍니다. 잘 이해해 두세요.

09 합성한 영상을 크로마키로 편집하기 위해 오른쪽의 [크로마키]를 터치합니다.

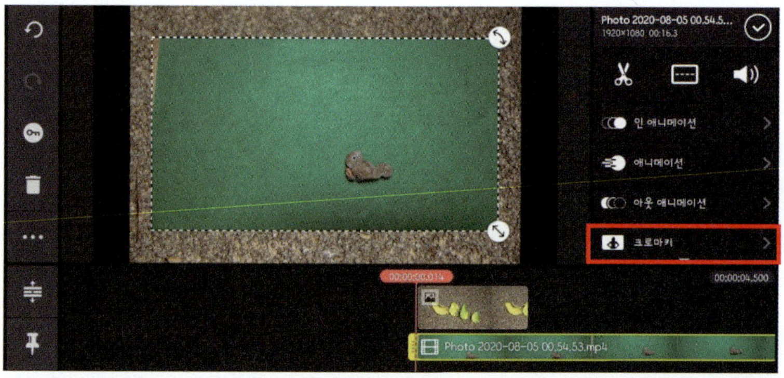

10 [적용] 버튼을 터치하여 크로마키를 활성화 시킵니다.

11 마우스 포인터를 조금씩 움직여 피사체만 남기고 초록색 배경을 지웁니다.

❶ 피사체  를 왼쪽으로 조금씩 움직입니다.

❷ 배경  을 오른쪽으로 조금씩 움직입니다.

하단의 미세조정  을 터치하여 좀 더 디테일하게 지울 수 있어요. 이 때 피사체가 배경과 함께 지워지지 않도록 주의하세요.

12 마스크 모드  를 터치하여 화면에서 피사체 남고 배경이 잘 제거되었는지 확인합니다.

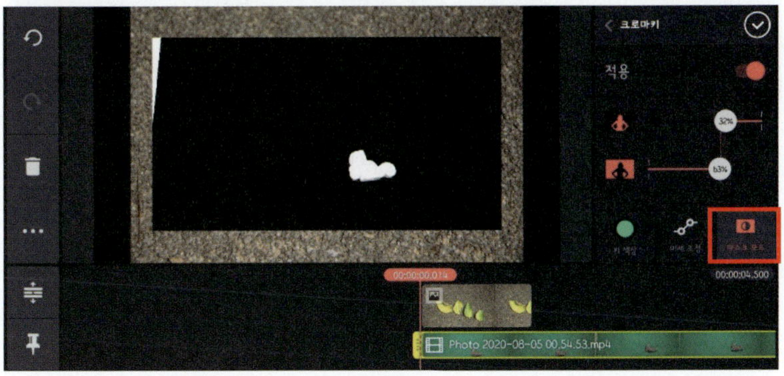

남은 부분은 흰색, 제거된 부분은 검은색으로 보인답니다. 지워지지 않은 부분들이 있다면 다시 마스크 모드를 해제하고 조정을 반복합니다.

13 영상의 피사체 크기나 위치를 조정하여 사진과 어울리게 편집하고 오른쪽 상단의 확인 버튼을 눌러 기본창으로 나갑니다.

14 재생버튼 을 눌러 잘 합성되었는지 확인하고 내보내기 하여 저장합니다.

저장방법은 교재(pp.242~243)를 참고하여 진행하세요.

키네마스터 외에도 유용한 동영상 제작 애플리케이션이 많이 있습니다. 아래에 간단히 소개합니다.

멸치	VLLO	VivaVideo
영상 제작을 위한 다양한 템플릿이 준비되어 있으며, 영상의 인트로와 아웃트로를 디자인 하기 용이함	무료로 이용해도 워터마크가 남지 않으며, 1000여 가지의 주제별 스티커와 움직이는 텍스트를 사용할 수 있음	동영상 편집 및 슬라이드쇼 제작이 가능하며, 스노우와 같이 얼굴 인식 스티커를 제공함

4. 그림판

그림판 3D는 윈도우 10에 기본적으로 설치되어 있는 3D 모델링 프로그램으로 누구나 무료로 사용할 수 있어 접근성이 좋다. 기존의 그림판이 2D 이미지 편집기능만 갖고 있었다면 그림판 3D는 모든 각도에서 볼 수 있는 3D 모델을 가져와 수정하거나 새롭게 생성할 수 있어 활용도가 무궁무진하다.

그림 3-21
그림판 3D 아이콘

2D 이미지 편집 시에도 자동선택 기능이 있어 이미지를 배경에서 쉽게 떼어낼 수 있고, 남은 배경 또한 주변 배경의 내용을 인식하여 자동으로 채워주는 기능을 갖고 있다. 그림판의 숨은 기능들을 알게 되면 매력적이고 창의적인 자료 제작이 가능하고, 그림판 3D를 이용하면 상상하는 것들을 시각적으로 구현해낼 수 있는 범위가 넓어질 수 있다.

유아교육기관에서도 그림판 3D의 기능을 알면 기존의 2D 이미지 중심 교수매체 제작에서 한 단계 업그레이드하여 유아들과 함께 3D 이미지를 직접 제작해보고 활동해 볼 수 있다.

본 교재에서는 그림판 3D의 화면기본구성에 대해 살펴보고, 유아교육현장에서 활용할 만한 두 가지 작업을 실습해보기로 한다.

1) 그림판 3D의 화면구성

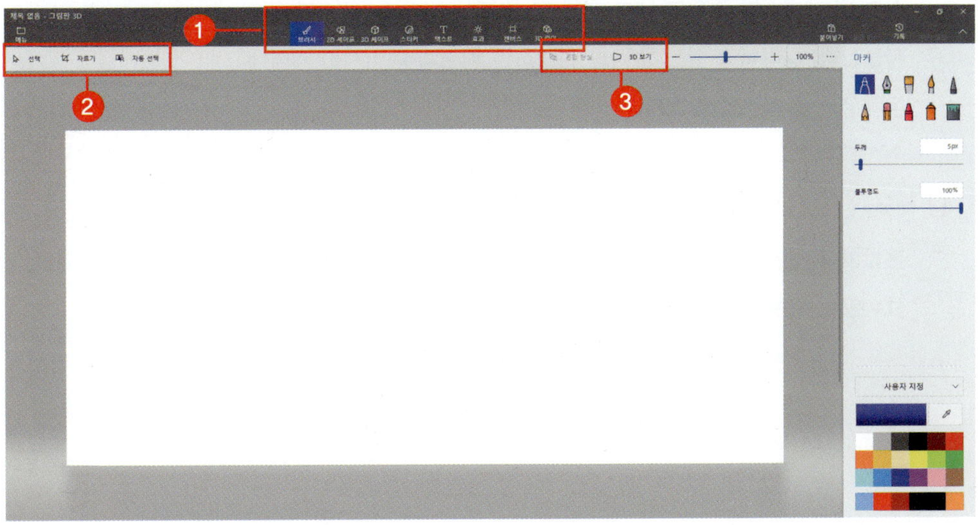

❶ 메뉴

브러시: 그림을 그리는 여러 도구(마커, 붓글씨펜, 유화브러시, 수채화, 픽셀펜, 연필, 크레용, 스프레이캔, 채우기)가 있으며, 두께와 불투명도와 색깔을 선택하여 그림을 그리고 지울 수 있음. 펜 압조절이 되어 자연스러운 터치가 가능해짐

2D 셰이프: 기존의 그림판에서 사용하던 2차원의 선과 여러 도형으로 구성된 메뉴

3D 셰이프: 선과 면을 넘어서 '공간'을 표현해주는 메뉴로, 3D로 그리기, 3D 개체, 3D 모델 중 선택하여 3차원적 모델을 만들 수 있음

스티커: 여러 모양의 스티커와 질감을 선택하여 셰이프에 겹쳐 붙일 수 있으며 3D 셰이프에서는 입체적으로 붙일 수도 있음. 나만의 스티커를 추가하여 활용할 수도 있음

텍스트: 일반적인 2D 텍스트와 함께 3차원 형태로 이리저리 돌려볼 수 있는 3D 텍스트도 사용할 수 있음

효과: 전체 화면에 여러 가지 필터와 조명 휠을 적용하여 효과를 줄 수 있음

캔버스: 그림을 그리고 있는 캔버스의 크기를 조절할 수 있음

3D 라이브러리: 동물, 우주, 공룡, 식물, 캐릭터, 곤충, 새, 종이접기 등과 관련된 3D 개체를 선택하여 편집, 보정할 수 있음

❷ 메뉴

선택: 2D 이미지나 3D 모델을 클릭하여 선택할 수 있음

자르기: 캔버스를 원하는 대로 자를 수 있음

자동선택: 잘라내고 싶은 영역을 선택하면 배경과 이미지를 떼어내고 떼어낸 배경에 '배경자동채우기'를 적용할 수 있음

❸ 메뉴

혼합현실: 웹캠의 화면에 불러오거나 제작한 3D 모델이 들어와 혼합현실을 만들 수 있음

3D 보기: 불러오거나 제작한 3D 모델을 3D로 보며 위치를 조정할 수 있음

2) 그림판 3D 활용하기

(1) 이미지를 오려내고 배경을 채워 보아요

멀티미디어 활동자료를 제작할 때, 특히 동화감상활동 시 동화책 속 원하는 이미지만 오려내어 애니메이션 효과가 담긴 피피티 동화를 만들 때 그림판을 활용할 수 있다. 다음을 참고하여 직접 이미지를 오려내는 작업을 실습해보자.

실습해 보아요

QR 3-4-1

1. [열기]-[파일 찾아보기]에서 '예제소스 3-4-1'를 불러옵니다.
2. [자동선택]을 클릭하고 두 유아의 이미지만 선택되도록 드래그하고 [다음]을 클릭합니다.
3. [추가]와 [제거]를 선택하여 그림조각 다듬기를 진행합니다.
4. 잘라낸 개체를 복사하여 파워포인트 화면에 붙입니다.
5. 남은 배경을 '그림조각 다듬기'로 깨끗하게 만듭니다.
6. 배경을 JPEG로 저장하여 파워포인트에서 불러옵니다.
7. 배경 위에 개체를 배치하고 애니메이션 효과를 주어 완성합니다.

01 그림판 3D를 실행하여 [열기]를 클릭하여 예제소스 3-4-1을 불러옵니다.

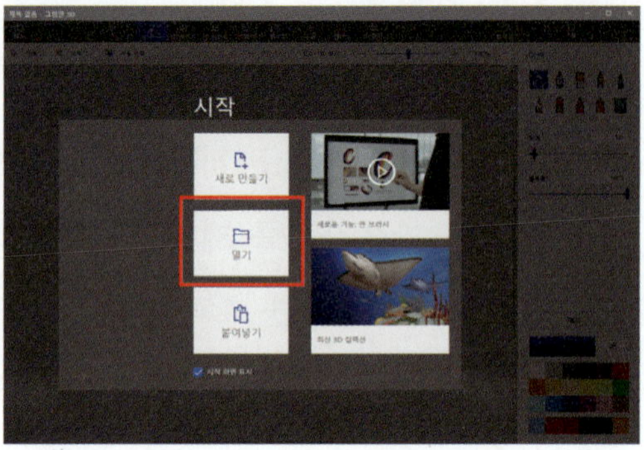

02 잘라내고 싶은 개체를 자동선택합니다.

❶ 상단 메뉴의 [자동선택]을 클릭하고

❷ 이미지 전체가 선택되면 점으로 표시된 모서리를 안쪽으로 드래그하여 이미지 전체를 감쌀 만큼 자동선택합니다.

03 잘라낼 개체 선택이 완료되면 다음을 클릭합니다.

❶ 잘라낼 영역에서 누락된 부분이 없는지 다시 한번 확인하고

❷ 오른쪽에 있는 [다음]을 클릭합니다.

04 추가할 부분을 그림 그리듯이 그려 추가해 나갑니다.

❶ 오른쪽의 [추가]를 클릭하고

❷ 잘라낼 영역에서 누락된 부분을 조금씩 그림 그리듯이 그려 추가해 나갑니다.

05 제거할 부분을 그림 그리듯이 그려 제거해 나갑니다.

❶ 오른쪽의 [제거]를 클릭하고

❷ 잘라낼 영역 중 배경이 포함된 부분을 조금씩 그림 그리듯이 그려 제거해 나갑니다.

06 배경 자동 채우기를 체크한 후 완료합니다.

❶ 잘라낼 영역이 잘 선택되었는지 확인하고

❷ 오른쪽의 [배경 자동 채우기]에 체크한 다음

❸ [완료]를 클릭합니다.

07 잘라낸 영역을 잘라내기 하여 파워포인트 화면에 붙여넣기 합니다.

❶ 잘라낸 영역에 대고 오른쪽 마우스 버튼을 클릭하고

❷ 팝업창에서 [잘라내기]를 클릭합니다.

❸ 파워포인트를 열어 빈 화면에 Ctrl+ V하여 잘라낸 영역을 붙여넣습니다.

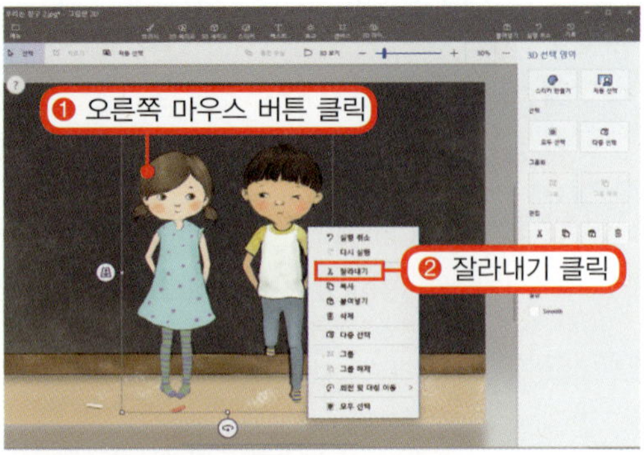

08 02~06까지의 과정을 반복합니다. 잘라낸 영역을 붙여넣기 하지 않고 [삭제]하여 제거합니다.

> 오른쪽 마우스 버튼을 눌러 [삭제]를 클릭해도 되고, Delete 버튼을 눌러 삭제해도 무방합니다.

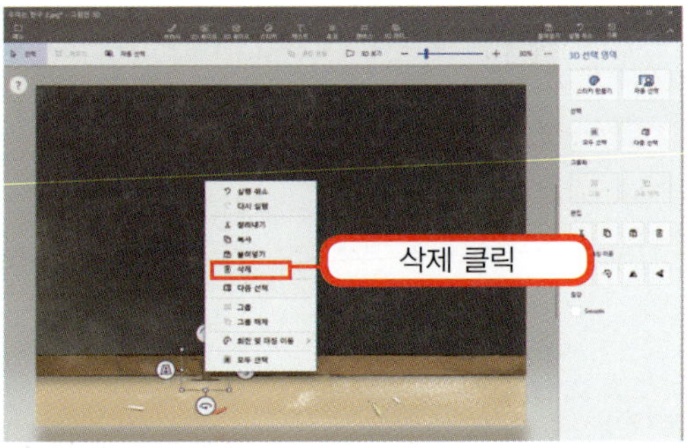

09 왼쪽 상단의 [메뉴]를 클릭하여 [다른이름으로 저장]에서 JPEG형식으로 저장합니다.

10 파워포인트에서 저장한 배경을 불러와 개체와 어울리게 적당히 정렬하여 원하는 애니메이션 효과를 줍니다.

(2) 3D 셰이프를 이용하여 움직이는 3D 물고기를 만들어보아요

3D를 이용한 디자인은 전문가의 영역으로만 여겨졌었다. 그러나 그림판 3D에서는 컴퓨터 활용에 익숙하지 않은 유아교사라 하더라도 쉽게 3D 모델을 제작할 수 있다. 아래의 실습을 통해 3D 개체를 다루는 방법에 대해 이해하고 이를 발전시킨다면 유아들과 함께 즐기기에 충분한 결과물을 제작할 수 있다. 또한 조작이 수월하여 유아들도 교사의 도움을 받으면 창의적인 결과물을 만들며 놀이할 수 있다. 다음을 참고하여 움직이는 3D 물고기 만들기 작업을 실습해 보자.

실습해 보아요

QR 3-4-2

1. [열기]-[파일 찾아보기]에서 '예제소스 3-4-2'를 불러옵니다.
2. 3D 셰이프를 이용하여 3D 물고기를 그립니다.
3. 스티커, 브러시 등으로 물고기를 꾸며줍니다.
4. 원하는 형식으로 저장하여 사용합니다.

01 그림판 3D를 실행하여 [열기]를 클릭하여 예제소스 3-4-2를 불러옵니다.

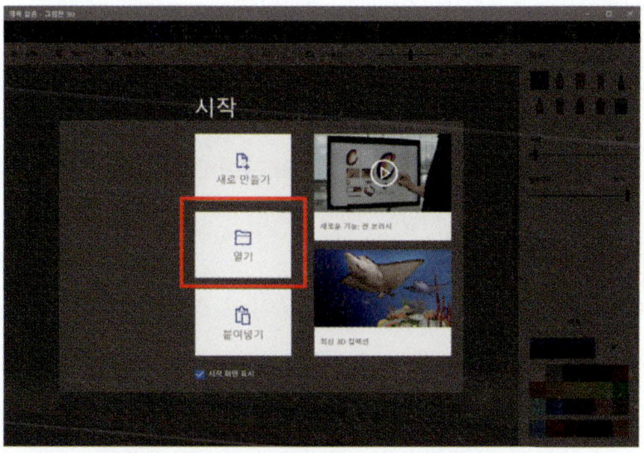

02 3D 물고기를 그리기 위해 조건을 설정합니다.

❶ 상단 메뉴의 [3D 셰이프]를 클릭하고

❷ 오른쪽의 3D로 그리기 메뉴 중 [매끄러운 가장자리] 를 클릭한 후

❸ 원하는 물고기의 색깔을 선택합니다.

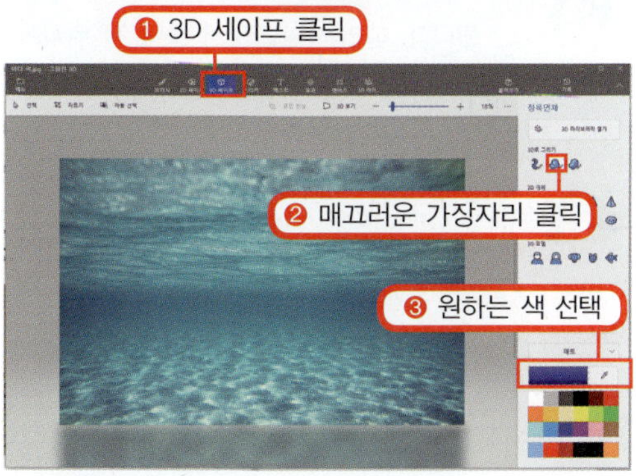

03 연필로 그림을 그리듯 원하는 모양의 물고기를 그립니다. 이때 처음과 끝을 잘 연결합니다.

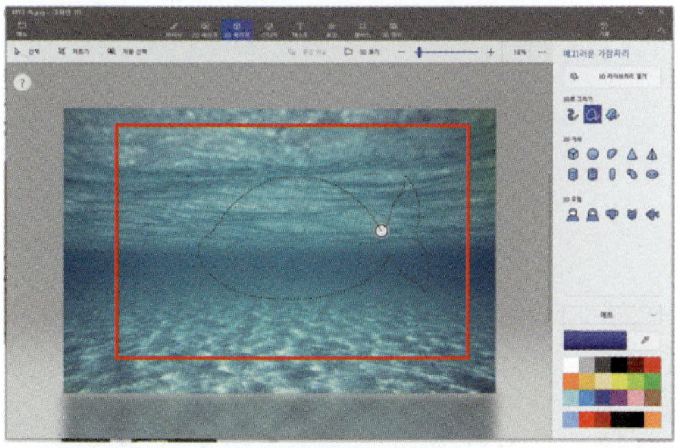

04 물고기를 꾸며줄 스티커를 선택합니다.

❶ 상단 메뉴에서 [스티커]를 클릭합니다.

❷ 오른쪽의 스티커 아이콘 을 클릭하고

❸ 물고기에 붙여주고 싶은 스티커를 선택합니다.

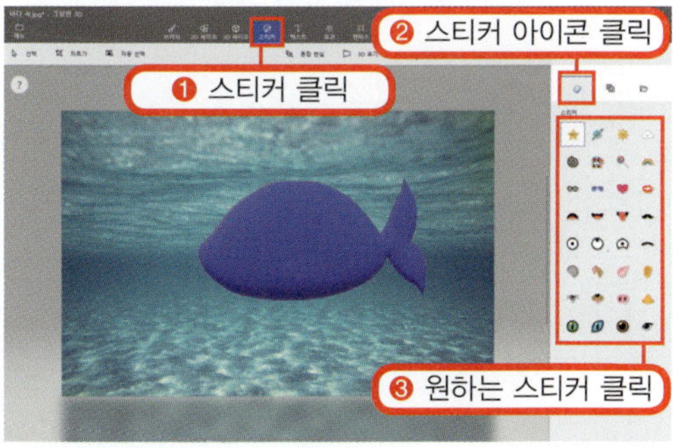

05 원하는 위치에서 드래그하여 스티커의 크기와 위치를 결정합니다.

❶ 원하는 위치에 드래그하여 스티커를 생성하고

❷ 위치와 크기를 설정하고

❸ 완벽하게 결정되면 체크표시를 클릭합니다.

스티커는 체크표시를 클릭하고 나면 수정이 안 됩니다. 따라서 체크표시 클릭 전 위치와 크기를 확실히 선택한 후 클릭합니다.

3D 셰이프에서 스티커는 옆의 그림처럼 3D 개체를 감싸며 움직입니다. 체크표시 클릭 전 이리저리 스티커를 움직여보며 익숙해지세요.

06 반대쪽에 스티커를 붙이기 위해 물고기를 Y축 중심으로 회전합니다.

❶ 왼쪽 상단의 [선택]을 클릭하여 물고기를 선택하고

❷ [Y축을 중심으로 회전]을 클릭하고

❸ 오른쪽으로 드래그하여 물고기가 정면을 바라보도록 이동시킵니다.

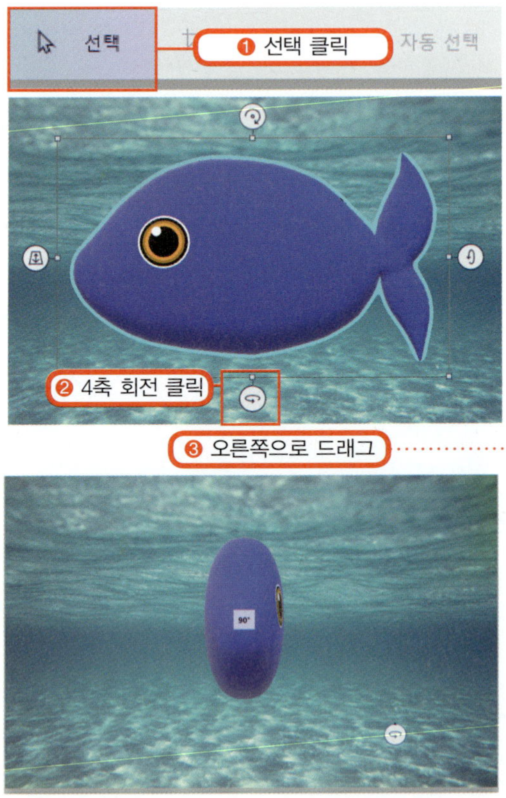

위치와 회전에 대해 알아봐요

	Z축을 중심으로 회전
	X축을 중심으로 대칭 이동
	Y축을 중심으로 회전
	Z축을 중심으로 앞뒤로 슬라이드

07 스티커를 이용하여 입과 또 다른 눈을 만들어 줍니다.

스티커의 종류를 알아봐요

스티커	
패턴	
나만의 스티커	

08 물고기의 무늬를 그리기 위해 브러시를 선택합니다.

❶ 상단 메뉴의 [브러시]를 클릭하고

❷ 오른쪽 상단의 브러시 종류, 두께, 불투명도를 선택하고

❸ 물고기 무늬로 어울릴만한 색을 골라 클릭합니다.

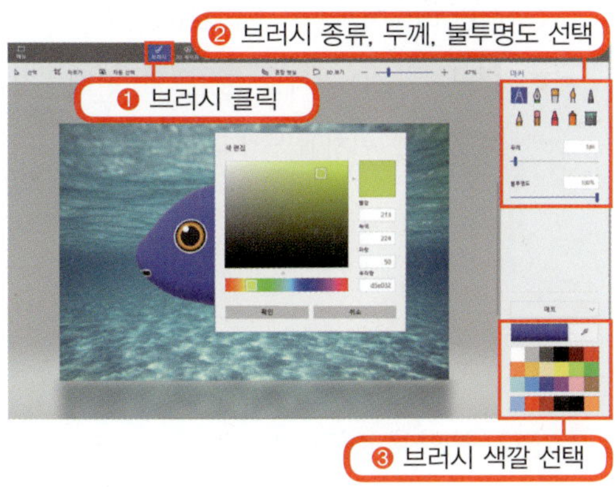

09 물고기를 여러 방향으로 돌려가며 무늬를 만들어 주거나 색을 칠해줍니다.

10 3D 셰이프로 공기방울을 만듭니다.

❶ 상단 메뉴에서 [3D 셰이프]를 클릭하고

❷ 오른쪽의 3D 개체들 중 [구형]을 클릭하여 원하는 위치에 드래그합니다.

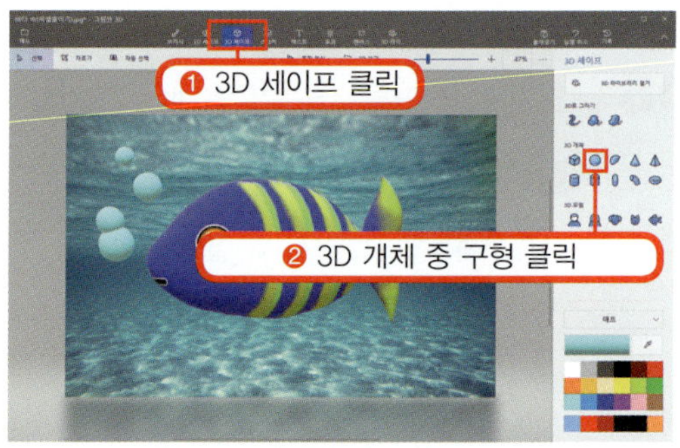

11 공기 방울을 여러 개 복사하여 크기와 색깔, 위치 등을 달리하여 배치해 봅니다.

❶ 복사 를 클릭한 다음

❷ 붙여넣기 를 클릭하여 여러 개의 공기 방울을 붙여넣습니다.

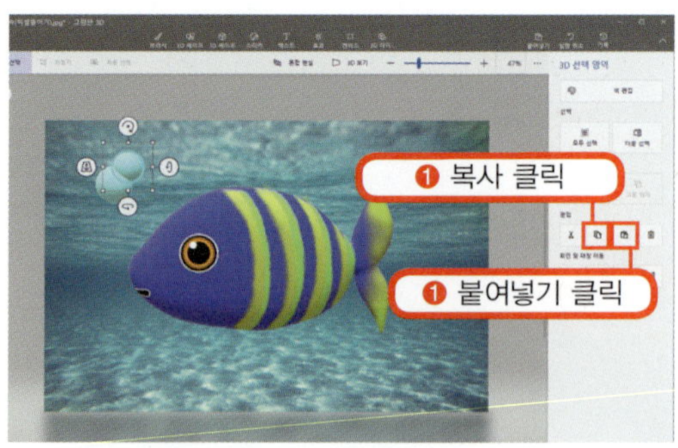

12 다양한 방법으로 물고기를 감상해 봅니다.

❶ [3D 보기]를 클릭하여 배경 앞쪽의 물고기 위치를 움직여보고

❷ 웹캠이 있는 경우 [혼합현실]을 클릭하여 내가 있는 곳에 3D로 만든 물고기를 위치시켜 즐겨봅니다.

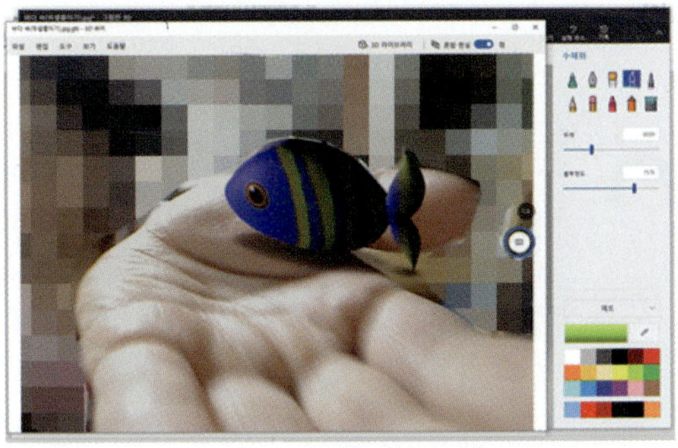

13 [메뉴]–[다른 이름으로 저장]–[비디오]를 클릭합니다.

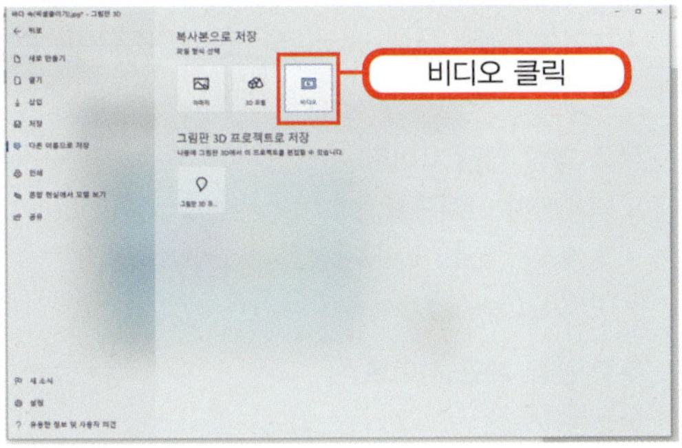

14 오른쪽에 있는 애니메이션에서 원하는 효과를 클릭하고 [저장]을 클릭하여 저장합니다.

15 파워포인트 리본메뉴의 [삽입]-[비디오]에서 영상을 불러와 감상하고 원하는 대로 사용합니다.

프레젠테이션, 동영상 제작시 사용하는 사진이나 이미지, 문자, 영상, 소리와 같은 미디어의 저작권을 고려하지 않고, 캡쳐나 복사하기, 불법 다운로드 등 무단으로 사용할 경우 저작권의 문제가 발생할 수 있습니다. 따라서 저작권의 문제가 발생되지 않는 미디어를 사용할 필요가 있습니다. 아래에 저작권 문제없이 무료로 사용할 수 있는 사진과 이미지, 문자, 영상, 소리(음원과 효과음)를 무료로 제공하는 사이트를 소개합니다.

무료 이미지 제공 사이트

- 픽사베이 (https://pixabay.com/)
- 프리픽 (https://www.freepik.com/)
- 플리커 (https://www.flickr.com/)

무료 영상 제공 사이트

- 픽사베이 비디오 (https://pixabay.com/videos/)
- 픽셀스 (https://www.pexels.com/videos/)
- 비디보 ((https://www.videvo.net/)

무료 폰트 제공 사이트

- 눈누 (https://noonnu.cc/)

무료 음원 제공 사이트

- 유튜브 라이브러리 (https://www.youtube.com/audiolibrary/music)

참고문헌

교육부(2019). 2019 개정 누리과정 고시문. 서울: 교육부

______(2019). 누리과정(해설서). 서울: 교육부

______(2020). 2020년 교육정보화 시행계획. 서울: 교육부.

김용섭(2020). **라이프 트렌드 2020: 느슨한 연대**. 부키.

김은정(2002). 유치원에서의 멀티미디어 활용에 관한 교사의 인식과 실태 조사. 전남대학교 대학원 석사학위논문.

대학내일20대연구소(2019). **밀레니얼-Z세대 트렌드 2020**. 위즈덤하우스 미디어그룹.

송영기(2017). 유아교사를 위한 멀티미디어 활용 실무. 양서원.

여진(2019). 에듀테크가 유아들의 학습효과에 미치는 영향. 연세대학교 대학원 석사학위논문.

오재호(2020). 코로나19가 앞당긴 미래, 교육하는 시대에서 학습하는 시대로. 이슈&진단, 2020.6, 1-25.

유구종(2014). **유아 컴퓨터 ICT 스마트 교육**. 창지사.

유은영(2012). 멀티미디어를 활용한 유아건강교육 프로그램 개발 및 효과. 중앙대학교 대학원 박사학위논문.

육현승(2008). 미디어학의 위상과 발전가능성에 대하여: 스토리텔링과 문화콘텐츠학을 비교하며. **독일언어문학, 39**, 377-298.

이명진, 박현주(2011). 미디어 발전과 사회갈등 구조의 변화. **정보사회와 미디어, 21**, 1-34.

이민주, 이영신, 유정은(2015). 유아의 미디어 이용 시간 및 성별에 따른 언어 발달 차이. **열린부모교육연구, 7**(3), 37-52.

이인희(2013). **뉴스 미디어 역사**. 커뮤니케이션북스.

정은이(2015). **유아교육용 멀티미디어 제작**. 공동체.

차화연(2019). 유아 멀티미디어 활용교육 실태와 유아교사의 인식 분석. 중앙대학교 대학원 석사학위논문.

황해익, 강민정, 강신영, 조준오(2015). **유아교육과 멀티미디어**. 양서원.

인터넷 사이트

구글설문지

https://www.google.com/forms/about/

네이버캐스트

https://terms.naver.com/entry.nhn?docId=3574311&cid=59088&categoryId=59096

두산백과

https://terms.naver.com/entry.nhn?docId=1348348&cid=40942&categoryId=32854

지형 공간정보체계 용어사전

https://terms.naver.com/entry.nhn?docId=3479593&cid=58439&categoryId=58439

시사상식사전

https://terms.naver.com/entry.nhn?docId=5670166&cid=43667&categoryId=43667

지식채널 e

https://www.ebs.co.kr/tv/show?courseId=BP0PAPB0000000009&stepId=01BP0PAPB0000000009&lectId=3052185

위키백과

https://ko.wikipedia.org/wiki/%EC%8A%A4%ED%86%A0%EB%A6%AC%EB%B3%B4%EB%93%9C

찾아보기

예제소스

QR 코드

저자 약력

곽현주

중앙대학교 유아교육과 문학박사
전) 배화여자대학교 부속 배화유치원 원장
현) 배화여자대학교 유아교육과 교수

아동음악 (2019, 정민사)
유아교과교육론 (2020, 정민사)
유아교육과정 (2020, 정민사)
유아 창의융합놀이 프로그램 (2020, 정민사)

박혜훈

중앙대학교 유아교육과 문학박사
추계예술대학교 서양화과 학사
현) 백석문화대학교 유아교육과 교수

감성역량 강화 프로그램 삽화제작 (2012, 서울시유아교육진흥원)
5세 누리과정 지도서 '유치원과 친구' 삽화제작 (2012, 교육부)
3, 4세 누리과정 지도서 '유치원과 친구' 삽화제작 (2013, 교육부)
유아 수학 스토리텔링 프로그램 삽화제작 (2015, 서울시유아교육진흥원)
유아 법교육 스토리텔링 프로그램 삽화제작 (2015, 법무부)

2019 개정 누리과정을 반영한

유아멀티미디어교육

1판 1쇄 인쇄 2020년 8월 31일
1판 1쇄 발행 2020년 9월 4일

저 자 곽현주 · 박혜훈
발 행 인 회장 박철용
대표 박세원
발 행 처 정민사
주 소 경기도 파주시 직지길 522 파주출판도시
전 화 031-955-8030
팩 스 031-955-8025
홈 페 이 지 http://www.jmpub.co.kr
이 메 일 jmpub@chol.com
출 판 등 록 1979년 1월 22일 No. 406-2004-000130호

I S B N 978-89-5809-863-8
정 가 20,000원